U0142933

研究&方法

UCINET

榮泰生 著

在社會網絡分析(SNA)之應用

五南圖書出版公司 印行

作者序

　　社會是一個由各式各樣的關係所構成的巨大網絡。社會網絡（social net-work）是指將人們連結在一起的社會關係網路，並利用社會圖（sociogram），以點表示行動者（或成員），以線表示行動者之間的關係，呈現這些社會組態的屬性，衡量社會凝聚力或密度，以及「各種關係」之間的關係。社會網絡分析（social network analysis, SNA）的目的是對各種關係進行精確的量化分析，從而為某種中層理論（mid-range theory）的構建、實證假說的檢驗提供量化的工具。

　　在社會網絡分析上，UCINET是坊間使用率最高、最受歡迎的軟體。UCI-NET是由Analytic Technologies公司所發展，可讀寫各種不同的檔案格式（例如Excel檔案格式、文字檔案格式等），能處理最多32,767個節點。研究者可分別運用其Spreadsheet 及NetDraw 兩功能以建立關係矩陣、繪製社會網絡分析圖形，並利用其統計工具（Tools）、網絡（Network）進行各種分析與檢定。

　　對於撰寫有關個體網（如個人間的喜愛、崇拜、猜忌、厭惡）、群體互動（包括合作、溝通、協調）、組織間行為（包括策略聯盟等），甚至國家間外交關係這些課題有關的論文的同學而言，UCINET是分析資料的好幫手。本書的目的就是以具體實例來說明UCINET的功能，以及如何分析個體網、子群、群體資料以獲得結論。UCINET具有相當的實用性，因此自推出以來，受到廣泛的研究單位、學者、學生的愛用，其應用範圍相當廣泛，特別是在群體互動、資訊交換、企業間行為等方面。

　　讀者可根據本書所附的資料，跟著本書所說明的操作程序實際演練一番，以期獲得舉一反三，靈活運用之效。本書的撰寫，秉持了以下的原則：

　　1.平易近人，清晰易懂。以平實的文字、實證研究的例子來說明原本是艱澀難懂的數理觀念，讓讀者很容易上手。本書並沒有「曲高和寡」的公式推導，更沒有艱澀難懂的邏輯，所強調的是以UCINET做為分析工具以獲得高品質論文所需具備的技巧。

　　2.「解決問題」導向，循序漸進。根據作者指導研究生及大學生撰寫論文、專題研究的多年經驗，作者充分的了解讀者所需要的是什麼、所欠缺的是什麼。同時，本書的呈現次序是由簡而繁，也就是循序漸進地說明如何利用UCINET軟

體以提升研究品質。

　　本書得以完成，輔仁大學金融與國際企業系、管理學研究所良好的教學及研究環境使作者獲益匪淺。作者在波士頓大學其政治大學的師友，在觀念的啟發及知識的傳授方面更是功不可沒。父母的養育之恩及家人的支持是我由衷感謝的。

　　最後（但不是最少），筆者要感謝五南圖書出版公司。本書的撰寫雖懷著戒慎恐懼的心態，力求嚴謹，在理論觀念的解說上，力求清晰及「口語化」，然而「吃燒餅哪有不掉芝麻粒的」，各位，歡迎撿芝麻！祝你論文撰寫順利。如果在撰寫論文的過程中，或者閱讀本書的過程中，有不了解的地方，歡迎來信。我的e-mail: aponmanatee@gmail.com，或者請五南書局本書主編張毓芬小姐轉寄亦可。

榮泰生（Tyson Jung）

輔仁大學管理學院

2013年5月

Contents

Chapter 03 UCINET資料處理 63

Chapter 04 群的描述與網絡密度檢定 115

Contents

Chapter

01

緒　論

1-1　基本觀念

　　社會是一個由各式各樣的關係所構成的巨大網絡。[1]社會網絡（social network）是指由行動者所連結而成的一組特定社會關係，而這些行動者（actors）可能是個體、子群（如專案小組）、群體（如部門）、組織甚至國家；這些社會關係（social relations）的內涵可能涉及到有形的財務往來、資訊的互動、或是人力、物力的協助，也可能是無形的友誼提供、心理支持或肯定、讚美、信任。[2]社會網絡的分析是探討人際關係之間的關係連結，其強調的是足以影響個人社會行為的互動關係。人際間不同程度與內涵的互動所構築的網絡，形成了個人的生活空間。相對的，這個生活空間又決定了一個人在特定社會中的位置、可能的活動類別、以及與他人互動的機會和限制。換言之，這個藉由人際關係互動所建構的網絡提供了個人生活空間與接近使用資源的機會。[3]

　　社會網絡分析（social network analysis, SNA）的目的是對各種關係進行精確的量化分析，從而為某種中層理論（mid-range theory）的構建、實證假說的檢驗提供量化的工具。

　　根據有關文獻，我們可將社會網絡歸納出若干特性：(1)同一個群體中的成員常常共同擁有不只一個的關係網絡；(2)兩個關係網絡也不必然擁有完全相同的群體成員；(3)群體成員彼此關係的變動（如新增、喪失）會造成關係網絡的變動。

　　社會網絡並非憑空產生、無中生有，而是從有人類的互動開始便在於社會結構之中，社會網絡分析方法拓展了理解社會網絡的新視野。明確地說，社會網絡是指將人們連結在一起的社會關係網路，並利用社會圖（sociogram），以點表示行動者（或成員），以線表示行動者之間的關係，呈現這些社會組態的屬性，衡量社會凝聚力或密度，以及「各種關係」之間的關係。

---

[1] 劉軍譯，《社會網絡分析法》，二版（四川：重慶大學出版社，2007）。原始來源：John Scott, *Social Network Analysis: A Handbook*, 2nd ed., (London: SAGE Publications Ltd, 2009)。在書中，原作者對於UCINET分析軟體中各功能所應具有的相關理論與知識均有詳細的說明。

[2] D. Knoke and J. K. Kuklinski, *Network Analysis* (Beverly Hills, CA: Sage, 1982).

[3] L. Nan and W. M. Ensel, *Life Stress and Health: Stressors and Resources*, American Sociological Review, Vol.54, 1989, pp. 382-399.

　　社會網絡分析法通常透過蒐集問卷、訪談、實驗、觀察法來蒐集社會網絡資料，並運用圖論（graph theory）作進一步分析與解釋。我們有必要分辨傳統資料與社會網絡資料。傳統資料（conventional data，例如以SPSS進行分析的資料）是依據「個案─屬性」的關係而建立，而社會網絡資料（social network data）是依據「個案─關係」而建立。當然在社會網絡分析中也常會使用到屬性資料。分辨這兩個資料建構（亦即「個案─屬性」、「個案─關係」資料）是有必要的，因為它們涉及到兩種不同的分析程序以及對結果的解釋等。社會網絡分析是一種強而有力的分析方法，依行動者（也就是個案、問卷填答者）、單雙向關係，以及關係強度等，可分析在特殊領域行動者間彼此的關係。

　　行動者亦稱節點或點。節點（node）可代表某一特定人物名稱（例如小明、小華），各節點間可能存在直接或間接關係，也可能不存在任何關係。社會網絡分析通常以矩陣 A 來表示，以 a_{ij} 表示點 i 和點 j 間的關係，a_{ij} 值為0表示點 i 和點 j 間沒有關係，否則表示點 i 和點 j 間有關聯。若以圖形顯示，節點（人物）與節點間的關係（edge或relation），以E 表示：A → B 代表 A 與B 為單向關係，A ←→ B 代表 A 與B 為雙向關係。關係強度是共同出現次數，例如甲、乙同為某一公司的董事，則甲與乙會有某種程度的關係強度。

1-2　UCINET

　　在社會網絡分析上，最受歡迎的軟體之一就是UCINET。[4]UCINET可讀寫各種不同的檔案格式（例如Excel檔案格式、文字檔案格式等），能處理最多32,767個節點。研究者可分別運用其Spreadsheet 及NetDraw 兩功能分別建立關係矩陣、繪製社會網絡分析圖形，並利用其統計工具（Tools）、網絡（Network）進行各種分析與檢定。

---

[4] 除了UCINET之外，比較有名的社會網絡分析軟體還包括：Pajek（已成為UCINET的一部分）、NetMiner II、STRUCTURE、Multinet、StOCNET。有興趣進一步了解的讀者，可參考：Peter J. Carrington等人編輯的 *Models and Methods in Social Network Analysis* (Cambridge University Press, 2005)一書中由 Mark Huisman and Marrijtje A. J. Van Duijn所撰寫的 Software for Social Network Analysis。

一、試用版下載

UCINET是由Analytic Technologies公司所發展，負責人是S.P Borgatti、 M.G Everett以及L.C Freeman。讀者可上Analytic Technologies公司網站（圖1-1），在此網頁，我們除可了解UCINET的版本資訊、參考使用者手冊等之外，還可以下載UCINET試用版本。

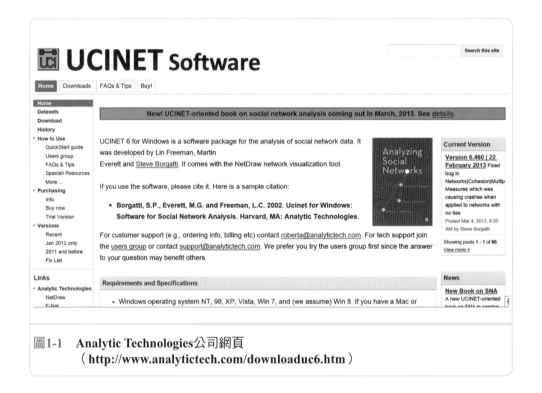

圖1-1 **Analytic Technologies公司網頁**
（**http://www.analytictech.com/downloaduc6.htm**）

在主畫面（圖1-1）按〔Version Info〕，就可看到圖1-2的畫面，我們可以了解UCINET各種版本的新增功能。UCINET版本的更新速度非常快；大約10～20天，就會提供對先前版本加以改良或修正的新版本。

圖1-2　UCINET各種版本的新增功能
（**http://www.analytictech.com/ucinet/versions.htm**）

　　在「Version Info」網頁上按〔Download〕，向下滑動頁面，在ucinetsetup.exe上點一下，就可下載試用版（圖1-3）。試用版的試用期是90天。試用版會下載到預設位置（User\文件），接著就可執行UcinetSetup.exe進行安裝。安裝完成後，我們還可得到一些免費的程式（在「helper applications」資料夾下的Netdraw、Pajek、Mage）。

　　試用版一次只能執行一個指令，因此在被迫退出之後必須再度進入，似嫌麻煩。獲得正式版（學生版40美元）再註冊之後，就沒有這些麻煩。

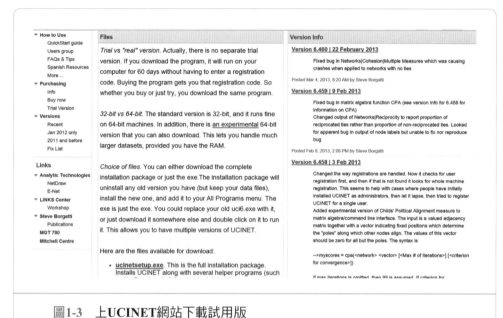

圖1-3　上**UCINET**網站下載試用版
（**http://www.analytictech.com/ucinet/download.htm**）

二、基本功能

　　UCINET功能表具有5個主要選項：Data（資料）、Transform（轉換）、Tools（工具）、Network（網絡）、視覺化（visualize），如圖1-4所示。UCINET是一個具有一個通用目標、易於使用的軟體，它還涵蓋了一些基本的圖論概念、位置分析法和多元尺度法等。筆者認為，它的功能強大、易於上手，是進行社會網絡分析的絕佳工具。

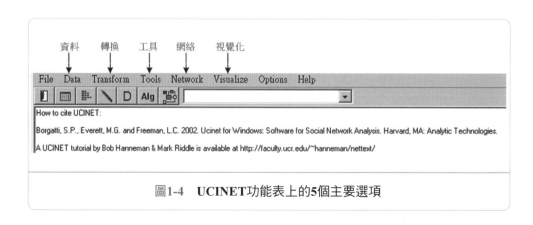

圖1-4　　**UCINET**功能表上的**5**個主要選項

利用Data和Transform這兩個功能就可執行幾乎所有的資料管理任務，如資料的輸入，轉換和輸出。

建立資料的最簡單方式就是用直覺的、內建的（built-in）資料表格來輸入到系統中，這可以按〔Data〕〔Data editors〕〔Matrix editor〕來進行。這是一個關聯列表格式（linked list format），即對於每個點來說，它可以顯示與該點相連的所有其他點的編碼值。除了利用UCINET空白表進行輸入和編輯之外，也可以匯入Excel工作表、以文字處理器製作的文字檔中的資料。我們也可以將結果匯出到Excel工作表。初始資料經輸入或匯入之後，我們就可以對資料進行瀏覽、展示、描述，也可以對資料加以萃取、移除、解包、合併、排序、置換、轉置、創建與轉換。詳細的操作與說明，見第3章。

用Tools選項可進行單變量統計、假說檢定等。在假說檢定方面，點的屬性層次（Node-level）分析包括：迴歸分析、T檢定以及變異數分析。點—關係混合層次（Mixed Dyadic/nodal）包括：類別屬性、連續屬性。關係—關係層次〔Dyadic（QAP）〕包括：QAP相關分析、QAP關係列聯表分析以及QAP迴歸分析。讀者可參考第2章、第8章以作進一步了解。

主要的社會網絡分析程序出現在Network這個目錄下，它的子目錄有：凝聚力、中心度與中心勢、二方關係、網路密度檢定、子群、分區、塊的模型法分析、角色與位置、個體網、2 模網絡分析等。

在Visualize項下具有NetDraw、Mage、Pajek功能。NetDraw除了提供6個可供選擇的中心度指數外，還提供了分析成分、塊、分派等功能。這裡所謂的分析是指「透過圖形展示」。我們也可以將圖形加以布置（layout），例如90度翻轉、將圖形置中等。我們也可以改變圖形的屬性，例如改變表示點之間關係強度的線條粗細度。

三、輔助學習

試用版（或正式版）安裝完成，其系統的預設位置是：c:\program files\analytic technologies\ucinet 6，在ucinet 6下的資料夾，其一是DataFiles，內有許多供我們學習的範例資料檔案，另外一個是Docs資料夾，內有Guide 6（使用者手冊）、Reference 6（參考手冊）、UCINET Quick Start Guide（快速學習手冊）。從這些手冊中，讀者可從中了解如何操作。

UCINET提供了非常豐富的學習教材，按〔Help〕〔Hanneman Tutorial〕，在所呈現的網頁中，我們可以按部就班地學習。這些實用的教材，由淺而深的系統性解說，會使初學者受益匪淺。第18單元Some statistical tools（統計工具）對於撰寫有關社會網絡的專題論文、碩博士論文的統計分析特別有幫助（http://faculty.ucr.edu/～hanneman/nettext/）。我們也可以按〔Help〕〔Help Topic〕以便對特定主題做進一步了解。

1-3　傳統資料

社會網絡分析所處理的是關係資料，而不是傳統資料。在有關社會網絡的企業研究中，研究者在蒐集到資料之後，必須透過適當軟體用某種資料矩陣（data matrix）的形式加以建檔和儲存。在變量分析中，屬性資料可以在一個「個案—變量」（case-by-variable）矩陣中加以建立、呈現、編輯。每一個研究個案（問卷填答者、受訪者）用矩陣中的列（row）來表示，欄（column）則代表用來測量屬性的變量。這就是傳統資料（conventional data）的表示法。圖1-5就是一個傳統的資料矩陣圖，例如在「成立年期」變量中，6代表6年；在「性別」變量中，1代表男性、2代表女性；在「年資」變量中，1代表5～10年。

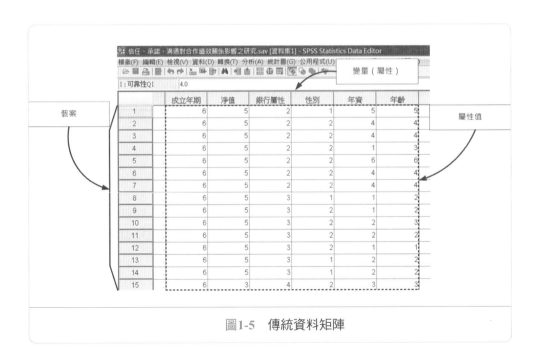

圖1-5　傳統資料矩陣

1-4 關係資料

　　社會網絡既然是群體成員彼此間關係所組成的關係網絡，因此關係就是一個社會網絡中很重要的元素。Borgatti(1998)曾經提出關係類型的一些例子：[5] (1)親屬關係（kinship）：父母、兄弟、姊妹、子女；(2)社會角色（social roles）：老闆、主管、教師、同事、朋友；(3)情感（affective）：愛、尊重、恨、厭惡；(4)認知（cognitive）：知道、意見表達；(5)行動（actions）：參與會談、餐敘、攻擊；(6)流量（flows）：兩地的交通流量、貿易交流數量；(7)距離（distance）：兩者的距離，包括實體距離、情感距離；(8)共同存在或共同發生（co-occurrence）：同為俱樂部會員，同宗、同髮色等。

　　從以上的例子，我們可以得知關係的類型相當多，也都可能同時存在，卻各自擁有著一些不同的特性，像是血緣關係、多數的親屬關係（姻親除外）都是不可改變的關係；社會角色的這些身份則是可能會改變的；情感關係（如喜歡、開心）、認知關係（如了解、同意）則是比較不容易量化的；流量與距離是可以量化的關係。從以上的說明可知，人的關係是多元化的，某種關係是否為另一種關係的原因或結果，也是一個值得探討的課題。

一、「個案—隸屬」矩陣

　　以上「個案—變量」資料矩陣不能用來表示關係資料。關係資料必須以「個案—隸屬」關係矩陣（case-by-affiliation matrix）來表示。在「個案—隸屬」關係矩陣圖中，個案仍然是與傳統資料中的個案一樣，同樣是分析單位（unit of analysis）；這些個案也可稱為是行動者（actor）。在UCINET中，表示「行動者」的英文名稱還有：node、vertex、point。各個「隸屬」（affiliation）則是表示此個案所隸屬的組織、所參與的事件或活動、所表露情感（如喜歡、厭惡）等。

　　「個案—隸屬」關係矩陣中的各欄代表著各個隸屬項，我們可以區分哪些個案與哪些隸屬項有關連性（例如安安參加了年終尾牙）。例如，圖1-6是一個

5　S.P. Borgatti, What is social network analysis? (1998) http://www.analytictech.com/networks/whatis.htm.

簡單的「個案—隸屬」矩陣，它表達了4個人（標記為1、2、3、4，可分別代表維哥、安安、婷婷、小傑）參與5個事件（標記為A、B、C、D、E，可分別代表年終尾牙、聖誕舞會、中秋賞月、端午龍舟競賽、春酒這5個事件或活動）的情況。如果有某人參與了某一事件，則在矩陣的對應交叉處記為「1」，否則記為「0」。由圖可見，4個人都參與了事件C（中秋賞月）；安安、婷婷都參與了事件B（聖誕舞會）、事件C（中秋賞月）；安安、小傑都參與了事件C（中秋賞月）、事件E（春酒）。如果以活動的角度來看，每一種活動都至少有2人參加。這樣，根據這個表畫出來的社群圖就表達了一個簡單的、在個體之間存在相互關連的4人結構。我們可以把這個社群圖解讀為：每個人在某一特定事件過程中都至少與另外3個人中的其中一人相遇。

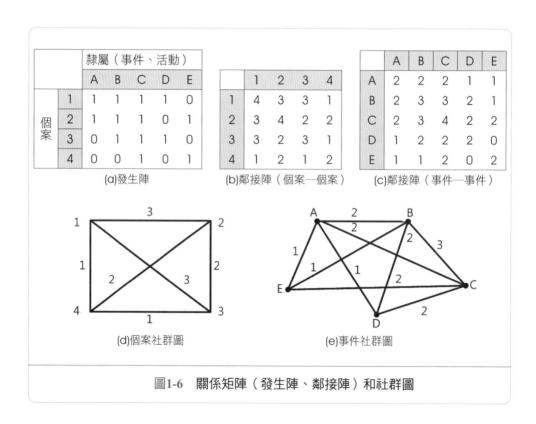

圖1-6　關係矩陣（發生陣、鄰接陣）和社群圖

圖1-6(a)是社會網絡資料矩陣的一般形式。對於原始編碼資料而言，其最基本的形式就是「個案—隸屬」關係矩陣，其中列表示個案（或行動者），欄表示個案所隸屬的項。

　　這是2-模（2-mode）長方形矩陣，因為列、欄表達的是不同的資料集合，而且矩陣中的列數、欄數不等（當然也有可能相等）。從這種基本的長方形矩陣中可以推導出兩個正方形的1-模（1-mode）資料矩陣。 在「個案—個案」矩陣中〔圖1-6(b)〕，列、欄都代表個案，而每個具體的矩陣格值表示某特定的一對個案之間是否由於共同隸屬於一個事件而關聯在一起。例如，安安、小傑都參與了事件C（中秋賞月）、事件E（春酒）。因此，該矩陣展示了個案之間實際存在的關係。

　　在「事件—事件」矩中〔圖1-6(c)〕，列、欄都代表隸屬項，每個具體的矩陣格值是表示某特定的一對隸屬項之間是否因為擁有共同的個案而關聯在一起。例如，事件C（中秋賞月）將1、2、3、4這四個人（維哥、安安、婷婷、小傑）關連在一起。

　　在社會網絡分析中，「隸屬—隸屬」關係方陣通常可以顯示僅從「個案—個案」方陣中所不能明顯看出來的社會結構。例如，哪個事件（活動）和哪個事件最有關連性（共同參與的人數相對多）、哪個事件（活動）最受喜愛（參與的人數最多）。

　　因此，一個簡單的2-模長方資料矩陣〔圖1-6(a)，又稱為初始陣〕可以轉化為兩個1-模方陣〔圖1-6(b)、圖1-6(c)〕。 其中之一描述了初始陣的各列，另外一個則描述了初始陣的各欄。 我們並沒有向初始陣中加入什麼，我們只是對這個初始陣加以轉換罷了。長方陣和兩個正方陣都是針對同類關係資料的相同表達方式。

　　在社會網絡分析中，2-模長方陣（或2-模正方陣）一般被稱為「發生陣」（incidence matrix），而兩個1-模正方陣（正方形矩陣）又稱為「鄰接陣」（adjacency matrices）。這些術語來自於圖論（graph theory）。大多數網絡分析技術都涉及到對鄰接陣的分析，因此研究者要先把初始的發生陣轉換到兩個鄰接陣。 研究者必須了解自己所使用的資料形式（發生陣還是鄰接陣）。圖1-7說明了鄰接陣的做成。

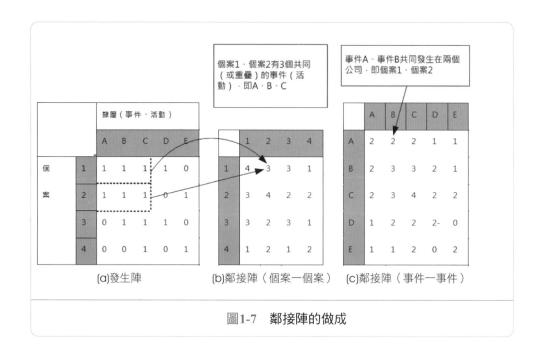

圖1-7　鄰接陣的做成

個案社群圖〔圖1-6(d)〕、事件社群圖〔圖1-6(e)〕清楚地表明了矩陣的結構，每條線上的數字表示了線的強度（但在此圖中，點之間的距離並不代表其關係強度）。這種社群圖也有其他的表示方式，例如，用線的粗細表達關係的強弱（例如Netdraw繪圖），或者用一條、兩條或三條平行線連接的點代表關係強度。不論用什麼方式表示，其對於表達矩陣結構的訊息都是一樣的。

二、「個案─個案」矩陣

研究者蒐集到關於一些個案及其隸屬關係的二模資料時，會將這些資料以發生陣形式建檔，然後再利用「2-模資料轉成1-模」（見第3章3-8節）構建出在社會網絡分析中使用的鄰接陣。　然而，在某些情況下，研究者可能直接利用「個案─個案」形式來收集關聯資料。　例如，在一個小群體中的擇友情況的研究中，研究者所蒐集的「個案─個案」形式資料如圖1-8所示。在圖1-8中，「1」代表喜歡，「0」代表不喜歡。例如，個案1喜歡2、3、4，不喜歡5。

	個案				
	1	2	3	4	5
個案 1	-	1	1	1	0
2	1	-	1	0	1
3	0	1	-	1	0
4	0	0	1	-	1
5	1	1	0	0	-

圖1-8 「個案─個案」矩陣

三、「個案─隸屬」約定

　　一般情況下，我們把「個案」和「隸屬項」之間的區別看成是網絡分析研究設計中的一種約定：個案放在列位置，而「隸屬項」放在欄位置。這是基於在變量分析中（例如使用SPSS進行資料分析）對屬資料所做的一些約定，因為在這類分析中，個案一般用列表示，變量用欄表示。

　　在討論矩陣的時候，我們約定把矩陣的列數記為「m」，欄數記為「n」，並且在描述矩陣規模的時候，常常先指出列數，後指出欄數。用這樣的方法，我們可以把一個矩陣的大小概括為一個m x n。例如，圖1-6中的發生陣就是一個4 x 5矩陣。在描述任何一個特定格值的內容的時候，也常常先表示該格的列，然後再表示欄，並且用字母「a」代表該格所包含的真實值。如此，第2列、第3欄交叉處的矩陣格值就以a(2,3)表示。

　　一般化的表示法是這樣的：列用i表示，欄用j表示。因此，a(i,j)指的就是第i列、第j欄交叉處的值。也就是說，一個格值的一般表達方式為a(i,j)，研究者要蒐集i和j的具體值。例如，在圖1-8中，a(2,3)=1（個案2喜歡個案3）。

四、釋例：「個案—隸屬」矩陣的靈活運用—連鎖董事

如果圖1-6的個案代表「公司」，隸屬是董事，如圖1-9所示。圖1-9是一個虛構的各個公司之間的連鎖董事會資料。當某個人兼任兩個或者多個公司董事的時候，我們就說存在一個連鎖董事（interlocking directorates）。由圖1-9可見，公司1有4個董事（A、B、C、D），而董事A是公司1、公司2的連鎖董事。[6]

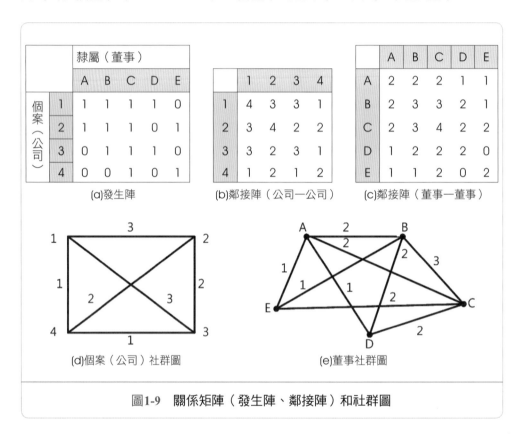

圖1-9　關係矩陣（發生陣、鄰接陣）和社群圖

如果某人出現在兩個董事會之中，他（她）就在這兩個公司之間建立了關連性。在關於連鎖董事會的很多研究中，研究者常把焦點放在公司。因此，他們會把公司看成是個案，公司因而出現在圖1-9的發生陣的列中。該矩陣的各欄即

6　劉軍譯，社會網絡分析法，二版（四川：重慶大學出版社，2007）。原作者與著作：John Scott, *Social Network Analysis: A Handbook*, 2nd ed.,(London: SAGE Publications Ltd, 2009).

為隸屬項，是各個公司共同擁有的董事。矩陣的每個格值用名義尺度的「1」或「0」來表示，它們分別表示某人是否為某公司的董事。

這意味著公司1和2之間有關聯。鄰接陣〔圖1-9 (b)〕表達了所有公司之間的連鎖董事狀況。在這個矩陣中，每個格值不僅表示連鎖董事是否存在，還表達了每對公司之間共同董事的個數。公司1和4只有一個共同董事，即C。而公司2和3則有兩個共同的董事，即B和C。董事B和C共同為公司1、2和3的董事。

從對鄰接陣的這種最簡單的分析中可以看出，關係的強度可以透過關係本身包含的「連鎖」數來測量。那麼，「最強的」關係存在於公司1和2之間以及公司1和3之間，每組都包含3個董事。「最弱的」關係指那些只共同擁有一個董事的公司之間的關係，存在於公司1和4之間（都只有一個共同董事，即C）。

如前述，從一個發生陣中可以引申出兩個鄰接陣。在本例中，我們可以從發生陣中引申出公司—公司鄰接陣〔圖1-9(b)〕，也可以引申出董事—董事鄰接陣〔圖1-9(c)〕。在圖1-9中，董事—董事鄰接陣以及與之相關的董事社群圖〔圖1-9(e)〕表明了各個董事之間存在的關係，即他們擔任了同一個公司的董事。例如，A和D、A和E以及B和E之間的關係相對較弱，因為他們之間分別僅是某家公司的共同董事。B和C之間具有強關係，因為他們是三個獨立公司（公司1、2和3）的董事。董事社群圖也表明了一些社群圖觀念，如D和E相對其他董事來說居於網絡的邊緣地位；他們與其他董事的關係較少，關係一般較弱，事實上他們相互之間也沒有聯繫。

圖1-9中，兩個鄰接陣中從左上角到右下角的對角線表達了任何個案與自己的「關聯」。例如，在圖1-9的矩陣(b)的對角線的值就代表每個公司與自己的關係。對角線的值也可表示個案本身有多少個隸屬，例如公司1有4個董事。

（一）圖論

社會網絡分析程序的基本理論就是圖論。圖論是把矩陣資料透過圖形的展示來反映出社會網絡的一些實質特徵。社群圖固然是代表關係矩陣資料的一種方法，而圖論語言則是代表關係資料的另外一種更普遍的方法。圖論是在對社會網絡進行模型化處理時的數學理論之一，也是讓我們對社會網絡分析輕鬆上手的工具。

圖論涉及到一系列要素構成的集合，以及這些要素之間的關係。這些要素就是「點」，關係就是「線」。如此一來，用來描述群體成員之間關係的一個矩陣

就可以轉換成一個由線、點連成的圖。

值得注意的是，這種「圖」的觀念與在統計學以及其他量化資料分析中所用的變量「圖」之間有顯著的差別。在量化資料分析中，其所呈現的圖形稱為「變量圖」，例如，某變量屬性的頻率資料（例如性別為女性的次數）。圖論中的圖是「網絡圖」，它表達了各點之間的關係。

（二）社群圖

社群圖（sociogram）是Moreno(1934)所創新發明的，用來具體表現社會結構的形式特徵，以點來代表個體，以線代表個體之間的社會關係。利用社群圖來圖解社會結構，可以將人與人之間相互影響的情形做視覺化展現。他所提出最重要的社群圖概念就是社群明星，即是為眾人所矚目，因而擁有極大聲望與領導地位的人。[7]

畫一個圖的目的是在紙上用兩點來表示「發生陣」中的每一列、每一欄，它們代表著個案、隸屬項。矩陣各個格值中的「1」和「0」就代表關係的存在與否，這可以用點與點之間是否存在著一條線來表示。一旦做出相應的鄰接陣〔如圖1-9(b)〕，各個公司之間的4 x 4對稱鄰接矩陣就可以用一個包含6條線的4點圖來表示〔如圖1-9(d)〕。

在一個關係圖中，重要的是關聯的模式，而不是點的實際位置，因此兩點之間的相對位置、連接兩點的線的長短均不甚重要。換句話說，圖論專家在紙上繪出兩點的關係時，這兩點的距離並不表示其關係的密切程度（雖然在UCINET中，透過Netdraw可以用距離表示出兩點之間的關係）。圖論確實涉及長度和位置的概念，但是這些概念並不是我們最熟悉的空間長度和位置的概念。根據或許純粹是一種審美約定，在一個關係圖中，全部線的長度一般都劃成相等。

五、「個案—屬性」矩陣

「個案—屬性」矩陣就是具有行動者與屬性的資料檔，簡稱為「點屬性」（Node Attribute）資料檔。1-3節說明的傳統資料就是「個案—屬性」矩陣。按〔Data〕〔Data Editors〕〔Matrix Editor〕，在「UCINET Spreadsheet-untitled」

---

[7] Jacob L. Moreno, *Who Shall Survive*? (Washington, DC: Nervous and Mental Disease Publishing Company, 1934).

視窗中，按〔File〕〔Open〕，在出現的資料夾中（我們已經設定到D:\Apon-book\Aponbook00\SNA\資料檔），選擇「節點　屬性_購買意願.##h」，此檔中的行動者為學生，屬性為「購買意願」，所呈現的檔案經過調整欄位大小後，如圖1-10所示。

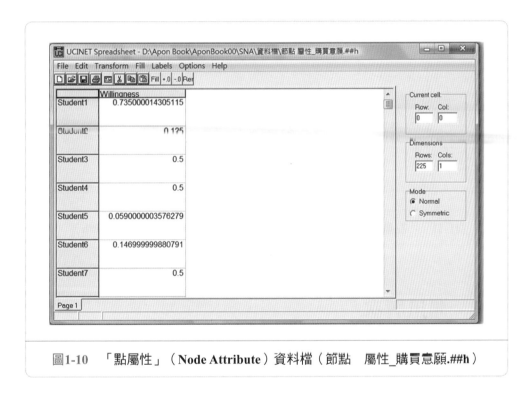

圖1-10　「點屬性」（**Node Attribute**）資料檔（節點　屬性_購買意願.##h）

我們也可以開啟UCINET所提供的範例檔案Trade_Attribute.##h。這也是一個典型的具有屬性資料的檔案。欄位分別表示人口成長數、GNP、學校數、能源數（圖1-11）。

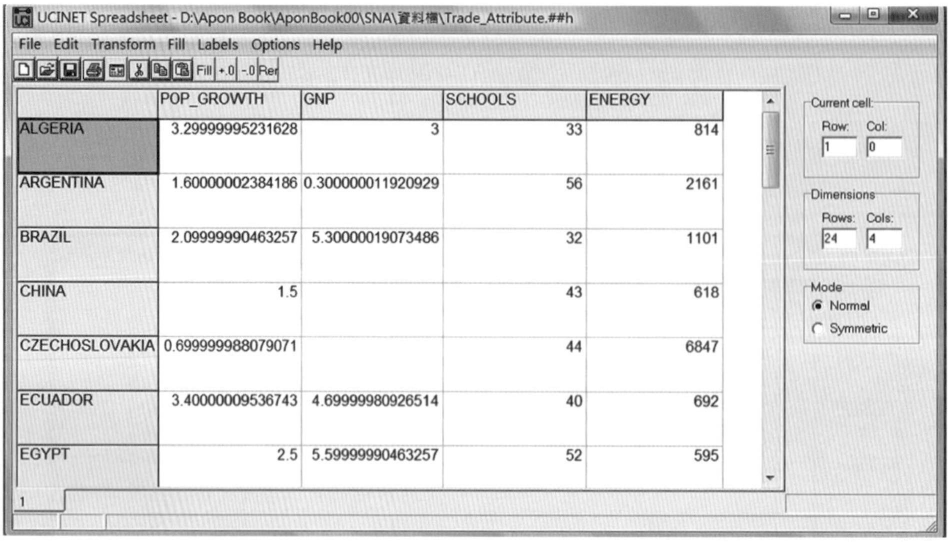

	POP_GROWTH	GNP	SCHOOLS	ENERGY
ALGERIA	3.29999995231628	3	33	814
ARGENTINA	1.60000002384186	0.300000011920929	56	2161
BRAZIL	2.09999990463257	5.30000019073486	32	1101
CHINA	1.5		43	618
CZECHOSLOVAKIA	0.699999988079071		44	6847
ECUADOR	3.40000009536743	4.69999980926514	40	692
EGYPT	2.5	5.59999990463257	52	595

圖1-11　「點屬性」（Node Attribute）資料檔（Trade_Attribute.##h）

1-5　測量層次

圖1-9中的兩個鄰接陣顯示了由對角線分割而產生的「對稱」（symmetry）現象，換句話說，每個矩陣的上半部是下半部的「映射」。其原因在於這種資料所描述的是「無向的」（沒有方向性的，undirected），例如，公司1對公司2的關係等同於公司2對公司1的關係。因此，在一個無向網絡鄰接陣中，全部關係的訊息都包含在矩陣的下半部；嚴格地說，上半部是多餘的。因此，許多網絡分析程序僅要求知道鄰接陣的下半部，不要求有全部矩陣。對於無向網絡來說，只取鄰接陣的下半部資料並沒有損失任何訊息，但如果二個個案之間的關係涉及到像是影響力、喜歡、尊重、配合、遷就、厭惡這樣的關係時，就未必會有「映射」的對應關係，例如甲喜歡乙未必等於乙喜歡甲。這種情況下，關係是「有向的」（有方向性的，directed）。

在變量分析中，最重要的一個問題就是確認變量的「資料類型」（或是測量尺度問題），也就是說，資料的類型（或尺度）是屬於名義、次序、區間（等

距）還是比率尺度，因為這些尺度的不同，所使用的變量分析技術也會不同。讀者如欲進一步了解，可參考：榮泰生著，《SPSS與研究方法》，2版（台北：五南書局，2009）。

一、關係資料的類型

關係資料也同樣存在「測量問題」。在屬性資料的分析中，根據關係「有」「無」方向以及／或者是否「多值」，可產生4個層次的測量（圖1-12）。

圖1-12　關係資料的4個類型（測量層次）

來源：John Scott, *Social Network Analysis: A Handbook*, 2nd ed.,(London: SAGE Publications Ltd, 2009), p.47.

無向、二值。最簡單一類關係資料（類型1）是既無方向、二值（binary）資料。圖1-6、1-9中的發生陣資料即為此類型。

無向、多值。圖1-6、1-9中兩個鄰接陣則包含第二類關係資料：其關係是無方向的但卻是多值的。圖1-8中鄰接陣所包含的「多值」資料（類型2）是對於原先的發生陣的二值資料加以轉換而成。多值不僅表示了關係的有無，還主要表達了關係的強度。

多值（valued）資料總可以轉變為二值資料，其方法是把矩陣二元化，用一個臨界點對各個格值進行「切割」，但是這樣做會損失一些訊息。在切割過程中，研究者要決定切割值，高於（或低於）此層次的值都用「1」來表示，等於

或低於（或高於）該值的格值都用「0」來代替，這樣就構造了一個新的矩陣。在網絡分析中，這種切開資料矩陣的過程是非常重要的技術（詳細的操作可參考第3章）。

有向、二值與有向、多值。有向資料也可以採用二值或多值的形式，也可以應用同樣的切割程序把多值有向資料（類型4）降低為二值、有向資料（類型3）。把有向資料轉為無向資料，僅忽略其關係的方向即可。如果研究者所考慮的重要事件僅是涉及到關係是否存在，而不是其方向，則可以忽略關係的方向。

在包含有向資料的鄰接陣（圖1-8）中，通常約定關係的方向是「從」列元素「走向」欄元素的。如此看來，在一個有向矩陣中，格值(2,5)表示從個體2指向個體5的關係或者強度，而格值(5,2) 表示從個體5指向個體2的關係或者強度。這個約定可從圖1-8中了解。正因為一個有向陣並不涉及到對角線對稱的問題，因而必須要全盤考慮整個矩陣，而不僅僅關注其下半部。

複雜類型的關係資料總可以化歸為簡單的資料形式，而任何形式的關係資料都可以簡化成是無向、二值資料（類型1）。因此，在社會網絡分析中，類型1資料的應用最廣泛。

二、線的類型

如上述，在屬性資料的分析中，根據關係「有」「無」方向以及／或者是否「多值」，可產生4種類型（測量層次）。同樣的，線也分成4種類型。在UCI-NET中表示「線」的英文名稱還有：edge、arc、line、tie。

圖1-10區分出來的任何一種關係類型，可以用線來加以對應，換句話說，可將線區分為有無方向、是否為多值。圖1-9(d)所表示的是無向線。如果公司1有A作為董事，則董事A就屬於公司1（隸屬的關係是「屬於」）。圖1-9中的全部社群圖〔圖1-9(d)與圖1-9(e)〕都由無向線組成。這二圖都分別來自一個對稱資料矩陣（鄰接陣），該矩陣僅僅表明了某種關係的存在與否。

如果一些關係是從「一個人指向另外一個人」（例如甲喜歡乙），那麼就用「方向圖」（directed graph）來表示關係，有時簡稱為「有向圖」（digraph）。一個有向圖要用帶箭頭的線畫出來，箭頭的方向代表關係的方向。圖1-13即為一個簡單的有向圖（根據圖1-8的矩陣所做的圖）。

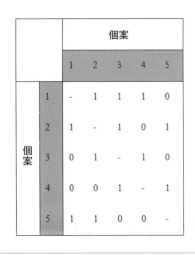

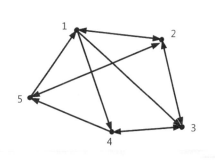

圖1-13　有向圖及其矩陣（根據圖1-8的矩陣所做的圖）

　　一個有向圖矩陣可能對稱，也可能不對稱，但是它包含的是一些數值而不是簡單的二值項。另一方面，如果關係的「密度」很重要並且可以用一定數值來表達的話，那麼研究者可以據此建構一個多值圖（valued graph），把一定的數值賦予每條線上。

　　圖1-9就是一個多值圖例子。在測量關係密度方面，一種最常用、最簡單的測度是一條線的「多重度」（multiplicity），也就是構成關係的獨立接觸者的數目。例如，如果兩個公司共同的董事有2個，那麼這二個公司之間的關係就用一條多重度為2的線來表達。如果兩個公司共同享有3個董事，那麼連鎖董事職位就可以看成是一條多重度為3的線。當然，一個圖中的各個值與其密度測度（如關係的頻率）有關聯。

　　由一條線連著的點是相互「鄰接的」（adjacent）。鄰接是對「由兩個點代表的兩個行動者之間直接相關」這件事實的圖論表達。與某個特定點相鄰的那些點稱為該點的「鄰域」（neighborhood）。鄰域中的總點數稱為「度數」（degree）〔嚴格地說應該是「關聯度」degree of connection〕。這樣，一個點的度數就是對其「鄰域」規模大小的一種數值測度。在一個鄰接矩陣中，一個點的度數用該點所對應的列或者欄的各項中的非0值總數來表示。如果資料為二值的，如圖1-14所示，那麼一個點的度數就是該點所在列的總和或者欄的總和。由

於每個圖中的每條線都連著兩個點（它附屬於兩個點），所有點的度數總和因而是圖中線的總數的2倍，因為在計算各個獨立點的度數時，每條線都被計算了兩次。在圖1-14中，點B的度數是4，所有其他點的度數都是3。因此，度數總和為16，它等於線數(8)的2倍。

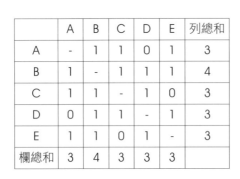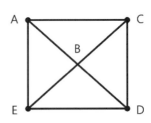

圖1-14　　鄰接與度數的說明

各個點可以通過一條線直接相連，也可以通過一系列線間接相連。這一系列線稱為一條「線路」（walk）。如果線路中的每個點和每條線都各不相同，則稱該線路為「途徑」（path）。途徑這個概念是繼「點」和「線」之後的另一個最基本的圖論術語。一個途徑的長度（length）用構成該途徑的線的條數來測量。例如，在圖1-14中，點A和D不直接相連，而是經過途徑ABD關聯在一起，它的長度是2。

圖論中的另一個非常重要的概念是「距離」（distance），但是，「距離」和「途徑」的概念都不同於它們在日常生活中的含義。一條途徑的長度僅僅指它所包含的線數，即從一個點走向另外一個點所必須經過的「步驟」。而兩點之間的「距離」指的是連接這兩點的最短途徑〔即捷徑（geodesic）的長度〕。

在簡單的無向關係資料中，關係是對稱的，而有向圖中的關係一般不對稱。例如，A喜歡B並不表示B也喜歡A。因此，有向圖中某點的「度數」包括兩個不同方面，分別稱為「點入度」和「點出度」。它們的定義要考慮到表達社會關係的線的方向。

一個點的點入度（in-degree）指的是直接指向該點的點數總和；點出度

（out-degree）指該點所直接指向的其他點的總數。因此，一個點的點入度呈現在有向圖矩陣中該點對應的欄總和上，點出度則用列總和來表示。例如，在圖1-12中，點1的欄總和為2，因為它「收到」了兩條線（來自於2和5）。其對應的社群圖則清楚地顯示出它的點入度為2。另外，點1的列總和為3，這反映了它「指向」3個點（即點2、3、4）。

有些研究者利用點入度、點出度來研究「論文的引用」，例如，將點入度定義為「某篇論文被哪些其他論文所引用」，將點出度定義為「某篇論文引用哪些其他論文」，然後就可以彙總各論文被引用、引用的次數，進而說明哪篇（或哪些）論文是「最火紅的論文」。例如，Gatrell(1984)檢視了從1960年到1978年之間發表的地理學論文，他以這些地理學論文做為研究總體，並從其參考文獻與註釋中建立一個引用關係網。[8]假設論文A引用了論文B，就形成一個從論文A連向論文B的引用關係，將這些關係數據整理成一個有方向的發生陣，再針對這個發生陣進行成分結構分析。這個發生陣再轉換成被引論文與引用論文兩個鄰接陣，分別針對這兩個鄰接陣進行結構分析。這是首次出現以社會網絡分析方法進行引用文獻分析的研究。

在一個有向圖中，途徑指的是箭頭指向相同的一系列線。例如，在圖1-12中，點13452是一個途徑，而點12345卻不是：箭頭方向的改變意味著點2不可能通過點3「到達」點4。

從以上的說明我們可了解，在有向圖中，研究者除了看線的有無之外，必須考察到線的方向，因此確定「關聯」的標準是相當嚴格的。在有向圖中如何測量兩點之間的距離？首先要考慮方向，然後再根據所確定下來的途徑來測量。如果研究者僅僅關注線的存在與否，而不關注其方向，此時就可以放鬆先前的嚴格關聯標準，而認為只要在任何兩點之間存在一系列線，就說兩者之間存在關聯。在這種分析中，我們說存在一條「半途徑」（semi-path）（而非途徑）。在圖1-13中，點12345就是一條半途徑。因此，如果把有向資料看成是無方向的，這就表示在一般情況下我們可以利用針對無向資料的所有測量。

---

[8] A.C. Gatrell, "Describing the Structure of a Research Literature: Spatial Diffusion Modeling in Geography," *Environment and Planning B: Planning and Design*, Vol.11, No.1 (1984), pp. 29-45.

1-6　UCINET資料集範例

　　UCINET提供了許多資料集的範例，安裝後資料集範例的預設檔案位置是：c:\Program Files\Analytic Technologies\datafiles。讀者可上網，以了解這些範例的歷史背景與意義（圖1-15）。我們現在從這些範例中挑出兩個範例，分別說明「個案—隸屬」矩陣、「個案—個案」矩陣。這兩個矩陣（資料集）在本書各章常會用到。

UCINET IV Datasets

The following pages describe the standard UCINET IV datasets provided with the program. Multirelational data are stored, when possible, in a single multirelational data file. Each relation within a multirelational set is labelled and information about the form of the data is described for each individual matrix.

UCINET IV Version 1.0 DATASETS

- BERNARD & KILLWORTH FRATERNITY
- BERNARD & KILLWORTH HAM RADIO
- BERNARD & KILLWORTH OFFICE
- BERNARD & KILLWORTH TECHNICAL
- DAVIS SOUTHERN CLUB WOMEN
- GAGNON & MACRAE PRISON
- KAPFERER MINE
- KAPFERER TAILOR SHOP
- KNOKE BUREAUCRACIES
- KRACKHARDT OFFICE CSS
- NEWCOMB FRATERNITY
- PADGETT FLORENTINE FAMILIES
- READ HIGHLAND TRIBES
- ROETHLISBERGER & DICKSON BANK WIRING ROOM
- SAMPSON MONASTERY
- SCHWIMMER TARO EXCHANGE
- STOKMAN-ZIEGLER CORPORATE INTERLOCKS
- THURMAN OFFICE
- WOLFE PRIMATES
- ZACHARY KARATE CLUB
- _

BERNARD & KILLWORTH FRATERNITY

圖1-15　UCINET資料集範例
（http://vlado.fmf.uni-lj.si/pub/networks/data/ucinet/ucidata.htm）

一、「個案—隸屬」矩陣

UCINET提供了一個davis.##h資料集範例，此範例是Davis及其同事在1940年代蒐集的有關18位女性參與14個社會事件的資料，如圖1-16所示。此資料又稱「南方婦女資料」（the Southern Women's Data）。

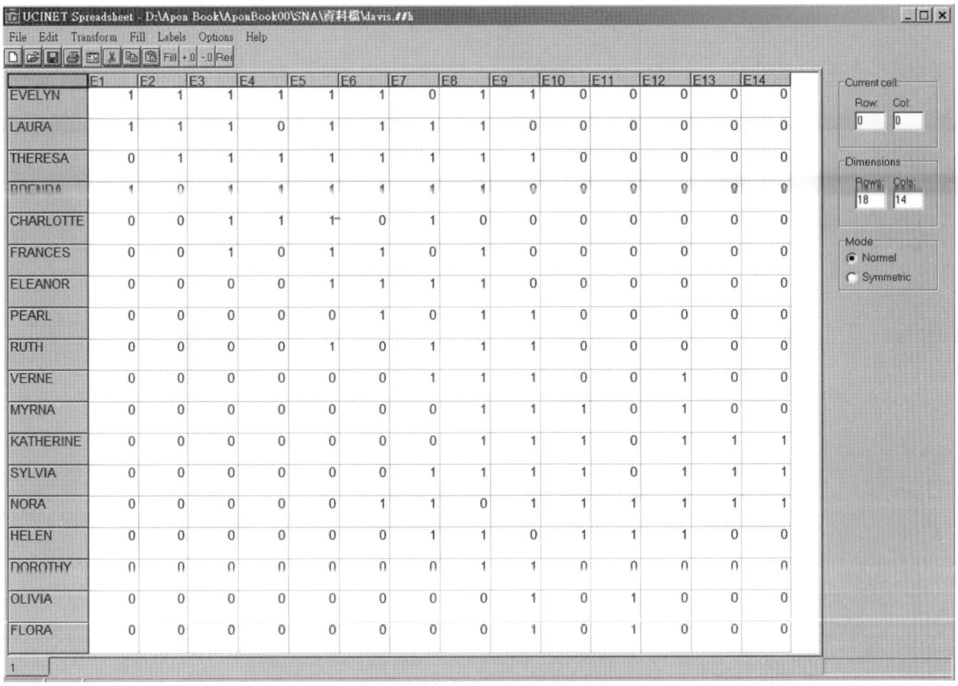

	E1	E2	E3	E4	E5	E6	E7	E8	E9	E10	E11	E12	E13	E14
EVELYN	1	1	1	1	1	1	0	1	1	0	0	0	0	0
LAURA	1	1	1	0	1	1	1	1	0	0	0	0	0	0
THERESA	0	1	1	1	1	1	1	1	1	0	0	0	0	0
BRENDA	1	0	1	1	1	1	1	1	0	0	0	0	0	0
CHARLOTTE	0	0	1	1	1	0	1	0	0	0	0	0	0	0
FRANCES	0	0	1	0	1	1	0	1	0	0	0	0	0	0
ELEANOR	0	0	0	0	1	1	1	1	0	0	0	0	0	0
PEARL	0	0	0	0	0	1	0	1	1	0	0	0	0	0
RUTH	0	0	0	0	1	0	1	1	1	0	0	0	0	0
VERNE	0	0	0	0	0	0	1	1	1	0	0	1	0	0
MYRNA	0	0	0	0	0	0	0	1	1	1	0	1	0	0
KATHERINE	0	0	0	0	0	0	0	1	1	1	0	1	1	1
SYLVIA	0	0	0	0	0	0	1	1	1	1	0	1	1	1
NORA	0	0	0	0	0	1	1	0	1	1	1	1	1	1
HELEN	0	0	0	0	0	0	1	1	0	1	1	1	0	0
DOROTHY	0	0	0	0	0	0	0	1	1	0	0	0	0	0
OLIVIA	0	0	0	0	0	0	0	0	1	0	1	0	0	0
FLORA	0	0	0	0	0	0	0	0	1	0	1	0	0	0

圖1-16　**davis.##h的內容**

二、「個案—個案」矩陣

PADGETT.##h是UCINET提供的範例資料集。開啟之後，這個多元關係矩陣具有兩個資料集（或者說有兩種關係），分別為：PADGM、PADGB，如圖1-17所示。PADGETT.##h是1986年Breiger & Pattison為了進行角色分析研究，從John Padgett的歷史文件中蒐集到有關文藝復興時代Florentine家族中各成員的社會互動資料。PADGM是記錄家族成員間聯姻關係的資料集，而PADGB是記錄家族成

員間商業關係（包括貸款、信用提供、合夥）的資料集。[9]

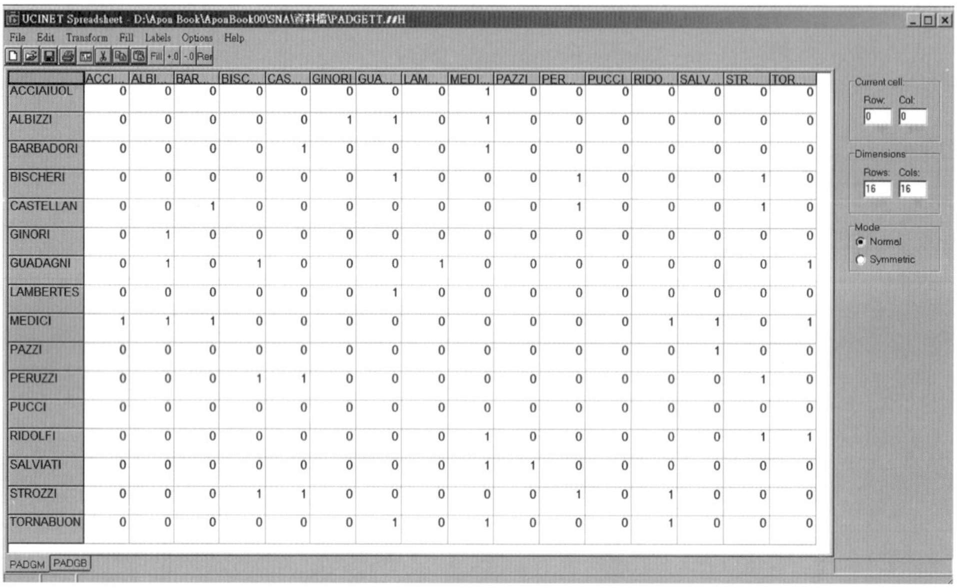

	ACCI...	ALBI...	BAR...	BISC...	CAS...	GINORI	GUA...	LAM...	MEDI...	PAZZI	PER...	PUCCI	RIDO...	SALV...	STR...	TOR...
ACCIAIUOL	0	0	0	0	0	0	0	0	1	0	0	0	0	0	0	0
ALBIZZI	0	0	0	0	0	1	1	0	1	0	0	0	0	0	0	0
BARBADORI	0	0	0	0	1	0	0	0	1	0	0	0	0	0	0	0
BISCHERI	0	0	0	0	0	0	1	0	0	0	1	0	0	0	1	0
CASTELLAN	0	0	1	0	0	0	0	0	0	0	1	0	0	0	1	0
GINORI	0	1	0	0	0	0	0	0	0	0	0	0	0	0	0	0
GUADAGNI	0	1	0	1	0	0	0	1	0	0	0	0	0	0	0	1
LAMBERTES	0	0	0	0	0	0	1	0	0	0	0	0	0	0	0	0
MEDICI	1	1	1	0	0	0	0	0	0	0	0	0	1	1	0	1
PAZZI	0	0	0	0	0	0	0	0	0	0	0	0	0	1	0	0
PERUZZI	0	0	0	1	1	0	0	0	0	0	0	0	0	0	1	0
PUCCI	0	0	0	0	0	0	0	0	0	0	0	0	0	0	0	0
RIDOLFI	0	0	0	0	0	0	0	0	1	0	0	0	0	0	1	1
SALVIATI	0	0	0	0	0	0	0	0	1	1	0	0	0	0	0	0
STROZZI	0	0	0	1	1	0	0	0	0	0	1	0	1	0	0	0
TORNABUON	0	0	0	0	0	0	1	0	1	0	0	0	1	0	0	0

圖1-17　PADGETT.##h的內容

1-7　社會網絡的類型

社會網絡可分三類：個體網、局域網、整體網。本書將在第4、5、6章討論這些課題。社會網絡的類型在研究程序的研究背景中要做說明，同時研究者採用什麼類型會直接影響到樣本大小。

一、個體網

個體網（ego network）是一個個體及與之直接相連的個體所構成的網絡。個體網的構成分為自我（ego）與他人（alters）。個體網可從整體網萃取出來。

9 http://vlado.fmf.uni-lj.si/pub/networks/data/ucinet/ucidata.htm#padgett

個體網絡分析是非常方便的，因為它可以用隨機抽樣方式，並結合古典統計技術來驗證假說。[10]由於受訪者可能是隨機抽樣取得的，而且問題是開放性的，因此受訪者不會因為可能知道任何問題的共同點，而試圖操弄訪談結果。個體網絡分析層次是從個體的角度進行分析，著眼點是個體可以透過社會網絡獲得多少外部（個人之外）資訊與資源。[11]個體網絡分析的假設，是個體在網絡結構中的位置好壞，將會影響其所能夠取得的資訊與資源，個體越接近網絡中心的位置，代表所建立的聯繫也越多，與其他個體的距離也就越近，所能獲得外部的資訊或是資源便越多，這些資訊或是資源就是所謂的社會資本。

二、局域網

局域網（partial network）是個體網加上與個體網成員有關聯的其他點（成員、行動者）所構成的網絡。這種網絡要比個體網絡的關係多，但比整體網絡的關係少。

三、整體網

整體網（whole network或Complete network）是一個群體（如一個學系、部門）內部所有成員的關係所構成的網絡，因此其分析對象是完整的整個網絡，例如一家公司員工之間的友誼關係。針對整體網所使用的分析技術包括子群分析（subgroup analysis）、對等性分析（equivalence analysis）以及網絡中心性（centrality）等。整個網的研究是探討社會網絡結構（包括團體或區塊）、網絡的組成、運作，以及與外部環境的連結（也許是另一個關係網絡）。[12]

1-8　社會網絡的研究內容

社會網絡的研究除了上述類型的不同之外，還有許多不同而且豐富的內

---

[10] S.P. Borgatti, Elicitation Methods for Cultural Domain Analysis. in J. Schensul & M. LeCompte (Ed.) *The Ethnographer's Toolkit*, Volume 3. Walnut Creek: Altamira Press, 1998.

[11] Linda Carton, Caroline Haythornthwaite, and Barry Wellman, "Studying Online Social Networks," *Annual Review of Sociology*, Vol.3, No.1 (June 1997). http://jcmc.indiana.edu/vol3/issue1/garton.html.

[12] 同註10、11。

容。社會網絡的研究內容包括：「中心性」分析（權力的量化研究）、二方關係研究、子群分析、塊模型分析（分群的量化研究）、角色與位置分析、三方關係研究、縱斷面研究（網絡進化研究）。

一、「中心性」分析（權力的量化研究）

在社會網絡中，我們是透過「點」（個體、行動者）或者「群體」的中心度（centrality）、整體網絡的中心勢（centralization）來研究他們的權力和影響力。以1-模資料的中心度而言，中心度有許多重要的課題，如：度數（degree）、點的中心度、局部中心點、整體中心點、局部中心度（local centrality）、整體中心度（global centrality）、途徑（path）、捷徑（geodesic）、中間度（betweenness）、中間度比例（betweenness proportion）、點對依賴性（pair dependency）、局部依賴矩陣（local dependency matrix）。2-模資料的中心度分析比較複雜。對於2-模資料的中心度分析，首先要將隸屬資料轉換成二部「1-模」陣，然後再分析各種中心度指數（詳細的說明，見第7章）。中心勢（centralization）是指整個圖的整體凝聚力或整合度。此觀念背後隱含著圖的結構「中心」。密度與中心勢都是代表一個圖的總體「緊湊性」（compactness）。中心勢研究的課題還包括：結構中心（structural center）、圖的中心。詳細的說明，見第4章。

二、二方關係研究

在二方關係研究（dyadic ties study）方面，主要是研究在一個社會網絡中，「虛無關係」（no ties）、「不對稱關係」（asymmetrical ties）、「互惠關係」（reciprocal ties）出現的頻率多少？就策略運用的觀點而言，上述三種關係分別為：互不干擾、競爭、合作。整體網路密度對於每對行動者之間產生互惠或不對稱關係的機率的影響如何？每位行動者會與其他行動者建立互惠或不對稱關係的機率的點出度如何？哪位行動者是比較「豪爽、開朗」的人？哪位行動者是「避之猶恐不及」的人（最無「人氣」的人）？2位行動者之間會建立關係（當然是二元關係）的機率如何？詳細的說明，見第4章。

三、子群分析

　　UCINET提供的子群（Subgroups）分析有：派系（clique）、宗派（clan）、叢（plex）等。網絡中的各個派系（clique）是指凝聚子群（cohesive subgroup），或是相互聯繫的群體，或是密度高的群體。N-派系（n-clique）中的N指的是派系成員之間聯絡的最長途徑之長。N-宗派（N-Clan）是Alba(1973)與Mokken(1974)根據派系的思想所提出的概念。[13]N-宗派是指：在一個N-派系中，其中任何兩點之間的捷徑都不超過N。K-叢是Seidman and Foster(1978)所提出的概念。[14]與派系概念不同，K-叢是以度數為基礎的子群研究，它要求其成員的點數不低於某個值。如前述，度數（degree）是與一點直接相連的其他點的個數。Lambda集合（Lambda sets）是由Borgatti等人（1990）提出的觀念。[15]Lambda集合是說明：去掉圖中的一些線之後，一對點在多大程度上仍然可以通過一條線連接在一起。這可用這一對點的「線關連度」（line connectivity）指數來測量。詳細的說明，見第5章。

四、塊模型分析（分群的量化研究）

　　塊（block）觀念是Everett（1999）等人所提出。[16]本書以環成分（cyclic component）來解釋「塊」觀念。環成分依賴於「循環」（cycle）一詞。一個循環就是一個途徑，而且會回到其初始點。塊模型法（block modeling）分析是直接針對鄰接陣進行分析，它會找到盡可能與理想的像（idealized image）接近的結果。塊模型法分析可分核心─邊緣分析、分派分析。詳細的說明，見第5章。

（一）核心─邊緣分析

　　「核心」（core）是一個聚類，是「共同出現」（co-occurring）的行動者聚

---

[13] R.D. Alba, "A Graph Theoretic Definition of a Sociometric Clique," *Journal of Mathematical Sociology*, 1973, p.3.; R.J. Mokken, "Clique, Clubs and Clans," *Quality and Quantity*, 1974, p.13.

[14] S.B. Seidman and B.L. Foster, "A Graph-Theoretical Generalization of the Clique Concept," *Journal of Mathematical Sociology*, Vol. 6, pp.139-154.

[15] S.P. Borgatti, M.G. Everett and P.R. Shirley, "LS Sets, Lambda Sets, and Other Cohesive Subsets," *Social Network*, Vol. 12, 1990, pp.337-358.

[16] M.G. Everett and S.P. Borgatti, "The Centrality of Groups and Classes," *Journal of Mathematical Sociology*, Vol.23, pp.181-202.

類。「核心」是由一系列行動者的分區構成的，這些行動者之間緊密聯繫在一起。「邊緣」（periphery）一方面是由一系列的行動者所構成的分區構成，而這些行動者鬆散聯繫在一起。

（二）分派分析

分派分析（faction analysis）的目的就是考慮網絡中的行動者，並根據關係多寡（某行動者以及其他某行動者之間的關係）對進行分組，使群體內部的密度高，群體之間的密度低。換句話說，群體之間盡可能互斥。

五、角色與位置分析

塊模型可以根據角色之間的互動來解釋社會結構；它是研究網絡位置模型的方法，是對社會角色的描述性代數分析。塊模型的目的就是將複雜的網絡「簡化」為塊模型或「像矩陣」（image matrix），簡化的方法是將初始發生陣中的點用一種集群分析（或稱聚類分析）的方法進行重排，進而形成一個在結構上對等一系列「像矩陣」。我們可以根據「結構對等性」對行動者進行分類。

「結構對等性」（structural equivalence）這個概念涉及到由特定類別的行動者對社會關係加以維持的一般類型。盡管小明與其子女、小華與其子女都分別有直接關係（小明的子女與小華子女當然不同），而且這兩個人與其子女之間的關係都很可能相同（都表現出父愛）。因此，小明與小華具有「結構對等性」，因為他們具有相同的社會位置（positions），即父親。[17]

一個塊模型由下列兩項組成：(1)把一個網絡的各個行動者按照一定標準分成幾個子集，而這些子集就是「位置」，也稱為集群（或聚類）、塊；(2)考察每個位置之間是否存在關係。需要說明的是，對位置的這種分類研究不能進行統計檢定。詳細的說明，見第5章。

六、三方關係研究

三方關係研究（triadic ties study）主要探討，在一個社會網絡中，「三方關係」有哪些表現？在三方研究方面，最常見的就是個體網分析。個體網（Ego

---

[17] 來源：John Scott, *Social Network Analysis: A Handbook*, 2nd ed.,(London: SAGE Publications Ltd, 2009), p.123.

Networks）顧名思義是以網絡中的個體為分析的主軸。UCINET的個體網絡分析包括：個體網絡的基本指標、個體網的同類性、個體網的構成、結構洞、Gould與Fernandez的中間人角色、誠實中間人指數、縱斷面研究等。其中結構洞、中間人是常被討論的兩種特徵。詳細的說明，見第6章。

七、縱斷面研究（網絡進化研究）

縱斷面研究是在一段時的時間（通常是幾週、月、甚是幾年） 來蒐集資料。縱斷面研究的資料亦可能由不同的研究者在不同的時點來提供。UCINET中的個體網（ego network）分析提供了相當豐富的縱斷面分析程序，例如：個體網變化（可以分析在二個時間點個人間喪失關係的情形）、個體網三點關係變化、個體網三點關係（加屬性）變化、中間人彈性。詳細的說明，見第6章。

其他有關UCINET關係資料的分析，例如將各種網絡變量（甚至屬性變量）都加到模型之中，以檢視哪些網絡變量或屬性變量會對於「關係」的發生具有顯著影響，以及社會網絡分析在企業研究上的應用，見第2章。

1-9　社會網絡經典研究

除了前述Gatrell (1984) 的「地理學論文引用關係網的研究」之外，在社會網絡研究領域還有許多經典研究。以下所舉的三個研究實例是在碩博士論文中最常被引述的論文；事實上，所謂的經典研究不只這些。

一、小世界現象

著名的「小世界現象」或小世界問題（The small world problem），或是「六度分隔理論」（Six Degrees of Separation）是假設了在兩個完全互相不認識的人之間，可透過至多6個中介人連結彼此的關係。[18]1967年哈佛教授Milgram (1967)根據這個概念做了一個研究，嘗試證明任何兩位陌生人都可以透過親友的親友產生連繫。研究發現：平均而言的確有包裹由第五手轉到了收件者手上。[19]

該研究論文發表至今相關的延伸研究並不多，相關的應用卻不少。在保險從

---

[18] Judith S. Kleinfeld, "The Small World Problem," *Society*, Vol.39, No.2 (2001), pp.61-66.
[19] S. Milgram, The Small World Problem. *Psychology Today*,Vol. 2, No. 1 (1967), pp.60-67.

業人員的職前與在職教育中，鼓勵受訓者在客戶簽訂保單的當時，同時請客戶提供至少五個潛在客戶的新名單；類似的方式也發生在直效行銷從業人員身上。事實上，人際之間的社會網絡一直是這兩個行業最重要的客戶來源。1980年代初期，讀者文摘也應用到這個理論，鼓勵雜誌訂戶推薦其他的潛在雜誌訂戶；Google也鼓勵其使用者推薦其收信者加入會員。

　　網際網路上也出現了該理論的相關應用，維基百科擁有2111479條英文條目相連的百科知識網，愛爾蘭的一位學院學生Stephen Dolan製作了Six Degrees of Wikipedia，來計算英文條目到英文條目之間，使用者需要點選幾次才能到達。[20] Dolan證明，2111479條英文條目的中心點在一個2007的條目，從這個中心條目到其他2111479條英文條目，平均只需要點選3.45次。除了透過維基百科來驗證這個理論以外，微軟的研究人員使用MSN、程式設計人員使用Facebook來進行相關的實驗。隨著網際網絡的普及，相關的各種社會網絡資料的取得也相對容易，各種六度分隔理論的研究與應用也將愈來愈廣泛。

　　許多研究顯示了在許多網絡中都有小世界現象，如電話通話範圍、蛋白質組成網絡、食物鏈及代謝過程網絡。[21]Newman (2001)研究了學者的科學共同研究並推斷小世界現象可能對學術作品的資訊及概念的傳播速度有影響。[22]Kogut and Walker (2001)發現：較有可能受到接管及改組的公司具有這樣的特性：較高向心力（中心度）、較短平均路徑長度。[23]Uzzi and Spiro (2005)檢視了1948年到1989年中百老匯音樂，發現不同的小世界屬性會影響百老匯音樂的創造力。[24]Marx and Fleming (2006)的研究中闡述了專利申請人由小世界組成，且這個小世界的結構會影響創新擴散。[25]

[20] http://en.wikipedia.org/wiki/Wikipedia:Six_degrees_of_Wikipedia

[21] Duncan J. Watts, "Networks, Dynamics, and the Small-World Phenomenon," *American Journal of Sociology*, Vol.105 (1999), pp.493-527; Réka Albert and Albert-László Barabási, "Statistical mechanics of complex networks," *Modern Physics*, Vol. 74(2002), pp.47–97.

[22] Janet Newman, Modernizing Governance: New Labor, *Policy and Society*. London, Sage, 2002.

[23] Bruce Kogut and Gordon Walker, "The Small World of Germany and the Durability of National Networks," *American Sociological Review*, Vol. 66, No. 3 (Jun., 2001), pp. 317-335.

[24] Brian Uzzi and Jarrett Spiro, "Collaboration and Creativity: The Small World Problem," *AJS*, Vol. 111, No. 2 (Sep., 2005), pp. 447–50

[25] M. Marx, D. Strumsky, and L. Fleming, "Mobility, Skills, and the Michigan Non-compete Experiment," *Management Science*, Vol. 55, No.6(2006), pp.875-889; L. Fleming and M.

二、搜尋非法打胎者

Lee (1969)在搜尋非法打胎者（The Search for an Abortionist）的研究當中，企圖發現在一個禁止墮胎的地方，女人從何處獲得非法打胎者（即墮胎處）的資訊。[26]她混合使用問卷方式及訪問方式來獲得墮胎處資訊，這種資訊搜集方式與希望墮胎的婦女找到墮胎處的方式相類似。在法令禁止墮胎的情況下，進行非法墮胎的醫生不可能公開打廣告，也必須在隱密的地方進行墮胎手術。她觀察到一般婦女會有所根據地猜測誰會提供協助、誰能夠提供墮胎處的資訊或者幫助連繫到能夠提供資訊與協助的人。

研究發現，受測者從她接觸到的人問下去，直到真正找到墮胎處，平均要透過2.8位中間人，實際上中間人的人數從1位到7位不等，中間人少於兩位（含）的超過四分之三。最容易問到墮胎處資訊的人是同齡的女性朋友，反而不是親屬之類這些較為親密的人。

三、謀職

Granovetter (1995)在謀職（*Getting a Job*）一書中，探討人們如何利用其非正式的社會關係獲得工作機會的資訊。[27]研究發現個人獲得謀職機會的主要管道多數是非正式的個人關係，佔了研究樣本的56%。謀職主要的資訊提供者很少是親友，反而常是與受訪問者工作有所接觸、但職業卻不同的人。

Marx, "Managing Inventive Creativity in Small Worlds," *California Management Review*, Vol. 48, No.4(2007), pp.6-27. Winner of the 2007 Accenture Award.

[26] Nancy Howell Lee, *The Search for an Abortionist*, Univ of Chicago Press. Dec. 1969.

[27] M. Granovetter, *Getting a Job: A Study of Contacts and Careers*, University of Chicago Press, 1995.

Chapter

02

如何進行社會網絡研究

2-1　研究程序

　　專題研究（不論是大三或大四的專題、碩博士論文、學者的研究、企業行銷部門所進行的專案研究）都具有清晰的步驟或過程。這個過程是環環相扣的。例如，研究動機強烈、目的清楚，有助於再進行文獻探討時對於主題的掌握；對於研究目的能夠清楚的界定，必然有助於觀念架構的建立；觀念架構一經建立，研究假說的陳述必然相當清楚，事實上，研究假說是對於觀念架構中各構念（潛在變數）之間的關係、因果或者在某種（某些）條件下，這些構念之間的關係、因果的陳述。觀念架構中各變數的資料層次（點的屬性層次、點─關係混合層次、關係─關係層次）決定了用什麼統計分析方法最為適當。對於假說的驗證成立與否就構成的研究結論，而研究建議也必須根據研究結果來提出。研究程序（research process）以及目前碩博士論文的章節安排如表2-1所示。[1]

表2-1　研究程序

步驟	碩博士論文章節
(1)研究問題的界定	
(2)研究背景、動機與目的	1
(3)文獻探討	2
(4)觀念架構及研究假說	3
(5)研究設計	
(6)資料分析	4
(7)研究結論與建議	5

　　專題研究是相當具有挑戰性的，正因為如此，它會讓動機強烈的研究者得到相當大的滿足感。但不可否認的，專題研究的道路上是「荊棘滿佈、困難重重」的。專題研究之所以困難，有幾項原因：(1)研究者沒有把握蒐集到足以代

[1] 這裡說明的研究程序是針對「量化研究」而說明的，對於「質性研究」略有不同。可參考：榮泰生，《企業研究方法》，4版（台北：五南書局，2011），第13、14章。

表母體的樣本資料；(2)研究者無法合理的辨識干擾變數並加以控制；(3)研究者缺乏應有的邏輯推理能力及統計分析能力，包括對統計套裝軟體（如UCINET）輸出結果的解釋能力。

一、循環性（circularity）

我們可將研究程序視為一個迴圈（圖2-1）。研究者是從第一步驟開始其研究，在進行到「研究結論與建議」階段時，研究並未因此而停止。如果研究的結論不能完全回答研究的問題，研究者要再重新界定問題、發展假說，重新做研究設計。如此一來，整個研究就像一個循環接著一個循環。但在實際上，研究者受到其能力、經費及時間的限制，整個研究不可能因為求完美，而永無止境的循環下去。

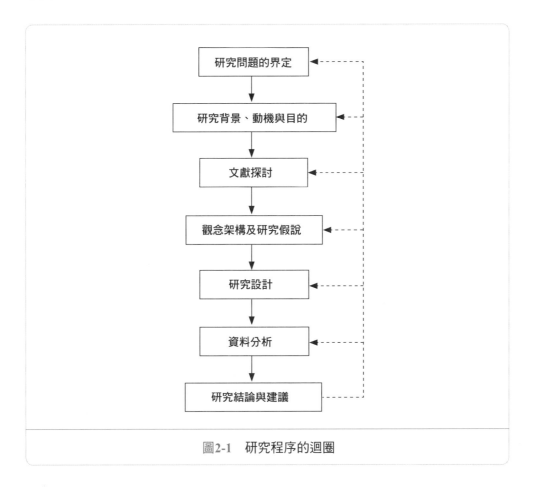

圖2-1　研究程序的迴圈

二、環環相扣

如前述，專題研究的每個步驟或過程都是環環相扣的。把握這個原則非常重要，否則論文變得結構鬆散。簡單的說，環環相扣的意思是這樣的：

1. 有怎樣的研究背景，有怎樣的動機；
2. 有怎樣的動機，就有怎樣的目的；
3. 有怎樣的目的，就有怎樣的文獻探討範圍；
4. 有怎樣的目的，也就會有怎樣的觀念架構；
5. 有怎樣的觀念架構，就會有怎樣的假說；
6. 有怎樣的觀念架構，就會有怎樣的操作性定義；
7. 有怎樣的操作性定義，就會有怎樣的問卷設計；
8. 有怎樣的假說，就會有怎樣的資料分析方法；
9. 有怎樣的資料分析方法，就會有怎樣的研究結論；
10. 有怎樣的研究結論，就會有怎樣的建議。

2-2　研究問題的界定

在管理學上，「問題」是實際現象與預期的現象之間有偏差的情形。明確的形成一個研究問題並不容易，但是非常重要。研究者雖然由於智力、時間、推理能力、資訊的獲得及解釋等方面有所限制，因此在定義研究問題，設定研究目標時，並不一定能做得盡善盡美，[2]但是如不將問題界定清楚，則以後各階段的努力均屬枉然。

研究問題的形成比研究問題的解決更為重要，因為要解決研究問題只要靠數學及實驗技術就可以了，但是要提出研究問題、提出新的可能性、從新的角度來看舊的問題，就需要創意及想像。[3]美國行銷協會（American Marketing

---

[2] 這是Herbert Simon (1947) 所認為的「有限理性」（bounded rationality）的關係使然。如欲對有限理性及其相關的觀念加以了解，可參考：Herbert Simon, *Administrative Behavior*（台北：巨浪書局，1957）；或榮泰生著，《策略管理學》，（台北：三民書局，2006年）。

[3] Albert Einstein and L. Infeld, *The Evolution of Physics* (New York: Simon & Schuster, 1938), p.5.

Association, AMA, 1985）曾提到：「如果要在研究專案的各個階段中挑選一個
最重要的階段，這個階段就是問題的形成」。在研究程序中，問題的界定非常重
要，因為它指引了以後各階段的方向及研究範圍。

當一些不尋常的事情發生時，或者當實際的結果偏離於預設的目標時，便可
能產生了「問題」（problem）。此時研究人員必須要與管理者共同合作，才能
將問題界定清楚。[4]管理者必須說明，研究的結果如何幫助他（她）解決問題、
做決策，也必須說明造成問題的各種事件。這樣做的話，研究問題便可界定得更
為清楚。

一、症狀與問題的確認

問題的確認涉及到對於現象的了解。有些企業問題的症狀很容易確認，例
如高等人員離職率、遊客人數在迅速成長一段時間後有愈來愈少的情形、員
工的罷工、產品線的利潤下降等。這些情形並不是一個問題，而是一種症狀
（symptom）。症狀是顯露於外的現象（explicit phenomena），也就是管理當局
所關心的東西，而問題才是造成這些症狀的真正原因。

二、研究問題的形成

在對企業問題加以確認之後，就要將這些問題轉換成可以加以探索的研
究問題（research questions）。但未必所有的企業問題都可以轉換成研究問
題，造成這個情形的可能原因有：(1)管理當局認為研究的成本會大於其價值；
(2)進行研究來解決管理問題的需求並不迫切；(3)研究的主題是不能研究的
（unresearchable, 例如所擬定研究主題為服用某藥物對個人行為、人際互動的影
響，而此藥物施用於人體不僅違法，也不合乎道德標準）；(4)研究經費短缺、
沒有合格的研究人員等。我們現在舉例說明症狀與問題的確認、研究問題的形
成：[5]

---

[4] P. W. Conner, "Research Request Step Can Enhance Use of Results," *Marketing News*, January 4, 1985, p.41.
[5] Problem Definition, *Marketing Research Techniques*, Series No.2 (Chicago: American Marketing Association, 1958), p.5.

- 症狀的確認

  大海公司的程式設計員的離職率愈來愈高。

- 問題的確認

  在離職面談時，常聽到離職人員對於人際互動的不滿。研究者應：(1)檢視企業內部及外部資料（了解他們不滿及離職率的情況；了解過去有無不滿的情形；其他公司是否有類似的情形）；(2)挑明此問題領域（部門內個人間的互動不良，如互相猜忌、厭惡、鄙視；團隊間溝通不良、協調很差、合作績效低落）。

- 管理問題的陳述

  目前的人際互動良好嗎？

- 研究問題的陳述

  大海公司影響人際互動良窳的主要因素為何？

在定義問題的最後一個階段，就是要實際的選擇要研究的問題。在企業中，管理者所認為的優先次序，以及他們的認知價值決定了要進行哪一個研究。有關問題的形成應考慮的事項有：

- 對問題的陳述是否掌握了管理當局所關心的事情？
- 是否正確的說明問題的所在？（這真正的是一個問題嗎？）
- 問題是否清晰的界定？變數之間的關係是否清楚？
- 問題的範圍是否清晰的界定？
- 管理當局所關心的事情是否可藉著研究問題的解決而得到答案？
- 對問題的陳述是否有個人的偏見？

在對企業研究問題的選擇上，[6]所應注意的事項如下：

- 所選擇的研究問題與管理當局所關心的事情是否有關連性？
- 是否可蒐集到資料以解決研究問題？
- 其他的研究問題是否對於解決企業問題有更高的價值？
- 研究者是否有能力來進行這個研究問題？

---

[6] 從事獨立研究者，其研究問題的選擇主要是受到典範（paradigm）及價值觀的影響。

- 是否能在預算及時間之內完成所選擇的研究問題？
- 選擇這個研究問題的真正原因是什麼？

在學術研究上，研究者會確認哪些症狀呢？這和他們的觀察的敏銳度、相關文獻的涉獵有關。換句話說，研究者對於問題愈是具有敏銳性，以及對於有關文獻的探討愈深入，則對這個問題的確認會愈清楚。

在對學術研究問題的選擇上，所應注意的事項如下：

- 所選擇的研究問題是否具有深度及創意？
- 是否可蒐集到資料以解決研究問題？例如，針對人際互動的訊息交換進行研究，是否有能力或「關係」蒐集到資料？
- 研究者是否有能力來進行這個研究問題？（尤其是資料分析方面的能力）
- 是否能在所要求的時間之內完成所選擇的研究問題？
- 選擇這個研究問題的真正原因是什麼？

三、社會網絡分析在企業研究上的應用

社會網絡分析在企業研究上的應用範圍很廣。表2-2說明的是可能的研究應用，我們可以在變數之間進行適當的分析（例如密度、相關性的比較分析、因果分析等）。

表2-2　社會網絡分析在企業研究上的應用

應用層次	有關變數
國家	貿易往來、經濟支援、交戰／交惡、文化合作、技術支援、外交關係、GNP成長、國民幸福指數
企業	企業間： 金流、物流、資訊流、合併／購併、策略聯盟、ROA、利潤 企業內： 企業彈性（生產彈性、行銷彈性、資管彈性、人力資源彈性、研發彈性、財務彈性） 行銷組合策略（產品策略、定價策略、通路策略、促銷策略） 企業內部配合〔結構與策略的配合、資訊系統與結構的配合、事業單位策略與總公司策略的配合、功能策略（例如生產、行銷、人力資源）與事業單位策略的配合〕

表2-2 （續）

應用層次	有關變數
部門	衝突、合作、協調、生產力
個人	財務往來、資訊的互動、人力、物力的協助、友誼提供、心理支持、肯定、讚美、信任、滿足感、情緒、態度

2-3 研究背景、動機與目的

研究背景是扼要說明與本研究有關的一些課題，例如說明所研究的社會網絡類型（社會網絡可分三類：個體網、局域網、整體網，見第1章）、說明研究此題目的重要性（可分別說明為什麼這些變數具有因果關係、為什麼研究這些變數的因果關係是重要的），同時如果研究的標的物是某產業的某些企業，研究者可解釋為什麼以此產業、企業（甚至使用此產品的某些特定受測對象）為實證研究對象是重要的。

「研究動機與目的」是研究程序中相當關鍵的階段，因為動機及目的如果不明確或無意義，那麼以後的各階段必然雜亂無章。所以我們可以了解，研究動機及目的就像指南針一樣，指引了以後各階段的方向及研究範圍。

研究動機是說明什麼因素促使研究者進行這項研究，因此研究動機會與「好奇」或「懷疑」有關。不論是基於對某現象的好奇或者懷疑，研究者的心中，通常會這樣想：什麼因素和結果（例如員工士氣不振、資金週轉不靈、網路行銷業績下滑、降價策略未能奏效等）有關？什麼因素造成了這個結果？

在「什麼因素和結果有關」這部分，研究者應如此思考：哪些因素與這個結果有關？為什麼是這些因素？有沒有其他因素？此外，研究者也會「懷疑」：如果是這些因素與這個結果有關，那麼各因素與結果相關的程度如何？為什麼某個因素的相關性特別大？

在「什麼因素造成了這個結果」這部分，研究者應如此思考：哪些因素會造成這個結果？為什麼是這些因素？有沒有其他因素？此外，研究者也會「懷疑」：如果是這些因素造成了這個結果，那麼各因素影響的程度如何？為什麼某個因素影響特別大？

上述的「結果」大多數是負面的，當然正面的結果也值得探索，以發現與成功（正面結果）有關的因素以及原因。負面的結果就是「問題」所在。「問題」（problem）是實際現象與預期的現象之間有偏差的情形。

研究的目的有四種：(1)對現象加以報導（reporting）；(2)對現象加以描述（description）；(3)對現象加以解釋（explanation）；(4)對現象加以預測（prediction）。[7]因此研究者應說明其研究的目的是上述的哪一種。

研究目的就是研究者想要澄清的研究問題，在陳述研究問題的陳述上，通常是以變數表示，例如：「本研究旨在探討甲變數是否與乙變數具有正面關係」、「本研究旨在探討甲變數是否是造成乙變數的主要原因」等。

2-4　文獻探討

文獻探討，又稱為探索（exploration），就是對已出版的相關書籍、期刊中的相關文章、或前人做過的相關研究加以了解。除此之外，研究者還必須向專精於該研究主題的人士（尤其是持反面觀點的人士）請教，俾能擴展研究視野。

由於網際網路科技的普及與發展，研究者在做文獻探討時，可以透過網際網路（Internet）檢索有關的研究論文。例如進入「全國博碩士論文資訊網」（http://datas.ncl.edu.tw/theabs/1/）。

文獻探討的結果可以使得研究者修正他的研究問題，更確定變數之間的關係，以幫助他建立研究的觀念架構。

在撰寫專題學術論文方面，文獻探討分為幾個層次：(1)將與研究論文有關的文獻加以分類臚列；(2)將有關的論文加以整合並加以比較；(3)將有關的論文加以整合並根據推理加以評論。顯然，第二層次比第一層次所費的功夫更多，第三層次比前兩個層次所費的思維更多。在台灣的碩士論文中，能做到第二層次的比較多；在美國的學術論文中，如MIS Quarterly、Journal of Marketing，所要求的是第三層次。

---

[7]　D. R. Cooper and Pamela Schindler, *Business Research Methods* (New York, NY: McGraw-Hill Companies, Inc., 2003), pp.10-12.

2-5　觀念架構及研究假說

在對於有關的文獻做一番探討，或者做過簡單的探索式研究（exploratory study）之後，研究者可以對於原先的問題加以微調（fine-tuning）或略為修改。此時對於研究問題的界定應十分清楚。

一、觀念架構

研究者必須建立觀念架構。觀念架構（conceptual framework）描述了研究變數之間的關係，是整個研究的建構基礎（building blocks）。研究目的與觀念架構是相互呼應的。觀念架構的表示可用圖形表示，如此便會一目了然，如圖2-2所示。圖形中的單箭頭表示「會影響」。（如使用雙箭頭，則表示「有關係」）。

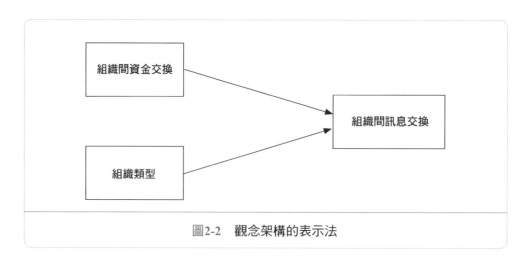

圖2-2　觀念架構的表示法

「假說」（hypothesis）是對於研究變數所做的猜測或假定。假說是根據觀念架構中各變數的關係加以發展而得。假說的棄卻或不棄卻便形成了研究結論。假說的陳述應以統計檢定的虛無假說來描述。近年來，許多研究者傾向於以「正面」來敘述假說。

「假說」是以可測試的形式來加以描述的，並可以預測二個（或以上）變數之間的關係。換句話說，如果我們認為變數之間有關連性存在，必須先將它們陳

述成為「假說」，然後再以實證的方式來測試這個假說。[8]

「假說」的定義為：「暫時性的臆測」（assumption），目的在於測試其邏輯性及實證性的結果。「假說」代表著目前可獲得的證據的不足，因此它只能提出暫時性的解釋。本書認為，「假說」是對現象的暫時性解釋，而測試此假說的證據至少是潛在可獲得的。一個陳述要如何，才可以稱得上是一個「假說」呢？首先，它必須是對「一個可以實證研究的事實」的陳述，也就是說，我們可以透過調查（及其他的研究方法）來證明其為真或偽的陳述。「假說」應排除價值判斷或規範性的（normative）陳述。例如，「每個人每週至少應上量販店一次」這個陳述是規範性的，因為它說明了人應該怎樣，而不是一件可以驗證其為真或偽的事實陳述。「50% 的台北市民每週至少上量販店一次」是對一件事實的陳述，因此可以被測試。

「假說」顯然不是期盼的事情或有關於價值的事（雖然研究者的價值觀會影響他如何選擇「假說」）。「假說」是事實的一個暫時性的、未經證實的陳述而已。這個陳述如要得到證實，必須經過測試；要經過測試，此陳述要儘可能的精確。例如，我們認為組織間的資金交換和組織間的訊息交換可能有關，我們可以詢問的最簡單的問題是：「組織間的資金交換和組織間的訊息交換有關嗎？」

如果我們假設在這二個變數之間的確存在著某種關係，我們就可以推測它們的關係。這個推理性的陳述（通常僅是預感或猜測）就是我們的「假說」。例如，我們經過文獻探討或推論發現：組織間的資金交換會影響組織間的訊息交換。我們就可以推測「組織間的資金交換愈多，組織間的訊息交換就愈多」。如果組織間的資金交換、組織間的訊息交換都可以被適當的測量，則這是一個適當的「假說」。

在研究中，建立假說有三個優點：(1)它可以使研究者專注於所要探討的變數的關係；(2)它可使研究者思考研究發現的涵義；(3)它可使研究者進行統計上的測試。

在研究上，「假說」具有若干個重要的功能。「假說」最重要的功能在於它

---

[8] 以前的統計學書上都用「假設檢定」這個術語。但是近年來，為了分辨假設（assumption）與假說（hypothesis）的不同，所以將「假設檢定」稱為「假說檢定」。

們能引導著整個研究方向。在資訊充斥的現代研究環境，研究者常常因涉及到與研究主題無關的資訊，而使得研究報告顯得臃腫不堪，不僅如此，到後來也可能忽略了所要探討的主題。如果整個研究能夠盯住「假說」，就會很容易的判斷哪些資訊應該或不應該包含在其研究的範圍內。同時，「假說」也是研究結論的基礎（研究結論就是要對「假說」的棄卻與否提出證據的說明）。

在引導研究的方向方面，「假說」所扮演的角色如何？如果我們的「假說」是「組織間的資金交換會影響組織間的訊息交換」，這個「假說」說明了研究的對象（組織）、研究脈絡（research context）及研究主題。

根據上述「假說」的特性，最好的研究設計可能是以調查研究、觀察研究來蒐集資料（用實驗研究不恰當）。除此以外，我們有興趣研究的是組織間的資金交換、組織間的訊息交換中所扮演的角色，因此組織在其他場合或情境的行為就不在研究探討之列。對上述的「假說」再做深入的探討，可能還要考慮到組織的類型這個有關的變數，所以在我們的文獻探討、研究報告中要涵蓋、討論這些變數。

建立假說的靈感有很多來源。通常研究者從日常生活中、研究過程中都會看到某些現象，而對於描述這些現象的變數之間關係，研究者就可以建立一個假說來驗證。除此以外，過去的研究、既有的、似是而非的信念，都可以幫助我們建立假說。例如，許多研究顯示：組織間的資金交換會影響組織間的訊息交換。這些研究告訴我們，組織間的資金交換與組織間的訊息交換有關。我們可以針對不同的樣本重複測試這個假說，或將此假說加以延伸、調整之後再對更深層的假說加以測試。

雖然社會科學家常被譏諷為「炒冷飯專家」，或盡是在不言而喻的常識上打轉，但是如果我們對「每個人所認定的就是真的」這個假說做測試，會發現其實並不是真的，因為「眾口鑠金，一時披靡」，以訛傳訛的現象在我們的社會比比皆是。

二、如何建立可測試的假說？

（一）可測試及量化

「『假說』必須要能被測試」這句話需要澄清一下。我們以上述「組織間的資金交換會影響組織間的訊息交換」這個陳述來說明。我們可以說這個陳述是命

題（命題就是對變數之間的關係加以陳述的最原始形式）。除非我們可以對組織間的資金交換、組織間的訊息交換這二個觀念加以測量的話，並給予操作性定義，否則不能稱為可測試的假說。「可測試」是指可以用資料分析來棄卻（或不棄卻）此假說。命題由於陳述得相當籠統，其觀念的定義又不清楚，所以很難說資料分析的結果是否足以棄卻或不棄卻該命題。從這裡我們可以了解，將變數加以量化的重要性-量化可以剔除模糊性。例如，研究者欲測試「參與美妝促銷活動的受測者的密度，是否與參與美妝網路討論平台的受測者的密度有顯著差異？」這個假說便不具有模糊性。

在建立假說時，常容易犯的錯誤是「二合一」（double barreled），也就是將二個假說合而為一。如果棄卻其中　個假說，但是不棄卻另外一個假說，則對此假說應如何做整體結論？

（二）發展假說之例

我們根據圖2-2的觀念架構，可以發展以下的假說：

H_1：組織間的資金交換對組織間的訊息交換有正向顯著影響。

H_2：組織類型對組織間的訊息交換有正向顯著影響。

2-6　研究設計[9]

研究設計（research design）可以被視為是研究者所設計的進程計畫，在正式的進行研究時，研究者只要「按圖索驥」即可。研究設計是實現研究目的、回答研究問題的藍本。由於在研究的方法、技術、及抽樣計畫上有許多種類可供選擇，因此如何做好研究設計是一件極具挑戰性的工作。

例如，我們可能是用調查、實驗或觀察來蒐集初級資料。如果我們選擇的是調查研究，是要用郵寄問卷、電腦訪談、電話訪談還是人員訪談？我們要一次蒐集所有的資料還是分不同的時間來蒐集（用縱斷面研究，還是橫斷面研究）？問卷的種類如何（是否要用隱藏式的或直接的，還是用結構式的

---

[9] 有關本節的詳細討論，可參考：榮泰生著，《企業研究方法》，4版（台北：五南書局，2011）。

或非結構式的）？問題的用字如何？問題的次序如何？問題是開放式的，還是封閉式的？怎麼測量問卷的信度及效度？會造成反應誤差嗎？如何避免？要對資料蒐集人員做怎樣的訓練？要用抽樣還是普查的方式？要用怎樣的抽樣方式（機率或非機率抽樣，如果採取其中一種方式，要用哪一種抽樣方法）？以上的各問題只不過是在考慮使用調查研究之後所要考慮的部份問題。

　　由於可以利用的研究工具有很多，所以研究者要從各種可能的角度來看研究設計的問題，例如他要想到是否可以用調查研究、觀察研究來探討同樣的問題？在實務上，由於研究時間的限制，一般的研究者不可能進行多重方法（multimethod）來進行多重研究（multistudy），但是研究者至少必須考慮到各種可能的方法，並從中選擇一個最有效的方法。

一、研究設計的6W

　　我們可以用6W來說明研究設計。這6W是What、Who、How、How Many、When、Where。如表2-3所示。

表2-3 研究設計的6W

What	變數的操作性定義是什麼？	操作性定義
	題項標記（在UCINET建檔時所用的標記）是什麼？	問卷設計
	問卷題號與設計內容是什麼？	
Who	研究的分析單位是誰？	分析單位
How	如何蒐集初級資料？	資料蒐集方法
	如何分析資料？	資料分析
	如何決定受訪者？	抽樣計畫-抽樣方法
How Many	要向多少受訪者蒐集資料？	抽樣計畫-樣本大小決定
When	何時開始蒐集資料？何時結束？	時間幅度
	蒐集何時的資料？	
Where	在何處蒐集資料？	地點

（一）操作性定義

研究者也必須對研究變數的操作性定義加以說明。操作性定義（operational definition）顧名思義是對於變數的操作性加以說明，也就是此研究變數在此研究中是如何測量的。操作性定義的做成當然必須根據文獻探討而來。而所要做「操作性定義」的變數就是觀念性架構中所呈現的變數。換言之，研究者必須依據文獻探討中的發現，對觀念性架構中的每個變數下定義。對變數「操作性定義」的說明可以比較「口語化」。而變數的操作性定義便是問卷設計的依據。從這裡我們又看出「環環相扣」的道理。

操作性定義（operational definition）是具有明確的、特定的測試標準的陳述。這些陳述必須更有實證的參考物（empirical referents），也就是說要能夠使我們透過感官來加以計數、測量。研究者不論是在定義實體的東西（例如社會事件）或者是抽象的觀念（例如個性、成就動機），都要說明它們是如何的被觀察的。要了解操作性定義，先要了解「觀念」。

「定義」（definition）有許多類型，我們最熟悉的一種是字典定義（dictionary definition）。在字典裡，「觀念」是用它的同義字（synonym）來定義的。例如顧客的定義是「惠顧者」；惠顧者的定義是「顧客或客戶」；客戶的定義是「享受專業服務的顧客，或商店的惠顧者」。這種循環式的定義（circular definition）在日常生活中固然可以幫助溝通、增加了解，但是在研究上應絕對避免。在專題研究中，我們要對各「觀念」做嚴謹的定義。

變數衡量。在衡量變數方面，可用行為定錨尺度法（behaviorally anchored rating scales, BARS）。[10]行為定錨尺度法是對於每一個評點描述出實際的行為的方法，它可以減少模糊性，並可在評估受測者者之間達成共識，但是在發展各種尺度的說明部分頗為費時費力。圖2-3的例子中，左邊是「特優」到「極差」的尺度，右邊就是對各種尺度的說明部分。

---

[10] P. C. Smith and L.M. Kendall, "Retranslation of Expectations: An Approach to the Construction of Unambiguous Anchors for Rating Scales," *Journal of Applied Psychology*, April 1963, pp.149-55.

特優的表現　5 ┄┄┄┄┄┄┄ 對「特優的表現」的說明

優的表現　4 ┄┄┄┄┄┄┄ 對「優的表現」的說明

一般的表現　3 ┄┄┄┄┄┄┄ 對「一般的表現」的說明

差的表現　2 ┄┄┄┄┄┄┄ 對「差的表現」的說明

特差的表現　1 ┄┄┄┄┄┄┄ 對「特差的表現」的說明

圖2-3　行為定錨尺度法之例（對某一行為類型的衡量）

行為定錨尺度法的應用情形是這樣的：首先對某變數（如忠誠度）的各種行為實例加以分析並歸類成許多行為類型（或稱關鍵事件），研究者依據「七點式」（或五點式）的好壞尺度表去評估受測者的每一個行為類型，受測者的分數就是這些行為類型的得分總合。

（二）問卷設計

研究者必須說明問卷設計的方式。專題研究論文的整份問卷可放在附錄中，但在研究設計中應整體性的、扼要的說明問卷的構成，如「問卷的二部分是有關受測者參與促銷活動情況的資料」等，同時也必須對衡量變數、題項標記（在UCINET建檔時所用的標記）加以說明，例如：

美妝促銷活動─發生陣的欄標籤分別為：SM（超市）、HM（量販店）、DE（百貨公司）、BE（美妝展）、DS（藥妝店）。

對於2-模資料的蒐集，要說明設計內與格式，例如：

第二部份：美妝促銷活動

您常參加過哪些美妝促銷活動？（請打「✓」）

美妝促銷活動	參加（請打「✓」）
超市（全聯、松青……等）	☐
量販店（家樂福、愛買……等）	☐
百貨公司（SOGO百貨、新光三越……等）	☐
美妝展（世貿美妝展……等）	☐
藥妝店（康是美、屈臣氏……等）	☐

對於1-模資料的蒐集，要說明設計內容與格式，例如：

請問貴組織與哪些類型的組織進行資訊交換？（請打勾）

	組織（請打「✓」）
社區機構（COUN）	☐
通訊機構（COMM）	☐
教育機構（EDUC）	☐
產業機構（INDU）	☐

對於屬性資料（包括類別資料、連續資料）的蒐集，要說明設計內容與格式，例如：

【基本資料】

　　1.您就讀的學院是：

　　　　☐文學院 ☐理工學院 ☐外語學院 ☐民生學院 ☐法律學院 ☐管理學院

　　2.您的年級是：

　　　　☐一年級 ☐二年級 ☐三年級 ☐四年級

　　3.您的每月可支配所得是：＿＿＿＿＿＿

設計問卷是一門藝術，需要許多創意。在設計好的問卷時，有許多原則可茲運用。首先，問卷的內容必須與研究的觀念性架構相互呼應。問卷中的問題必須儘量使填答者容易回答。譬如說，打「✓」的題目會比開放式的問題容易回答。除非有必要，否則不要去問個人的隱私（例如所得收入、年齡等），如果有必要，也必須讓填答者勾出代表某項範圍的那一格，而不是直接填答實際的數據（除非要配合資料分析）。用字必須言簡意賅，對於易生混淆的文字也應界定清楚（例如何謂行動者間的「強」關係？）。值得注意的是，選項出現的次序也許會影響受測者的選擇。嚴格的說，如要避免這種影響，應有各種次序的多種問卷，讓不同的受測者隨機選擇哪一種施測的問卷。

在正式地使用問卷之前應先經過預試（pretests）的過程，也就是讓受測者向研究人員解釋問卷中每一題的意義，以早期發現可能隱藏的問題。

在問卷設計時，研究者必須決定哪些題是開放性的問題（open-ended questions），哪些題是封閉性問題（close-ended questions）。

封閉性問題通常會限制填答者做某種特定的回答，例如以選擇或勾選的方式來回答「你認為下列哪一項最能說明你（妳）參加反核運動的動機？」這個問題中的各個回答類別（response category）。開放性問題是由填答者自由地表達他（她）的想法或意見（例如，「一般而言，你（妳）常參加哪些社會活動？」）。這類問題在分析、歸類、比較、電腦處理上，會比較費時費力。

（三）分析單位

每項研究的分析單位（unit of analysis）也不盡相同。網絡研究的分析單位可以是個體、派系、群、組織（包括營利、非營利機構）、企業集團，甚至國家等。在選擇適當的研究問題時，要清楚的界定分析單位，應用適當的分析單位。

（四）資料蒐集方法

資料蒐集方法可分蒐集初級資料、蒐集次級資料來討論。

1. 蒐集初級資料的方法

研究者必須詳細說明資料蒐集的方式（如以網頁問卷方式來蒐集、定點觀察），也必須設計如何來蒐集資料。三種蒐集初級資料的方法是調查研究、實驗研究、觀察研究。

調查研究。調查研究（survey research）是在蒐集初級資料方面相當普遍的方法。經過調查研究所蒐集的資料，經過分析之後，可以幫助我們了解人們的信念、感覺、態度、過去的行為、現在想要做的行為、知識、所有權、個人特性及其他的描述性因素（descriptive terms）。研究結果也可以提出關連性（association）的證據（例如組織間資金交換與組織間訊息交換的關係），但是不能提出因果關係的證據（例如組織間資金交換是組織間訊息交換的原因）。[11]

調查研究是有系統地蒐集受測者的資料，以了解及（或）預測有關個人、群體的某些行為。這些資訊是以某種形式的問卷來蒐集的。

調查法依研究目的、性質、技術、所需經費的不同，又可細分為人員訪談（personal interview）、電話訪談（telephone interview）、問卷調查（mail）及電腦訪談（computer interview）。近年來由於科技的進步，在調查技術上也有相當突破性的發展。

在電話訪談方面，最進步的應屬於「電腦輔助訪談」（computer-assisted telephone interviewing，CATI）的方式，訪談者一面在電話中聽被訪者的答案，一面將此答案鍵入電腦中（在電腦螢光幕上顯示的是問卷的內容），如此可省下大量的資料整理、編碼、建檔的時間。

近年來由於網際網路的普及，利用網頁做為蒐集初級資料的工具已經蔚為風氣。事實上，有許多網站提供免費的網路問卷設計，同時，我們也可利用功能強大的程式來設計網路問卷。

在蒐集網絡資料時，研究者常用的方法之一就是提名生成法（name generator），也就是請受測者說出與自己有某種關係的一些人，再說出這些人之間有什麼關係。提名生成法隨著網絡類型（整體網或個體網）的不同，所進行的方式會不相同。在整體網中的提名生成法的作法是：受測者往往在其所在的整體內部（如某一部門、某一學系）選擇與自己有關係的行動者。在個體網中的提名生成法的作法是：受測者可以隨意選取其他行動者，換句話說，受測者首先選擇其個體網成員，然後再根據自己的經驗「判斷」這些人之間是什麼關係。這些人可能屬於不同的團體。

Carrington and Hall (1988)曾針對多倫多東約克（East York）社區居民進行研

---

[11] 這是非常嚴格的說明；有些研究者認為要透過實驗研究才能夠了解變數間的因果關係。

究，該研究是以訪談與問卷方式來獲得資訊。[12]他們將東約克居民之間的關係定義為「社區紐帶」（community ties），並以此作為研究重心。研究發現，大多數東約克的紐帶起碼包括4個親密紐帶以及3個日常及生活中必須接觸的關係紐帶。除此之外，他們也研究了該社區中少數完全沒有紐帶的居民等。

實驗研究。實驗研究（experiment research）的意義是：由實驗者操弄一個（或以上）的變數，以便測量一個（或以上）的結果。被操弄的變數稱為自變數（independent variable）或是預測變數（predictive variable）。可以反應出自變數的結果（效應）的稱為依變數（dependent variable）或準則變數（criterion variable）。依變數的高低至少有一部份是受到自變數的高低、強弱所影響。

暴露於自變數操弄環境的實體稱為實驗組（treatment group），這個實體（受測者）可以是人員或商店。在實驗中，自變數一直維持不變的那些個體所組成的組稱為控制組（control group）。

實驗可分為實驗室實驗（laboratory experiment）、現場實驗(field experiment，又稱實地實驗)二種。實驗室實驗是將受測者聚集在一個特定的地點，並施以實驗處理（例如觀賞廣告影片）。實驗室實驗的優點在於可對自變數做較為嚴密的控制，但其缺點在於實驗結果對真實世界缺乏代表性。實驗研究可用在現場實驗或調查研究上。在某商店的一般採購情況下，測試消費者對於某新產品的反應。現場實驗的優點，在於行銷者可對行銷決策進行較為直接的測試。而其缺點則是：易受意外事件（如天候、經濟消息）的影響；遞延效果（carryover effects），亦即受測者先前做過的實驗（或先前類似的經驗）會對這次實驗造成影響；只能控制若干個變數；外在變數不易掌握。例如銷售量的增加係由於價格下降所致，抑或由於受測者的友人的建議，抑或由於廣告的效果，甚或由於企業本身的運氣則不得而知。

Bavelas (1951)曾進行一項實驗，分別檢驗由5個人在有關解決問題的訊息交往方面構成的各種溝通網絡結構對問題的成功解決產生了什麼影響。4種常見的溝通網絡有（圖2-4）：鏈形（chain）、Y形、星形（star）、環形（circle）。

---

[12] B. Wellman, R.J. Carrington and A. Hall 1988, "Toward a Network Conception of Community," In B. Wellman & S.D. Berkowitz (Eds.) , *Social structures: A network approach: 99-121*, Cambridge: Cambridge University Press, 1988. 此研究一開始使用訪談，後來因訪談所得的資訊雖豐富卻難以尋找連結，而改以填寫問卷的方法來得到資訊。

　　鏈形網絡代表五個垂直的階層，溝通網絡只能向上或向下，不能往側面溝通。在正式的組織中，這種型態的網絡可見於直線的職權系統中。

　　在Y形的溝通網絡中，有一個部屬向二位主管報告的現象，這個現象可能發生在專案組織中，專案成員必須向原單位主管及專案經理報告。

　　星形網絡代表一個主管和四個部屬，而部屬之間沒有互動，所有的溝通必須經由主管。

　　環形的網絡允許相鄰成員互相溝通，更遠則不能，這是一種三階層的網絡：主管和直接部屬溝通、而後者再與最低階層的部屬互相溝通。

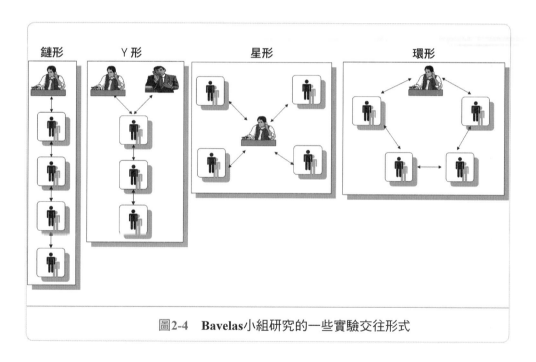

圖2-4　Bavelas小組研究的一些實驗交往形式

　　最佳的溝通網絡取決於所考慮的變數。表2-4係以速度、精確度、領導者突顯度、滿足度變數，來比較4種溝通網絡。在溝通速度方面，最快的是星形，精確度方面是鏈形、Y形與星形，領導者突顯度是星形，滿足度方面是環形。[13]

---

[13] A. Bavelas, and D. Barrett, "An Experimental Approach to Organizational Communication," *Personnel*, March 1951, p.370.

表2-4　**4種網絡和團體的效率**

項目	鏈形	Y形	星形	環形
速度	中	中	快	慢
精確度	高	高	高	慢
領導者突顯度	中	中	高	無
滿足度	中	中	慢	高

Moreno (1934)曾利用實驗、參與式觀察和問卷法，與其同事致力於以下問題的探索：人們的群體在哪些方面會影響他們的行動，並研究個人心理發展的限制性因素與機會是什麼。他更進一步研究精神健康與社會結構（social configuration）是如何連繫在一起的。[14]

觀察研究。觀察研究（observation research）是了解非語言行為（nonverbal behavior）的基本技術。雖然觀察研究涉及到視覺化的資料蒐集（用看的），但是研究者也可以用其他的方法（用聽的、用摸的、用嗅的）來蒐集資料。觀察研究有二種主要的類型：參與式（participant）與非參與式（nonparticipant）。在參與式的觀察中，研究者是待觀察的某一活動的參與者，他會隱瞞他的雙重角色，不讓其他的參與者知道。例如，要觀察某一政黨的活動的參與者，會實際加入這個政黨，參加開會、遊行及其他活動。在非參與式的觀察中，研究者並不參與活動，也不會假裝是該組織的一員。

整體網資料也常用到線人（informants）或消息靈通者來蒐集。研究者透過與數名線人之間的長時間訪談，記錄下研究對象兩兩之間的關係，建立資料集（關係矩陣）並進行分析。

2. 蒐集次級資料的方法

次級資料（secondary data）是別人為了解決他們自己的研究問題、達成他們的研究目的所產生的資料。相對於初級資料而言，次級資料的獲得比較快也比較便宜。如果在資料的蒐集上花的大量的金錢及時間，是相當不切實際的。次級資

---

[14] Jacob L. Moreno, *Who Shall Survive?* (Washington, DC: Nervous and Mental Disease Publishing Company, 1934).

料的缺點是：所蒐集的次級資料可能無法完全符合研究者的需要。次級資料可分為內部資料（internal data，企業內部的資料）及外部資料（external data）。

內部資料包括：組織內部的生產、銷售、人力資源、研究發展、財務的管理資訊系統；部門報告、生產彙總報告、財務分析報表、行銷研究報告等。蒐集資料的方法隨著不同的情況而異，而蒐集資料的成功與否決定於是否知道在哪裡找到資料、如何去找這些資料。有時候這些資料是儲存在中央檔案（由總公司來統管）、電腦的資料庫、部門的年鑑報告中。企業外部資料的總類相當多。要檢索這些資料也有一定的規則可尋。主要的外部資料來源有五種：電腦化資料庫、期刊、書籍、政府文件、其他。

蒐集資料最重要的來源就是圖書館。首先我們要了解我們的資訊需要，然後再從圖書館中萃取有關的資料。未來的圖書館將是一個沒有藩離的知識寶庫；我們在家裡就可以透過網際網路（Internet）來檢索所需的資料。

到圖書館找資料的第一步，就是要知道哪裡可以找到資料的索引及摘要。電子化的索引必須要透過電腦來查詢；文書式（卡片式）的索引必須要靠手工去尋找。

（五）資料分析

研究者必須循序說明資料處理的各步驟，並且要說明驗證各假說的統計分析技術。

（六）抽樣計畫──抽樣方法

研究人員必須決定及說明要用什麼抽樣方法、樣本要有什麼特性（即抽樣對象）以及要對多少人（即樣本大小）進行研究。

幾乎所有的調查均需依賴抽樣。現代的抽樣技術是基於現代統計學技術及機率理論發展出來的，因此抽樣的正確度相當高，而且即使有誤差存在，誤差的範圍也很容易的測知。

抽樣的邏輯是相對單純的。我們首先決定研究的母體（population），例如全國以登記的選民，然後再從這個母體中抽取樣本。樣本要能正確的代表母體，使得我們從樣本中所獲得的數據最好能與從母體中所獲得的數據是一樣正確的。值得注意的是，樣本要具有母體的代表性是相當重要的，換句話說，樣本應是母體的縮影，但是這並不是說，母體必須是均質性（homogeneity）的。機率

理論的發展可使我們確信相對小的樣本亦能具有相當的代表性，也能使我們估計抽樣誤差。

（七）抽樣計畫——樣本大小的決定

樣本大小決定的方式有很多，研究者必須說明樣本大小是如何決定的。所研究的社會網絡類型（個體網、局域網、整體網）會影響到樣本大小。

（八）時間幅度

時間幅度是指研究是涉及到某一時間的橫斷面研究（cross-sectional study），還是涉及到長時間（不同時點）的縱斷面研究（longitudinal study）。

研究可以「對時間的處理」的不同，而分為橫斷面研究與縱斷面研究。橫斷面研究是在某一時點，針對不同年齡、教育程度、所得水準、種族、宗教等的行動者，進行社會網絡分析。相形之下，縱斷面研究是在一段時的時間（通常是幾週、月、甚是幾年）來蒐集資料。顯然縱斷面研究的困難度更高，費用更大，也許就因為這樣，研究者通常會用小樣本。如果在不同的時點，所採用的樣本都是一樣，這種研究就是趨勢分析（trend analysis）。縱斷面研究的資料亦可能由不同的研究者在不同的時點來提供。UCINET中的個體網（ego network）分析提供了相當豐富的縱斷面分析程序，例如可以分析在二個時間點之間，個體與個體之間喪失關係的情形。

調查研究是詢問受測者一些問題的方法。這些問題通常是他們的意見或是一些事實資料。在理論上，調查研究是屬於橫斷面研究，雖然在實際上問卷回收的時間可能要費上數月之久。橫斷面研究的典型極端類型是普查。普查是在同一天對全國的民眾進行訪談。

（九）地點

研究者必須說明在何處蒐集資料。如以網路問卷進行調查，則無地點的問題。如以一般問卷調查、人員訪談的方式蒐集資料，則應說明地點，如金企三甲教室、xx百貨公司門口等。

二、預試

在正式的、大規模的蒐集資料之前，我們進行預試（pilot testing）。預試的目的在於早期發現研究設計及測量工具的缺點並做修正，以免在大規模的、正式

的調查進行之後，枉費許多時間與費用。研究者必須說明預試的期間與進行方式。

我們可以對母體進行抽樣，並對這些樣本進行模擬，以了解受測者的反應。並可以改正問卷的缺點（哪些問題很難回答、哪些問題太過敏感等）。通常預試對象的人數多寡不等，視所選擇的研究方法而定。在預試中受測的樣本不必經過正式的統計抽樣來決定，有時只要方便即可。值得注意的是：受測者在接受預試之後，對於所測試的主題會有比較深入的了解，在正式測試時會造成一些偏差現象，這種偏差稱為「事前測量誤差」。

2-7　資料分析

一、網絡資料分析

研究者可對於群體進行單變量統計分析，並對子群（subgroup）、個體網（ego network）加以描述。而且，研究者可對於網絡密度進行檢定；網絡密度檢定可分：(1)檢定網絡密度是否等於某值；(2)檢定二個網絡密度是否相等。

針對關係資料的統計分析依分析的複雜度以及解決問題的層次，可分為：

（一）點的屬性層次（Node-level）

點的屬性層次（Node-level）分析包括：(1)迴歸分析（Regression）；(2)T檢定（T-Test），例如二群體的中心度平均數假設檢定（例如，政府組織的中心度平均數是否低於非政府組織）；(3)異數分析（ANOVA），例如多群體的中心度平均數檢定（例如，將學者的專長類別分為「金融」、「國貿」、「一般管理」這三種類型，對這三類學者的特徵向量中心度進行檢定）。

（二）點—關係混合層次（Mixed Dyadic/nodal）

點—關係混合層次（Mixed Dyadic/nodal）包括：(1)類別屬性（Categorical attributes），也就是檢定「點的離散性數據」與「點與點之間『關係』數據」之間的關係；(2)連續屬性（Continuous attributes），也就是檢定「點的連續性數據」與「點與點之間『關係』數據」之間的關係。

（三）關係—關係層次〔Dyadic（QAP）〕

　　QAP（Quadratic Assignment Procedure, 二次指派程序）是對兩個方陣中各個格值的相似性進行比較的方法。關係—關係層次〔Dyadic（QAP）〕包括：(1)QAP相關分析（QAP Correlation），也就是對「兩種關係數據」之間的關係進行檢定；(2)QAP關係列聯表分析（QAP Relational CrossTabs）；(3)QAP迴歸分析（QAP Regression）。

二、檢定研究假說的決策法則

　　在檢定研究假說時，我們要採取這樣的決策法則：如果分析的結果顯示我們不能棄卻虛無假說，就不要採取任何矯正行動。值得注意的是：我們要說「不棄卻」（not to reject），不要說「接受」（accept），因為虛無假說永遠不能被證實，所以不能「被接受」。[15]

　　UCINET的統計檢定所傳回來的（所顯示的）值是顯著性（p值），我們要用顯著性和我們所設的顯著水準 α 值做比較，如果顯著性大於 α 值，未達顯著水準，則不棄卻虛無假說；如果顯著性小於 α 值，達到顯著水準，則棄卻虛無假說。在統計檢定時，本書所設定的顯著水準皆是0.05（$\alpha = 0.05$）。

　　統計檢定的結果只能讓我們棄卻、或不棄卻假說。雖然如此，但是我們在許多研究中還是常常看到用「接受虛無假說」這樣的字眼，原因可能是覺得「不棄卻虛無假說」這個用字太過彆扭吧！本書也將「從善如流」，當用到「不棄卻」時，後面會以「接受」加註。

　　如果我們棄卻虛無假說（發現有統計上的顯著性），那麼我們就應該接受對立假說。在我們接受或棄卻一個虛無假說時，很可能做了錯誤的決定。例如當我們應該棄卻虛無假說時，我們卻接受了；或者當我們應該接受虛無假說時，卻是棄卻了。

　　「棄卻、不棄卻」與「成立、不成立」。在統計學中，虛無假說是以「負面」的方式來表示，例如，如果所要探討的題目是男與女在態度上的

---

[15] 從這裡我們可以看出歸納性推理（inductive reasoning）的特性。在演繹性推理（deductive reasoning），前提與結論之間可正當的建立「結論性的證實」（conclusive proof），但在歸納性推理中則沒有這種特點。

平均數有無顯著性差異，則所建立的虛無假說是：男與女在態度上的平均數「無」顯著性差異。如果顯著性小於顯著水準（我們所設定的顯著水準，$\alpha = 0.05$），則棄卻虛無假說；如果顯著性大於顯著水準（我們所設定的顯著水準，$\alpha = 0.05$），則不棄卻（接受）虛無假說。但是近年來的學術研究論文，傾向以「正面」的方式來表示虛無假說，例如，以上述的例子而言，所建立的假說是：男與女在態度上的平均數「有」顯著性差異。如果顯著性大於顯著水準（我們所設定的顯著水準，$\alpha = 0.05$），則假說不成立；如果顯著性小於顯著水準（我們所設定的顯著水準，$\alpha = 0.05$），則假說成立。綜合以上的敘述，棄卻「無」，不就是接受「有」嗎？而在「有」的情況下，假說是「成立」的。所以不論用正面、負面的方式來敘述假說，結論都是一樣的。換言之，負面、正面敘述是一體兩面。最重要的研判點，就是顯著性。

我們可將以上的說明，整理如下：

研究問題	虛無假說	假說描述	驗證結果	研究結論
甲和乙不同嗎？	H_0 甲＝乙	甲和乙沒有顯著性差異	具有顯著性差異 沒有顯著性差異	不成立 成立
甲和乙相同嗎？	H_0 甲≠乙	甲和乙具有顯著性差異	具有顯著性差異 沒有顯著性差異	成立 不成立

2-8 研究結論與建議

一、研究結論

經過分析的資料將可使研究者研判對於研究假說是否應棄卻。假說的棄卻或不棄卻，或者假說的成立與否，在研究上都有價值。

二、研究建議

研究者應解釋研究結論在企業問題上的涵義。研究建議應具體，使企業有

明確的方向可循、有明確的行動方案可用，切忌曲高和寡、流於空洞、華而不實。例如，「企業唯有群策群力、精益求精、落實有效的策略聯盟，建立良好的員工互動關係，才能提升績效」這種說法就流於空洞，因為缺少了「如何」的描述。

Chapter

03

UCINET資料處理

3-1 改變預設的資料夾位置

按〔File〕〔Change Default Folder〕，在出現的「瀏覽資料夾」視窗中，可以選擇放置資料檔的地方，以方便以後迅速開啟檔案。

在本書中，我們將資料檔位置設定到D:\Aponbook\Aponbook00\SNA\資料檔，如圖3-1所示。讀者可依個人習慣設定資料檔位置（例如：「小婷的UCINET資料」）。

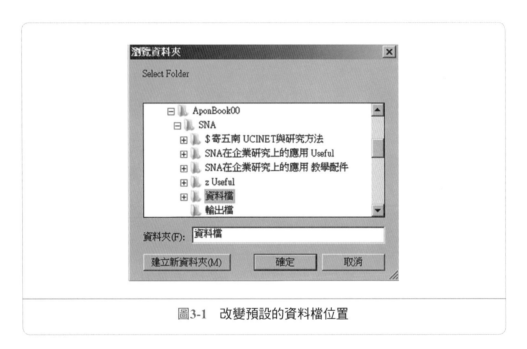

圖3-1　改變預設的資料檔位置

設定輸出檔的資料夾。按〔Options〕〔Output folder〕，再按「瀏覽圖示」可指定輸出檔案的資料夾。如果空白，則表示輸入檔（資料）與輸出檔在同一個資料夾（圖3-2）。

輸出檔案有二種格式，一是.##h格式。按〔Data〕〔Data editors〕〔Matrix editor〕，選取該檔案即可看到輸出內容（圖3-3）。另一個格式是文字檔格式。按〔Data〕〔Display〕即可看到以記事本呈現的文字檔案，可另存新檔，以便以後查閱（圖3-4）。我們在進行統計檢定或其他分析時（例如進行單變量統計分析），UCINET會產生上述兩種格式的輸出檔案：.##h格式會以預設名稱呈現（除非我們在設定的視窗中有做更改），而文字檔格式會以「OUTPUT」名稱呈現。

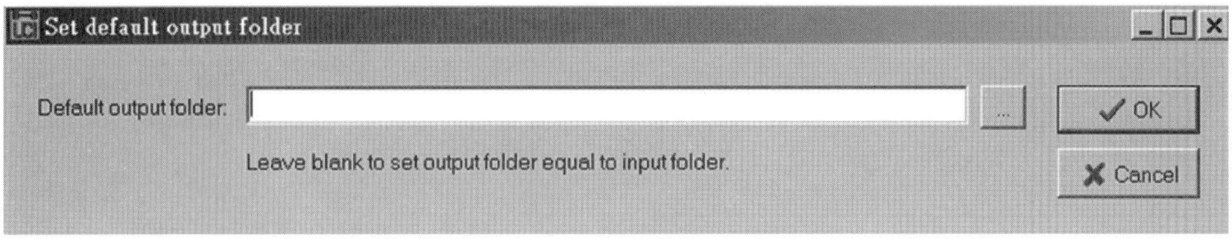

圖3-2　設定輸出檔資料夾

按〔Data〕〔Data editors〕〔Matrix editor〕

	公司1	公司2	公司3	公司4
Mean	2.3333 332538 6047	2.3333 332538 6047	2	1.3333 333730 6976
Std Dev	0.9428 090453 14789	0.4714 045226 57394	0.8164 966106 41479	0.4714 045226 57394
Sum	7	7	6	4
Variance	0.8888 888955 11627	0.2222 222238 77907	0.6666 666865 34882	0.2222 222238 77907
SSQ	19	17	14	6
MCSSQ	2.6666 667461 3953	0.6666 666865 34882	2	0.6666 666865 34882
Euc Norm	4.3588 991165 1611	4.1231 055259 7046	3.7416 574954 9866	2.4494 898319 2444
Minimum	1	2	1	1
Maximum	3	3	3	2
N of Obs	3	3	3	3
N Missing	0	0	0	0

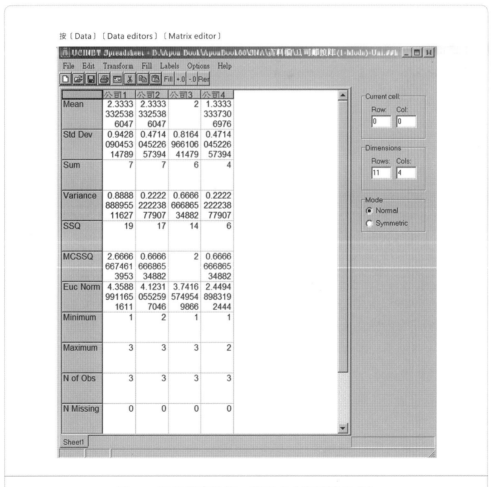

圖3-3　輸出檔案的第一種格式（資料檔格式）

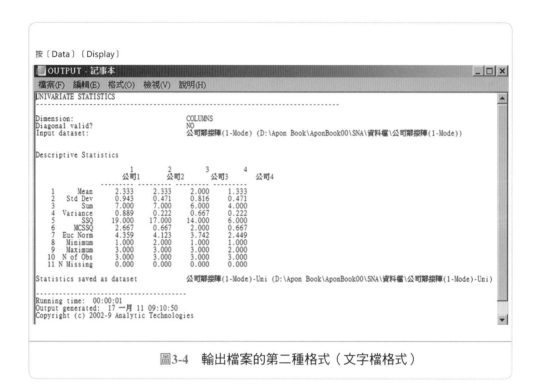

按〔Data〕〔Display〕

圖3-4 輸出檔案的第二種格式（文字檔格式）

3-2 UCINET檔案格式與資料類型

安裝UCINET妥善之後，其資料檔的預設位置是在：C:\Program Files\Analytic Technologies\UCINET\DataFiles。我們可以利用這些資料來學習。

UCINET檔案格式（File format）包括：UCINET（*.##h、*.##d）、VNA（*.vna）、DL（*.dl）、Pajek Network（*.net）、Pajek Partition（*.clu）、Pajek Vector（*.vec）。我們常用的檔案格式是UCINET（*.##h、*.##d）。UCINET的資料檔稱為「網絡」（Network）或「資料集」（Dataset），附檔名中的h與d大小寫通用。*.##h包含實際資料，而*.##d包含關於實際資料的信息。

UCINET資料類型有3種：

(1) 1-Mode Network(s)

(2) Node Attribute(s)

(3) 2-Mode Network

　　有關以上的類型，見第1章1-4節的說明，以及本章3-8節「2-Mode資料轉換成1-Mode」的說明。

　　UCINET檔案格式與資料類型如圖3-5所示。（按〔Visualize〕〔Netdraw〕，在「Netdraw」視窗中按〔File〕〔Open〕〔Ucinet dataset〕〔Network〕，即會出現此視窗畫面）。

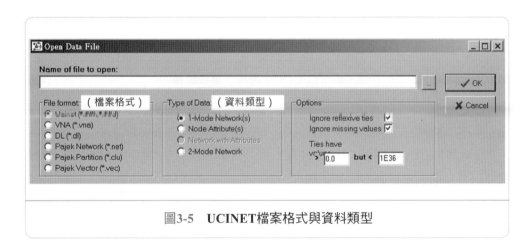

圖3-5　**UCINET檔案格式與資料類型**

3-3　UCINET資料建立

一、在UCINET環境下直接建立

　　我們可以在UCINET環境下直接建立資料檔案。按〔Data〕〔Data Editors〕〔Matrix editor〕，在「UCINET Spreadsheet」視窗中，建立資料檔案，如圖3-6所示。建立資料的方式如微軟的Excel，在此不贅。有必要了解Excel操作與特性的讀者，可參考：榮泰生著，《Excel與研究方法》，二版（台北：五南書局，2009）。

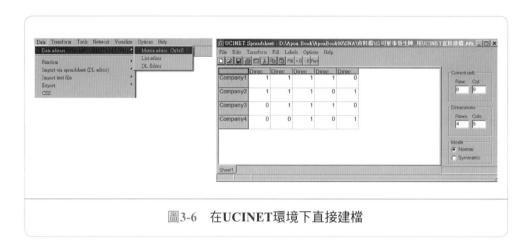

圖3-6　在**UCINET**環境下直接建檔

依筆者經驗，個案與隸屬名稱（或列標籤、欄標籤）應以英文為宜。有些版本（如6.301以後的版本中文輸入會有困難）。UCINET的 *.##h與*.##d這二種檔案格式要在同一資料夾才能夠開啟。

在「UCINET Spreadsheet**」視窗中建立一個以上的工作表**

我們可在「UCINET Spreadsheet」視窗中建立一個以上的工作表（資料集）。按〔Edit〕〔Insert sheet〕，在出現的「Create sheet」視窗中，填入新的工作表的名稱（如Page 2），就可以產生一個新的工作表，如圖3-7所示。

二、以Excel製作再用Import via spreadsheet (DL editor)、DL-type formats匯入

我們也可利用Excel製作資料檔，然後再在UCINET以DL-type formats匯入，如圖3-8到圖3-18所示。DL是Data Language的起頭字。值得特別說明的是，隨著UCINET版本的不同，以中文建立標籤所產生的結果可能會失真（產生亂碼），所以標籤還是以英文為宜。

在Excel中建檔，如圖3-8所示。將檔案儲存成「公司董事發生陣(2-Mode)」。檔案格式是「97-2003工作表」（儲存成xlsx格式亦可）。

啟動UCINET，按〔Data〕〔Import via spreadsheet (DL editor)〕〔DL-type formats〕，準備匯入……（圖3-9）。

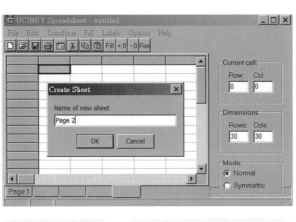

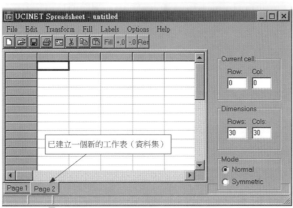

圖3-7　在「**UCINET Spreadsheet**」視窗中建立一個新工作表

	A	B	C	D	E	F	G
1		Director A	Director B	Director C	Director D	Director E	
2	Company1	1	1	1	1	0	
3	Company2	1	1	1	0	1	
4	Company3	0	1	1	1	0	
5	Company4	0	0	1	0	1	
6							

圖3-8　以**Excel**製作

圖3-9　啟動**UCINET**，準備匯入

在「Import Data via Spreadsheet Interface」視窗中，按〔File〕〔Open Excel file〕，如圖3-10所示。

圖3-10　在「**Import Data via Spreadsheet Interface**」視窗中，按〔**File**〕〔**Open Excel file**〕

在「Open File」視窗中，點擊方格右邊的「三點按鈕」圖示（…），在「開啟舊檔」資料夾中選擇「公司董事發生陣(2-Mode)」，如圖3-11、圖3-12所示。

圖3-11　在「**Open File**」視窗中，點擊方格右邊的「三點按鈕」圖示

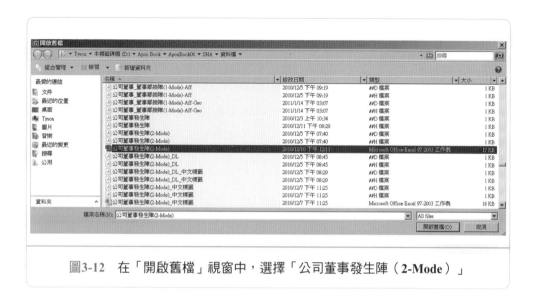

圖3-12 在「開啟舊檔」視窗中，選擇「公司董事發生陣（**2-Mode**）」

接著，在「Open File」視窗中，按〔OK〕，如圖3-13所示。。

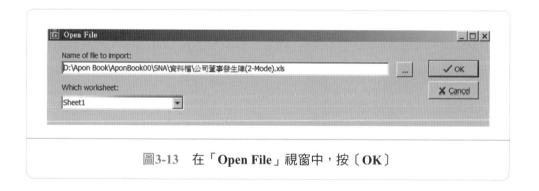

圖3-13 在「**Open File**」視窗中，按〔**OK**〕

在「DL Editor - Import Data via Spreadsheet Interface」視窗中，右邊的「Data format」清單中要選擇「Full matrix」，如圖3-14所示，再按〔File〕〔Save UCI-NET dataset〕。

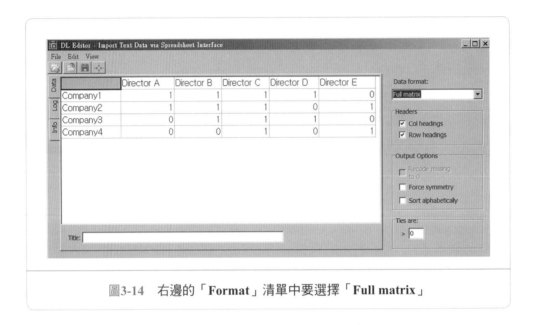

圖3-14 右邊的「**Format**」清單中要選擇「**Full matrix**」

值得一提的是，在「DL Editor - Import Data via Spreadsheet Interface」視窗中，如果右邊的「Data format」清單中未做選擇，而逕自按〔File〕〔Save UCI-NET dataset〕，就會出現「You haven't selected the type of data」（未選擇資料類型）的警告，如圖3-15所示。

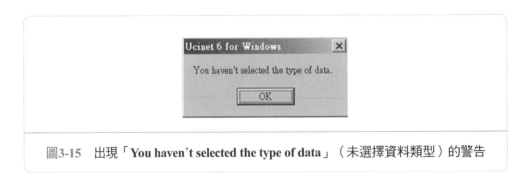

圖3-15 出現「**You haven't selected the type of data**」（未選擇資料類型）的警告

按〔File〕〔Save UCINET dataset〕，儲存成UCINET Dataset檔案，檔案名稱可與Excel檔案同，如圖3-16所示。

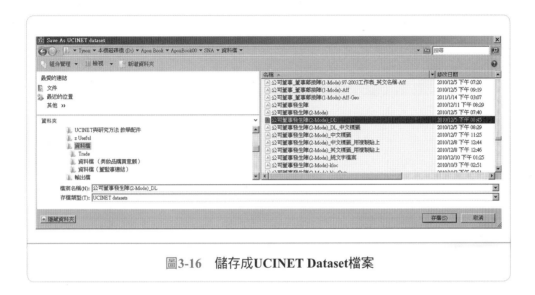

圖3-16　儲存成UCINET Dataset檔案

查看UCINET Dataset檔案。按〔Data〕〔Data editors〕〔Matrix editor〕，如圖3-17所示。

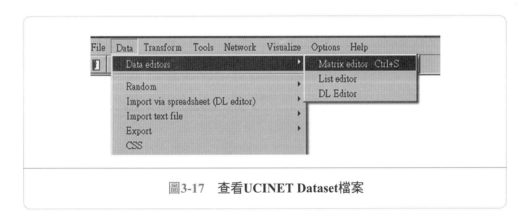

圖3-17　查看UCINET Dataset檔案

在「UCINET Spreadsheet」視窗中，按〔File〕〔Open〕，在「開啟舊檔」視窗中，選擇「公司董事發生陣（2-Mode）_DL」，所產生的UCINET Dataset檔案如圖3-18所示。

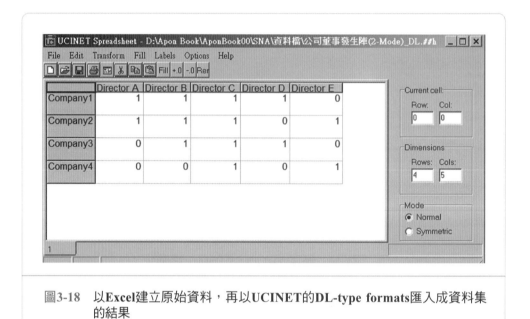

圖3-18 以**Excel**建立原始資料，再以**UCINET**的**DL-type formats**匯入成資料集的結果

　　如果在Excel中以中文建檔（行動者、隸屬以中文表示），則經過上述過程之後，所產生的UCINET資料集，如圖3-19所示。筆者建議，標籤的建立以英文為宜。

三、以Excel製作再用Import via spreadsheet (DL editor)、Full matrix 匯入

　　啟動UCINET，按〔Data〕〔Import via spreadsheet (DL editor)〕〔Full matrix w/ multiple sheets〕，準備匯入……（圖3-20）。

　　在「Import Adjacency Matrix from Excel」視窗中，選擇輸入檔、輸出檔（圖3-21）。雖然在這裡視窗名稱是「從Excel匯入鄰接陣」，但匯入發生陣亦可以接受。

　　查看UCINET Dataset檔案。按〔Data〕〔Data editors〕〔Matrix editor〕。在「UCINET Spreadsheet」視窗中，按〔File〕〔Open〕，所產生的UCINET Dataset檔案如圖3-22所示。

(a) 在Excel中行動者、隸屬以中文表示

(b) 所產生的UCINET資料集

圖3-19　在**Excel**中行動者、隸屬以中文表示，所產生的**UCINET**資料集

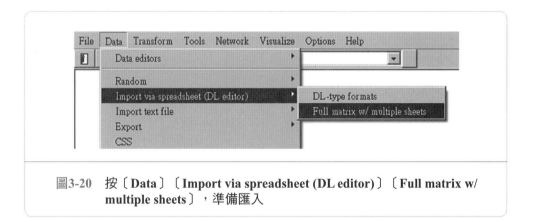

圖3-20　按〔**Data**〕〔**Import via spreadsheet (DL editor)**〕〔**Full matrix w/ multiple sheets**〕，準備匯入

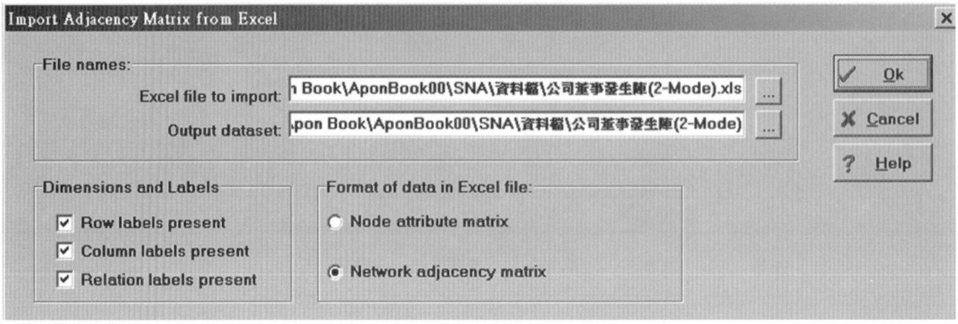

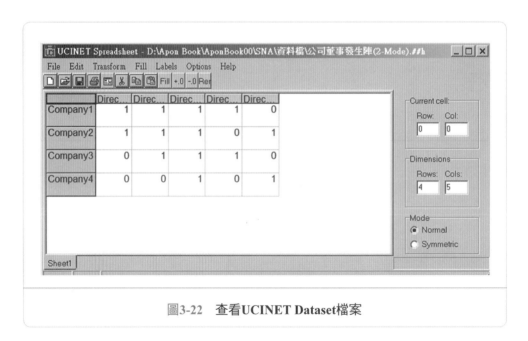

圖3-21　在「**Import Adjacency Matrix from Excel**」視窗中做選擇

圖3-22　查看**UCINET Dataset**檔案

四、以文書處理器製作再用Import text file匯入

　　我們也可用文書處理器（如Word、記事本）建立純文字檔。在「公司董事發生陣（2-mode）_純文字檔案」中，第一列dl表示data language，nr表示number of row，nc表示number of column，Row labels embedded表示列標籤嵌入在Data內，Column labels embedded 表示欄標籤嵌入在Data中，如圖3-23所示。

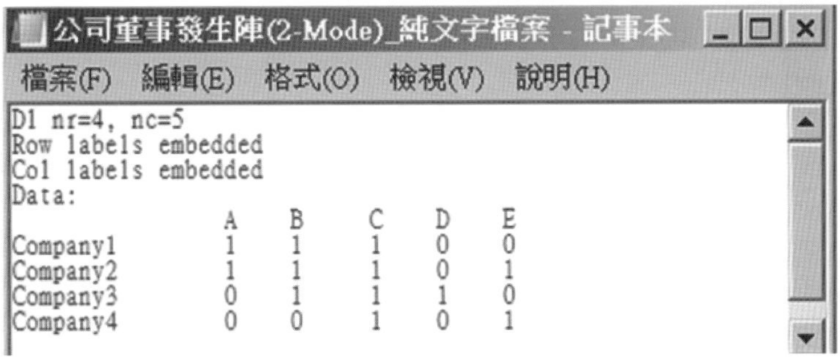

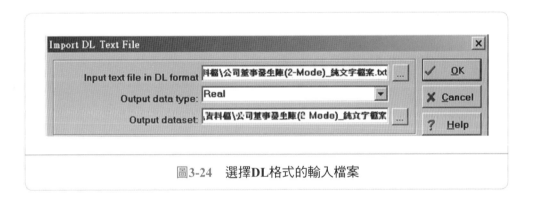

圖3-23 用文書處理器（如**Word**、記事本）建立純文字檔

按〔Data〕〔Import text file〕〔DL...〕，在「Import text file」視窗中，選擇DL格式的輸入檔案，交代輸出檔案的位置與檔名，如圖3-24所示。

圖3-24 選擇**DL**格式的輸入檔案

按〔Data〕〔Data Editors〕〔Matrix Editor〕，在「UCINET Spreadsheet-untitled」視窗中，按〔File〕〔Open〕，開啟「公司董事發生陣（2-mode）_純文字檔案.##h」檔案。如圖3-25所示，我們已成功地匯入。

圖3-25　已成功地匯入純文字檔案

3-4　資料集的開啟與瀏覽

一、開啟

　　大多數的視窗軟體，其檔案開啟方式多為〔檔案〕〔開新檔案〕，但在UCINET卻有兩個大動作。按〔Data〕〔Data Editors〕〔Matrix Editor〕，在「UCINET Spreadsheet-untitled」視窗中，按〔File〕〔Open〕，在出現的資料夾中（我們已經設定到D:\Aponbook\Aponbook00\SNA\資料檔），選擇檔案（本例為「Camp92.##h」，以上的動作如圖3-26所示。

　　Camp92.##h是Steve Borgatti等人於1992年向NSF暑期學校文化人類學系修習研究方法課程的18名學生所蒐集的資料。這些學生都是經過精挑細選的，每個人被要求根據上課時間的互動情形對其他17名同學做排序，1代表互動次數最多，17代表互動次數最少

1. 按〔Data〕〔Data editors〕〔Matrix editor〕

2. 按〔File〕〔Open〕

3. 選擇檔案Camp92.##h

4. 開啟檔案Camp92.##h

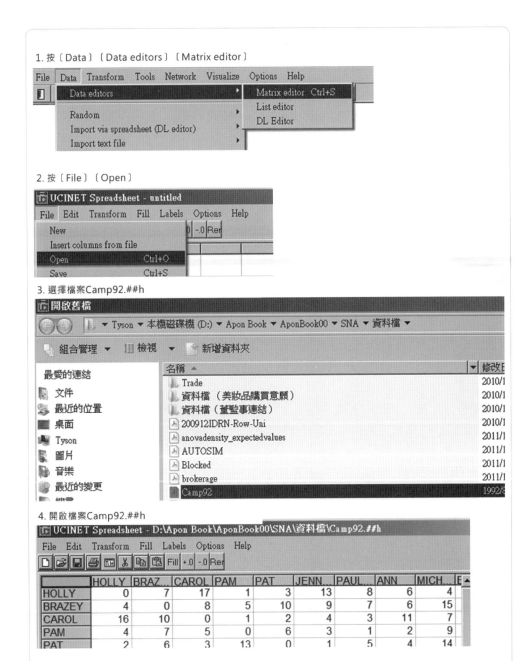

圖3-26　資料集（**Camp92.##h**）的開啟

二、瀏覽

如果要瀏覽（browse）資料集，可按〔Data〕〔Browse〕，在「Matrix Browser」視窗中，按〔File〕〔Open〕，在出現的資料夾中（我們已經設定到D:\Aponbook\Aponbook00\SNA\資料檔），選擇檔案（本例為「Camp92.##h」），結果如圖3-27所示。

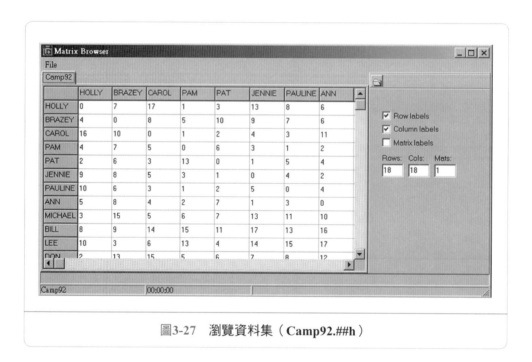

圖3-27　瀏覽資料集（**Camp92.##h**）

三、展示

如果我們要展示（display）資料集，可按〔Data〕〔Display〕，在「Display Datasets」視窗中，點擊「Data Set Filename」右側的「三點按鈕」圖示，並在資料夾中選擇「Camp92.##h」此資料集；其他方格維持預設值，如圖3-28所示。

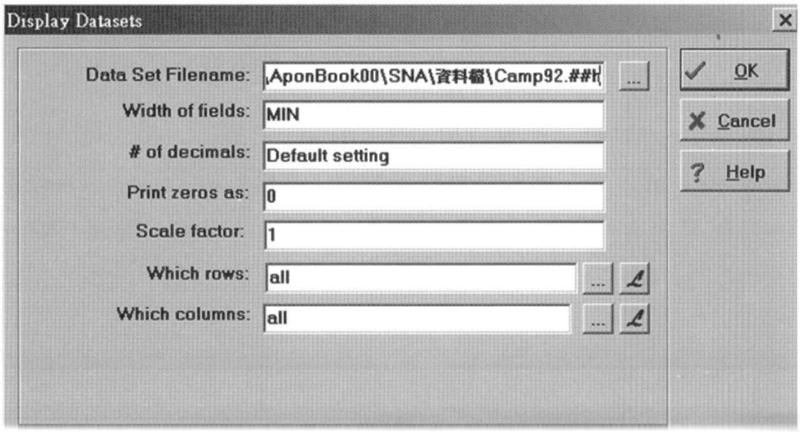

圖3-28　「**Display Datasets**」視窗設定

按〔OK〕，產生的文字輸出如圖3-29所示。

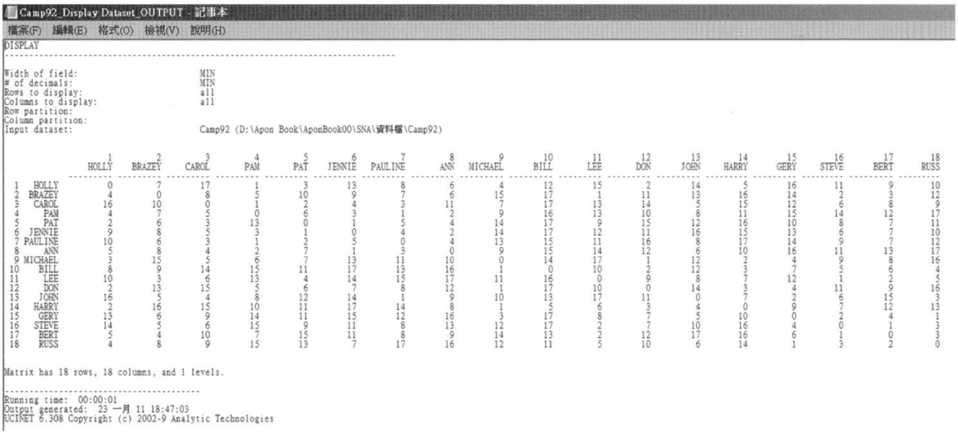

Camp92_Display Dataset_OUTPUT - 記事本

檔案(F) 編輯(E) 格式(O) 檢視(V) 說明(H)

DISPLAY

```
Width of field:          MIN
# of decimals:           MIN
Rows to display:         all
Columns to display:      all
Row partition:
Column partition:
Input dataset:           Camp92 (D:\Apon Book\AponBook00\SNA\資料檔\Camp92)
```

	1 HOLLY	2 BRAZEY	3 CAROL	4 PAM	5 PAT	6 JENNIE	7 PAULINE	8 ANN	9 MICHAEL	10 BILL	11 LEE	12 DON	13 JOHN	14 HARRY	15 GERY	16 STEVE	17 BERT	18 RUSS
1 HOLLY	0	7	17	1	3	13	8	6	4	12	15	2	14	5	16	11	9	10
2 BRAZEY	4	0	8	5	10	9	7	6	15	17	1	11	13	16	14	2	3	12
3 CAROL	16	10	0	1	2	4	3	11	7	17	13	14	5	15	12	6	8	9
4 PAM	4	7	5	0	6	3	1	2	9	16	13	10	8	11	15	14	12	17
5 PAT	2	6	3	13	0	1	5	4	14	17	9	15	12	16	10	8	7	11
6 JENNIE	9	8	5	3	1	0	4	2	14	17	12	11	16	15	13	6	7	10
7 PAULINE	10	6	3	1	2	5	0	4	13	15	11	16	8	17	14	9	7	12
8 ANN	5	8	4	2	7	1	3	0	9	15	14	12	6	10	16	11	13	17
9 MICHAEL	3	15	5	6	7	13	11	10	0	14	17	1	12	2	4	9	8	16
10 BILL	8	9	14	15	11	17	13	16	1	0	10	2	12	3	7	5	6	4
11 LEE	10	3	6	13	4	14	15	17	11	16	0	9	8	7	12	1	2	5
12 DON	2	13	15	5	6	7	8	12	1	17	10	0	14	3	4	11	9	16
13 JOHN	16	5	4	8	12	14	1	9	10	13	17	11	0	7	2	6	15	3
14 HARRY	2	16	15	10	11	17	14	8	1	5	6	3	4	0	9	7	12	13
15 GERY	13	6	9	14	11	15	12	16	3	17	8	7	5	10	0	2	4	1
16 STEVE	14	5	6	15	9	11	8	13	12	17	2	7	10	16	4	0	1	3
17 BERT	5	4	10	7	15	11	8	9	14	13	2	12	17	16	6	1	0	3
18 RUSS	4	8	9	15	13	7	17	16	12	11	5	10	6	14	1	3	2	0

Matrix has 18 rows, 18 columns, and 1 levels.

```
Running time:  00:00:01
Output generated:  23 一月 11 18:47:03
UCINET 6.308 Copyright (c) 2002-9 Analytic Technologies
```

圖3-29　資料集的展示

四、描述

如果我們要描述（describe）資料集，可按〔Data〕〔Describe〕，在「De-scribe Datasets」視窗中，點擊「Filename」右側的「三點按鈕」圖示，並在資料夾中選擇「Camp92.##h」此資料集；在「Title」右邊的方格，鍵入「Camp 92 Data by Borgatti et.al.」；其他方格維持預設值，如圖3-30所示。「Describe Data-sets」顧名思義是對資料集加以描述，如描述資料集的規模、維度、類型、標籤等，並允許輸入、輸出、編輯標籤，也就是將標籤加入到列、欄或整個矩陣當中。

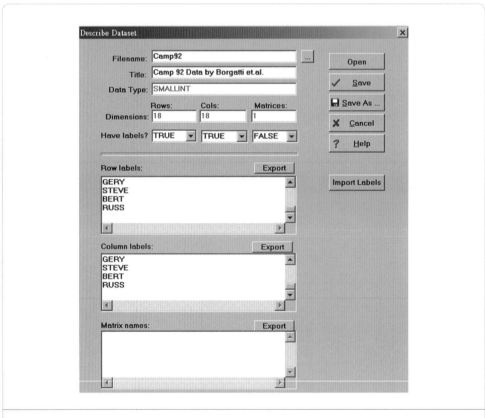

圖3-30 「**Describe Datasets**」視窗設定

3-5　資料的萃取、移除、解包與合併

一、資料的萃取

UCINET資料的萃取有4種方式：以屬性向量為基礎、主成分、個體網、次矩陣（圖3-31）。

圖3-31　UCINET的資料萃取方式

（一）以屬性向量為基礎

研究者想要將Camp92學員中第2組的學生萃取出來。Camp92_Attr(Team)是屬性檔（或稱屬性向量），其中1代表第1組，2代表第2組。

按〔Data〕〔Extract〕〔Subgraph via attribute vector〕，在「Extract Subgraph Via Attribute Vector」視窗中，點擊「Input Network」左側的「三點按鈕」圖示，並在資料夾中選擇「Camp92.##h」此資料集；點擊「Input Attribute Vector」左側的「三點按鈕」圖示，並在資料夾中選擇「Camp92_Attr(Team).##h」此資料集；在「Output Matrix」交代輸出檔案名稱（如不交代，利用其預設文字亦可）；在「Keep nodes with attribute values」下方，呈現出「>1」，因為我們

的目的只要萃取出第2組的學員，情形如圖3-32所示。

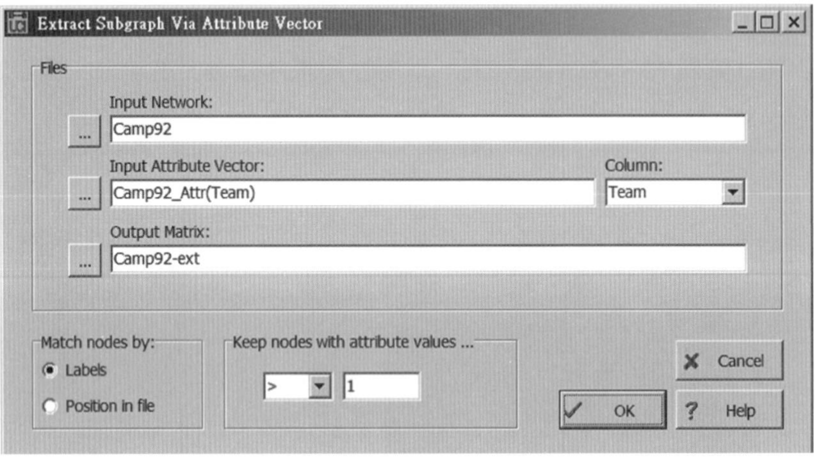

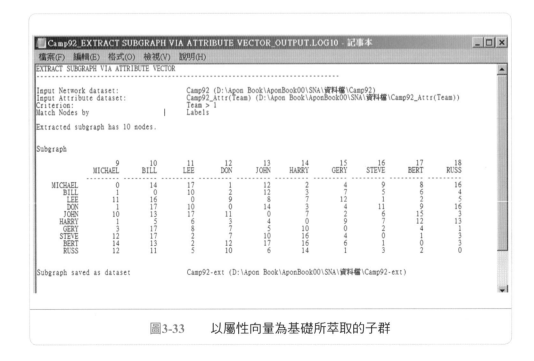

圖3-32 「**Extract Subgraph Via Attribute Vector**」視窗設定

所產生的輸出報表如圖3-33所示。從18位學員中萃取了10位學員。

Camp92_EXTRACT SUBGRAPH VIA ATTRIBUTE VECTOR_OUTPUT.LOG10 - 記事本

檔案(F) 編輯(E) 格式(O) 檢視(V) 說明(H)

```
EXTRACT SUBGRAPH VIA ATTRIBUTE VECTOR
--------------------------------------------------------------------------------

Input Network dataset:              Camp92 (D:\Apon Book\AponBook00\SNA\資料檔\Camp92)
Input Attribute dataset:            Camp92_Attr(Team) (D:\Apon Book\AponBook00\SNA\資料檔\Camp92_Attr(Team))
Criterion:                          Team > 1
Match Nodes by                  |   Labels

Extracted subgraph has 10 nodes.


Subgraph
```

	9 MICHAEL	10 BILL	11 LEE	12 DON	13 JOHN	14 HARRY	15 GERY	16 STEVE	17 BERT	18 RUSS
MICHAEL	0	14	17	1	12	2	4	9	8	16
BILL	1	0	10	2	12	3	7	5	6	4
LEE	11	16	0	9	8	7	12	1	2	5
DON	1	17	10	0	14	3	4	11	9	16
JOHN	10	13	17	11	0	7	2	6	15	3
HARRY	1	5	6	3	4	0	9	7	12	13
GERY	3	17	8	7	5	10	0	2	4	1
STEVE	12	17	2	7	10	16	4	0	1	3
BERT	14	13	2	12	17	16	6	1	0	3
RUSS	12	11	5	10	6	14	1	3	2	0

```
Subgraph saved as dataset           Camp92-ext (D:\Apon Book\AponBook00\SNA\資料檔\Camp92-ext)
```

圖3-33 以屬性向量為基礎所萃取的子群

（二）主成分

研究者有興趣萃取一個與一個網絡中的主要弱成分（the main weak compo-
nent of a network）對應的子群（或稱子圖）。

按〔Data〕〔Extract〕〔Main component〕，在「Extract Main Component」
視窗中，點擊「Input network dataset」右側的「三點按鈕」圖示，並在資料夾中
選擇「davis-AffGE4.##h」此資料集；在「Output network」交代輸出檔案名稱
（如不交代，利用其預設文字亦可），情形如圖3-34所示。

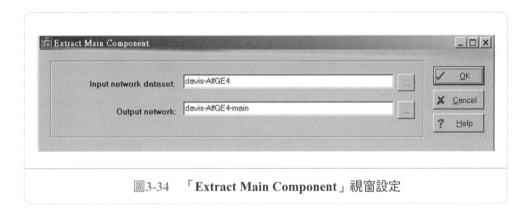

圖3-34　「**Extract Main Component**」視窗設定

所產生的輸出報表如圖3-35所示。此資料集原來有18名婦女，經過萃取之
後，結果有8名婦女。

```
Davis-AffGE4_EXTRACT MAIN COMPONENT_OUTPUT - 記事本
檔案(F)  編輯(E)  格式(O)  檢視(V)  說明(H)
EXTRACT MAIN COMPONENT
--------------------------------------------------------------------
This routine extracts the subgraph corresponding to the main weak component of a network
and saves to a new file
Input dataset:                        davis-AffGE4 (D:\Apon Book\AponBook00\SNA\資料檔\davis-AffGE4)

                 1        2         3        4         5         6        7        8
              EVELYN    LAURA  THERESA  BRENDA CHARLOTTE  FRANCES  ELEANOR    RUTH
              ------- -------- -------- -------- -------- -------- -------- --------
      EVELYN      1        1        1        1        0        1        0        0
       LAURA      1        1        1        1        0        1        1        0
     THERESA      1        1        1        1        1        1        1        1
      BRENDA      1        1        1        1        1        1        1        0
   CHARLOTTE      0        0        1        1        1        0        0        0
     FRANCES      1        1        1        1        0        1        0        0
     ELEANOR      0        1        1        1        0        0        1        0
        RUTH      0        0        1        0        0        0        0        1

Main component saved as dataset davis-AffGE4-main
```

圖3-35　與一個網絡中的主要弱成分對應的子群

（三）個體網

　　研究者有興趣的是整體網中的若干個個體網（ego net）。按〔Data〕〔Extract〕〔Ego-network〕，在「Construct 1st-order Neighborhood」視窗中，點擊「Input Dataset」右側的「三點按鈕」圖示，並在資料夾中選擇「Camp92LE9.##h」此資料集；點擊「Focal node(s)」右側的「三點按鈕」圖示，並在資料夾中選擇「Camp92_Attr(Team).##h」此資料集；在「Output Dataset」交代輸出檔案名稱（如不交代，利用其預設文字亦可）；情形如圖3-36所示。

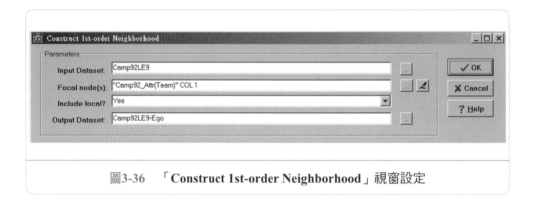

圖3-36　　「**Construct 1st-order Neighborhood**」視窗設定

　　Camp92LE9.##h是將Camp92.##h加以「二值化」（見3-8節）後產生，由於此排序資料是將愈好的（互動次序愈多的）排在愈前面，而我們希望用「1」表示最好的，所以我們用的切割運算（Cut-Off Operator）是「小於等於」（LE），而切割值（Cut-Off Value）是9（取中間次序），並取名為Camp92LE9。

　　所產生的輸出報表如圖3-37所示。此資料集原來有18名學員，經過萃取之後，結果有13名學員建構出一個個體網，占整體網的72.24%。

```
 Camp92LE9_CONSTRUCT 1ST-ORDER NEIGHBORHOOD_OUTPUT - 記事本
檔案(F)  編輯(E)  格式(O)  檢視(V)  說明(H)
CONSTRUCT 1ST-ORDER NEIGHBORHOOD
------------------------------------------------

Input dataset:          Camp92LE9 (D:\Apon_Book\AponBook00\SNA\資料檔\Camp92LE9)
focal nodes:            "Camp92_Attr(Team)" COL 1
Include focal nodes?    YES
Output dataset:         Camp92LE9-Ego

This egonet has 13 nodes. It comprises 72.2% of all nodes in the network.

               1       2       4       5       6       7       8       9      10      12      14      17      18
             HOLLY  BRAZEY   PAM     PAT   JENNIE PAULINE   ANN  MICHAEL  BILL    DON   HARRY   BERT    RUSS
           -------------------------------------------------------------------------------------------------
    HOLLY      1       1       1       1       0       1       1       1       0       1       1       1       0
   BRAZEY      1       1       1       0       1       1       1       0       1       0       0       0       0
      PAM      1       1       1       1       1       1       1       1       0       0       0       0       0
      PAT      1       1       0       1       1       1       1       0       0       0       0       1       0
   JENNIE      1       1       1       1       1       1       1       0       0       0       0       1       0
  PAULINE      0       1       1       1       1       1       1       0       0       0       0       1       0
      ANN      1       1       1       1       1       1       1       0       0       0       0       0       0
  MICHAEL      1       0       1       1       0       0       0       1       0       1       1       1       0
     BILL      1       1       0       0       0       0       0       1       1       1       1       1       0
      DON      1       0       1       1       0       0       0       1       1       1       1       0       0
    HARRY      1       0       0       0       0       0       1       1       1       1       1       0       0
     BERT      1       1       1       0       0       0       1       0       0       0       0       1       1
     RUSS      1       1       0       0       1       0       0       0       0       0       0       1       1

Output egonet saved as dataset Camp92LE9-Ego
```

圖3-37　所萃取的個體網

（四）次矩陣

　　如果某資料集內的資料過大，而我們有興趣研究其中的某次矩陣（submatrix），此時我們就要用萃取（extract）的方式，將資料「抽離」出來。

　　按〔Data〕〔Extract〕〔SubMatrix〕，在「Extract SubMatrix」視窗中，點擊「Input dataset」右側的「三點按鈕」圖示，並在資料夾中選擇「美妝促銷活動-鄰接陣-ROW.##h」此資料集；在「Which rows」右邊的方格內，鍵入「First 3,6,9, Last 5」，因為我們的目的是將前兩個點（行動者，此例為學生），第3、6、9點，以及最後5點選出來。在「Which rows」鍵入所需要的點的時候，在「Which columns」右側的方格中會自動呈現同樣的內容。其他方格維持預設值，如圖3-38所示。

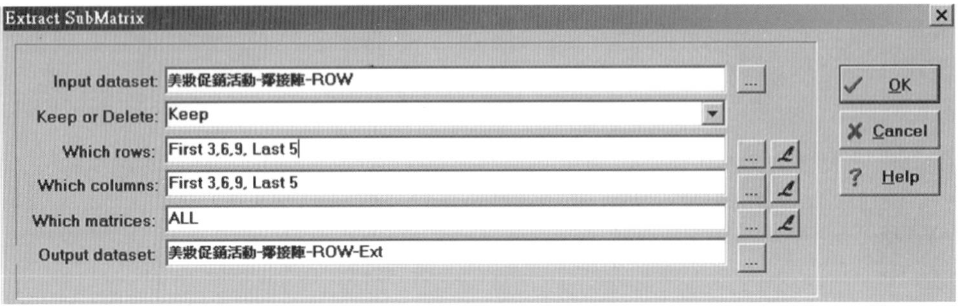

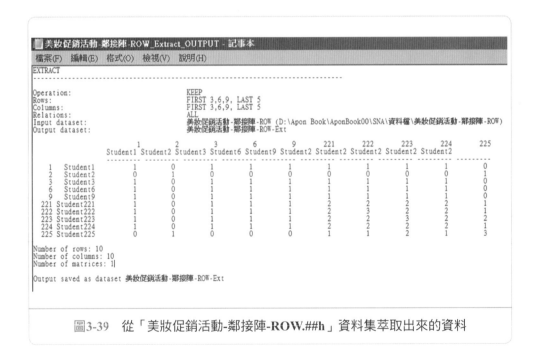

圖3-38 「**Extract SubMatrix**」視窗設定

所產生的輸出報表如圖3-39所示。

圖3-39 從「美妝促銷活動-鄰接陣-**ROW.##h**」資料集萃取出來的資料

二、資料的移除

資料的移除分為移除孤立點（isolates）與移除孤伶點（pendants，點出度為1的點）。我們以孤伶點為例說明。

按〔Data〕〔Remove〕〔Pendants〕，在「Remove Pendants」視窗中，點擊「Input Network」右側的「三點按鈕」圖示，並在資料夾中選擇「Camp92LE9.##h」此資料集；在「Output network」交代輸出檔案名稱（如不交代，利用其預設文字亦可）；如圖3-40所示。

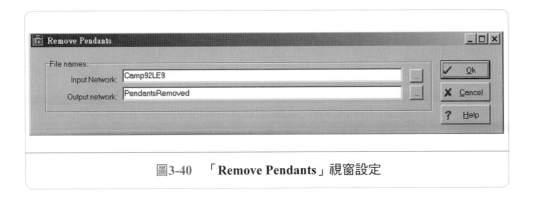

圖3-40 「**Remove Pendants**」視窗設定

所產生的輸出報表如圖3-41所示。表中顯示移除孤伶點後的資料集，顯然此資料集並無孤伶點。

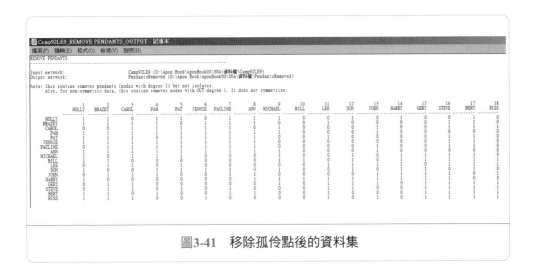

圖3-41 移除孤伶點後的資料集

三、資料的解包

如前述，我們可在「UCINET Spreadsheet」視窗中建立一個以上的工作表

（資料集），但在實際進行某些分析時，必須加以「解包」（unpack）。同時如果在Excel所建立的工作簿含有2個以上的工作表，則以上述方式匯入〔例如用Import via spreadsheet (DL editor)、Full matrix匯入〕後，會產生像圖3-42這樣的資料集。為了便於進行分析，我們也有必要將此資料集「解包」。按〔Data〕〔Unpack〕，在「Unpack」視窗中，選擇檔案KNOKBUR.##h，就可將此資料集分解成2個獨立的資料集（即KNOKI.##h、KNOKN.##h）。輸出檔案會儲存在預設的輸出檔，讀者不妨自行開啟KNOKI.##h、KNOKN.##h查看。

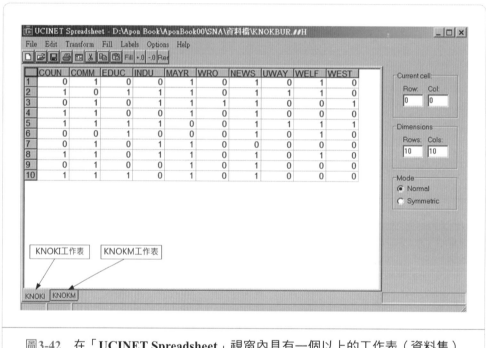

圖3-42　在「UCINET Spreadsheet」視窗內具有一個以上的工作表（資料集）

四、資料的合併

　　本書在第6章分析個體中間度（Ego Betweenness）與度數（Degree）的相關、個體中間度與有效規模之間的相關、與效率指數之間的相關、與網絡限制度指數之間的相關、與等級度指數之間的相關時，將對RDPOS-FreemanBetweenness.##h、RDPOS-SH（SH為Structural Hole的起頭字）加以

合併。按〔Data〕〔Join〕，在「Join/Merge UCINET Datasets」視窗中，點選
RDPOS-FreemanBetweenness.##h、RDPOS-SH並按「向右鍵」將此二檔案讀到右
邊的「Selected Files」欄中；「Dimension to Join」維持預設的「Column」；將
輸出檔案名稱設為「RDPOS-Joined」，如圖3-43所示。

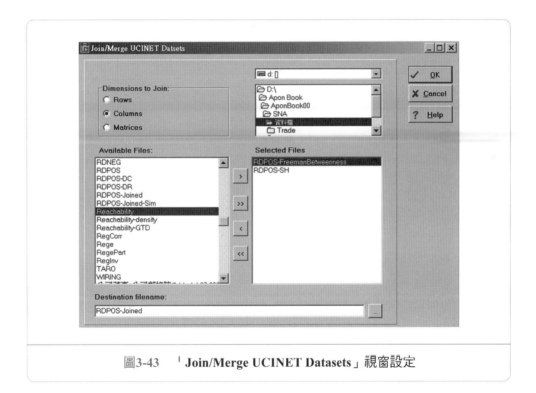

圖3-43　「**Join/Merge UCINET Datasets**」視窗設定

Join與Unpack的功能相反。Join 命令把一系列的UCINET資料集合併成一個
資料集，可根據列、欄或整個矩陣進行合併。在合併時，各個資料集的規模要匹
配，也就是說列數、欄數要相等，否則不能合併。

3-6　資料的排序、置換、轉置、匹配

一、排序

按〔Data〕〔Sort Alphabetically〕，在「Sort Alphabetically」視窗中，點

擊「Dataset to sort」右側的「三點按鈕」圖示，並在資料夾中選擇資料集；在「Output sorted dataset」交代輸出檔案名稱（如不交代，利用其預設文字亦可）；可選擇依列、依欄、依矩陣／關係來排序，如圖3-44所示。

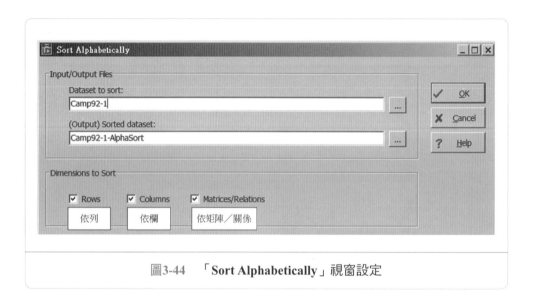

圖3-44　「**Sort Alphabetically**」視窗設定

按〔Data〕〔Sort by Attribute〕，在「Sorting」視窗中，點擊「Input dataset to sort」右側的「三點按鈕」圖示，並在資料夾中選擇資料集；在「Criterion vector (sort key)」選擇屬性向量資料檔〔本例為Camp92_Attr(Team)〕；在「Output dataset」交代輸出檔案名稱（如不交代，利用其預設文字亦可），如圖3-45所示。這類排序是根據屬性檔的「鍵值」來排序，當然資料矩陣（Camp92.##h）內行動者的排序會根據「鍵值」而調整。

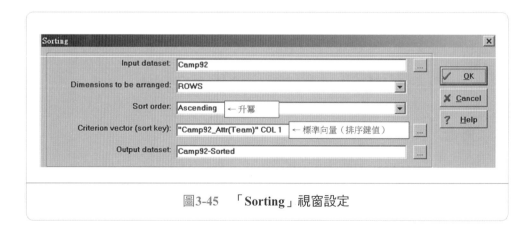

圖3-45　「**Sorting**」視窗設定

二、置換

置換（permute）可按照研究者指定的順序對列、欄同時進行置換。如「Per-mute」視窗中，研究者可決定「New order of rows」、「New order of cols」，如圖3-46所示。

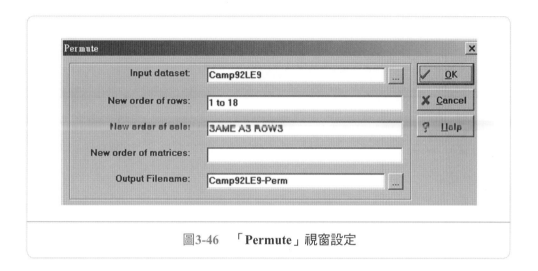

圖3-46 「**Permute**」視窗設定

三、轉置

轉置（transpose）是對資料矩陣進行轉置處理。「Transpose」視窗設定如圖3-47所示。

圖3-47 「**Transpose**」視窗設定

四、匹配

匹配（match）包括：(1)對網絡資料與屬性資料進行匹配處理（Match Net and Attribute Datasets，圖3-48）；(2)對多元網絡資料進行匹配處理（Match Multiple Datasets，圖3-49）。所謂匹配是指某行動者在不同資料集的位置（次序）是一致的。

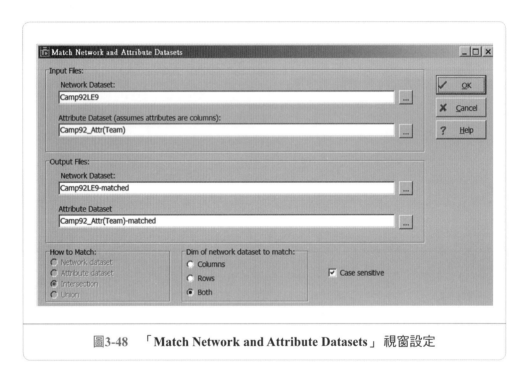

圖3-48　「**Match Network and Attribute Datasets**」視窗設定

圖3-49 「**Match Multiple Datasets**」 視窗設定

3-7 資料的創建

我們將資料的其他操作整理如下：

一、根據屬性向量創建資料集

我們可根據包含多個點的屬性向量（vector）來創建網絡。按〔Data〕〔Attribute to matrix〕，在「Create Network/Proximity matrix from node attribute data」視窗中，點擊「Input Attribute dataset」右側的「三點按鈕」圖示，並在資料夾中選擇資料集〔本例為Camp92_Attr(Team)〕；在「Output Measures Dataset」交代輸出檔案名稱（如不交代，利用其預設文字亦可）；在「Method」上，使用預設的「Exact Matches」（完全匹配法）。如果此屬性向量的資料類型是屬於類別型的，就要使用「Exact Matches」的方式。完全匹配法的處理是這樣的：如果

vector (i) = vector (j)，則令X (i, j) = 1，其他情況下等於0。設定情形，如圖3-50 所示。

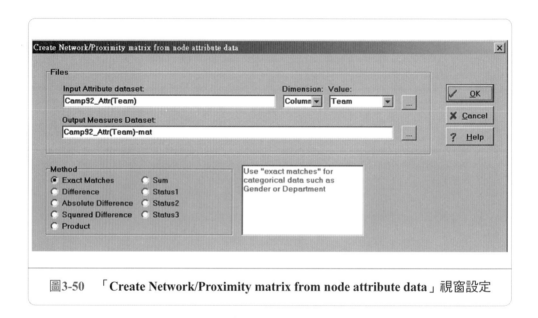

圖3-50 「**Create Network/Proximity matrix from node attribute data**」視窗設定

所產生的輸出報表如圖3-51所示。簡單的說，屬於同一「組別」的學員都以「1」表示，屬於不同「組別」的學員都以「0」表示。

圖3-51 根據屬性向量所創建的資料集

二、創建點集

創建點集（Create Node Sets）就是在比較兩個向量或者一個向量與一個數字的基礎上，創建個群體指標向量（group indicator vector）。

按〔Data〕〔Create Node Sets〕，在「Create Node Sets」視窗中，點擊「Variable 1」右側的「三點按鈕」圖示，並在資料夾中選擇「年資.##h」此資料集；在「Relational operator」右邊的下拉式清單中選擇「GE」；點擊「Variable 2」右側的「三點按鈕」圖示，並在資料夾中選擇「年資1.##h」此資料集；在「Output dataset」交代輸出檔案名稱（如不交代，利用其預設文字亦可）。以上的設定如圖3-52(a)所示。

本例的創建點集，就是要將「年資.##h」資料集內〔圖3-52(b)〕，其年資大於等於（GE）「年資1.##h」資料集內〔圖3-52(c)〕的年資資料的行動者找出來，並以「1」表示，否則以「0」表示。結果發現，行動者5、6的結果顯示錯誤〔圖3-52(d)〕。

創建點集的應用範圍很廣，例如我們可將行動者的接近中心度、度數中心度加以比較，列出比較結果。

三、重組

重組（reshape）的目的就是重新組織資料，產生規模不同的資料集。按〔Data〕〔Reshape〕，在「Reshape」視窗中，點擊「Input dataset」右側的「三點按鈕」圖示，並在資料夾中選擇「Camp92LE9.##h」此資料集，出現預設值〔圖3-53(a)〕。假設我們希望產生2個10x10的矩陣，就要在「# of rows desired」、「# of cols desired」、「# of matrices desired」做交代〔圖3-53(b)〕。在「Output dataset」交代輸出檔案名稱（如不交代，利用其預設文字亦可）。輸出結果如圖3-53(c)所示。

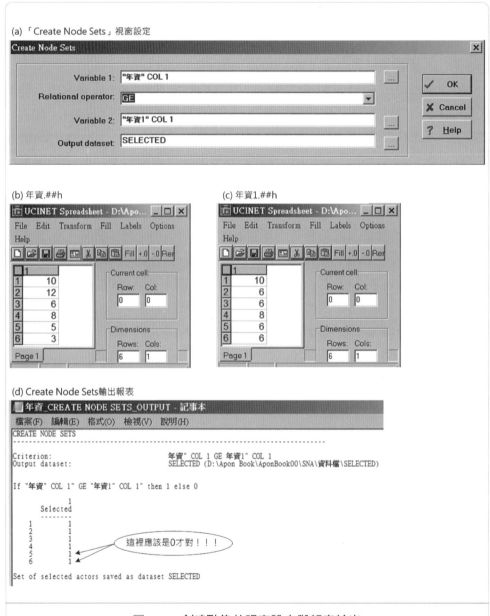

圖3-52　創建點集的視窗設定與報表輸出

(a) 「Rehape」視窗預設值

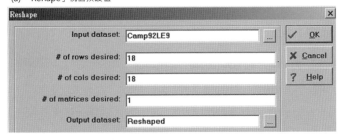

(b) 我們希望產生2個10x10的矩陣

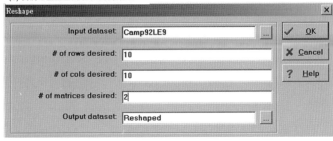

(c) 輸出結果

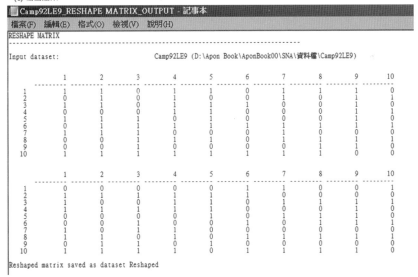

圖3-53　重組的視窗設定與報表輸出

3-8 資料的轉換

一、2-模資料轉換成1-模

將資料檔從2-模（2-mode）轉換到1-模（1-mode）或是從發生陣轉換到鄰接陣是許多分析中（例如求取密度、中心度）的必要動作。

UCINET提供了一個davis.##h資料集範例，此範例是Davis及其同事在1940年代蒐集的有關18位女性參與14個社會事件的資料。此資料又稱「南方婦女資料」（the Southern Women's Data）。將此2-模資料集轉換成1-模資料集（davis-Aff.##h）。

按〔Data〕〔Affiliations (2-mode to 1-mode)〕，在「Affiliation (convert 2-mode data to 1-mode)」視窗中，點擊「Input dataset」右側的「三點按鈕」圖示，並在資料夾中選擇「davis.##h」此資料集；在「Which mode」右邊的方格維持預設的「Row」，因為我們要對行動者建立鄰接陣；「Method」（方法）為對應乘積法（Cross-Products）是考慮到行動者1所在列的每一項，分別乘以另一個行動者2的對應項，然後加總。在通常情況下，這種用於二值資料，因為乘積是對「共同發生」（co-occurrence）次數的累加。對於二值資料來說，只有當每個行動者在某個事件上都出現時，乘積的值才是1。在「Output dataset」交代輸出檔案名稱（如不交代，利用其預設文字亦可）。如不特別指定位置，此輸出檔案就會出現在我們所交代的輸出檔案位置（可參考第2章）。以上的設定如圖3-54所示。

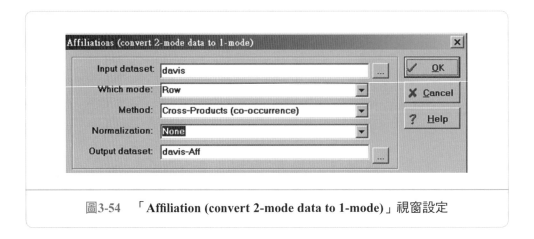

圖3-54 「**Affiliation (convert 2-mode data to 1-mode)**」視窗設定

按〔OK〕，所產生的檔案經開啟後（按〔Data〕〔Data editors〕〔Matrix editor〕），所呈現的結果，如圖3-55所示。

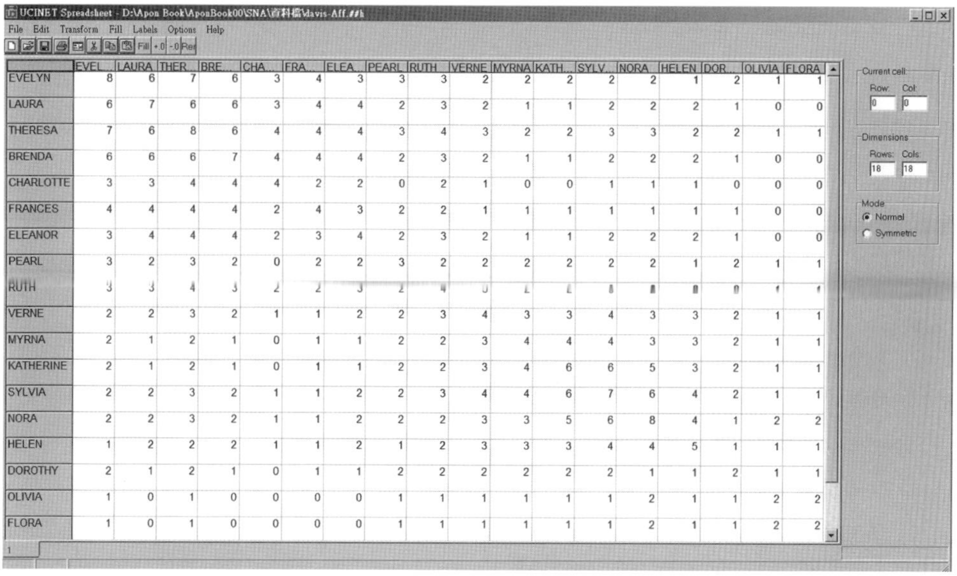

圖3-55　「davis-Aff.##h」

如果要產生以「事件」為主的鄰接陣，方式與上同，只是在「Which mode」右邊的方格要選擇「Column」，並且取個與davis-Aff不同的名稱。

二、1-模多值資料轉換成1-模二值

在許多分析的場合，需要1-模矩陣的二值資料，或者如果研究者僅對「強聯盟關係」（簡稱強關係）有興趣，他可以這樣界定：兩位行動者（本例為婦女）共同參與4項以上的社會事件，則可界定兩者之間的關係為強關係。

按〔Transform〕〔Dichotomize〕，在出現的「Dichotomize」視窗中，點擊Input Dataset右側的「三點按鈕」圖示，並在資料夾中選擇「davis-Aff.##h」此資料集；在「Cut-Off Operator」選擇「GE - Greater Than or Equal」；在「Cut-Off Value」右邊將預設值0改為4；「Diagonal OK?」維持預設的「Yes」，將輸出資料集名稱維持預設的「davis-AffGE4.##h」，按〔OK〕，即可將多值資料轉換成

二值資料，如圖3-56所示。

圖3-56　將多值資料轉換成二值資料

　　值得一提的是，如果研究者所蒐集的是受測者的屬性資料（如忠誠度），如何將此資料轉換成1-模二值矩陣？研究者可如此設定：受測者對此變數的差值小於（不大於、等於）一定值者（例如3），則在1-模二值矩陣中以1表示，否則以0表示。

三、1-模資料轉換成2-模

　　1-模資料轉換成2-模就是將多值資料轉變為二值資料，如第1章的「關係資料的類型（測量層次）」所述，其方法是把矩陣二元化，用一個臨界點對各個格值進行「切割」，但是這樣做會損失一些訊息。在切割過程中，研究者要決定切割值，高於此層次的值都用「1」來表示，等於或低於該值的格值都用「0」來代替，這樣就構造了一個新的矩陣。在網絡分析中，這種切開資料矩陣的過程是非常重要的技術。

　　按〔Transform〕〔Incidence〕，在「Incidence/HyperGragh Representation」視窗中，選擇輸入資料集為「公司鄰接陣.##h」，輸出檔案名稱為「公司鄰接陣_公司董事發生陣(2-Mode)-Incidence」，如圖3-57所示。

圖3-57　在「**Incidence/HyperGragh Representation**」視窗中的選擇

　　按〔Data〕〔Data editors〕〔Matrix editor〕。在「UCINET Spreadsheet」視窗中，按〔File〕〔Open〕，所產生的UCINET Dataset檔案如圖3-58所示。

　　圖中「2-1」表示節點（公司）1與節點2所連的線，如果有關係，則以1表示。查看第1章圖1-9關係矩陣（發生陣、鄰接陣）和社群圖中的(d)部分，個案之間共有6條線，也就是2-1、3-1、3-2、4-1、4-2、4-3。

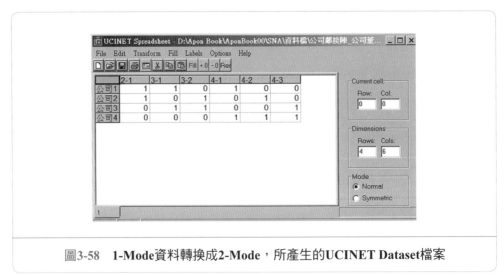

圖3-58　1-Mode資料轉換成2-Mode，所產生的UCINET Dataset檔案

四、二部「1-模」陣

UCINET提供了一個Davis.##h資料集範例，此範例是Davis及其同事在1940年代蒐集的有關18位女性參與14個社會事件的資料。此資料又稱「南方婦女資料」（the Southern Women's Data），如圖3-59所示。

接著，我們要將Davis.##h資料集轉換成二部「1-模」陣（bipartite 1-mode matrix），作法是按〔Transform〕〔Bipartite〕，在「Bipartite」視窗中，點擊「Input 2-mode dataset」右側的「三點按鈕」圖示，並在資料夾中選擇「Davis.##h」此資料集。「Value to fill within-mode ties」維持預設值0，其意義為：在行動者（女性）之間只有在共同參與一些社會事件時，才存在關連，因此我們設定每個模內部關係是不存在的，情形如圖3-60所示。

所產生的二部「1-模」陣（Davis-Bip.##h）如圖3-61所示。此矩陣是將行動者與事件共同呈現在一個1-模矩陣中。二部「1-模」陣對於分析資料非常有幫助，詳見第7章。

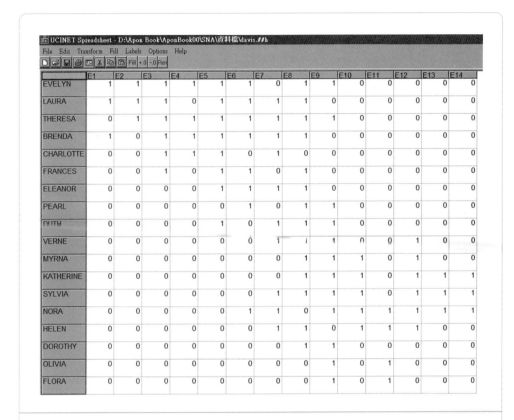

圖3-59　**Davis.##h**

圖3-60　「**Bipartite**」視窗設定

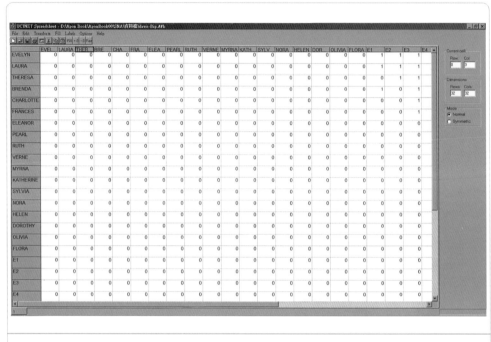

圖3-61　二部「1-模」陣（**Davis-Bip.##h**）

五、將發生陣轉換成集合

　　根據分區指標向量（partition indicator vector）將行動者的發生陣（actor in-cidence matrix）轉換成一個集合（群體），並根據群體展示分區情況（display partition by groups）。

　　按〔Data〕〔Partition to sets〕，在「Convert Partition to sets」視窗中，點擊「Input dataset」右側的「三點按鈕」圖示，並在資料夾中選擇「學者參與學術活動_發生陣.##h」此資料集；在「Output dataset」交代輸出檔案名稱（如不交代，利用其預設文字亦可）。以上的設定如圖3-62所示。

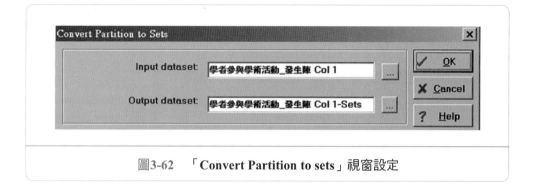

圖3-62　「**Convert Partition to sets**」視窗設定

　　所產生的輸出報表如圖3-63所示。學者2、3、4、5分到一組，學者1、6分到另一組。

圖3-63　將發生陣轉換後形成的集合

3-9　資料的其他轉換

一、塊

　　把一個資料集中的各點進行分塊，計算塊密度（block density）。計算塊密度的指令是按〔Transform〕〔Block〕。這個指令與〔Networks〕〔Cohesion〕〔(New) Density Overall〕基本相同（見第4章）。

二、壓縮

　　壓縮（Collapse）就是將一個矩陣的多列、多欄組合在一起，例如在圖3-64中，將第1到第4欄資料加總（此加總資料會形成一欄），其他的運算方式還

有：平均、最大值、最小值。

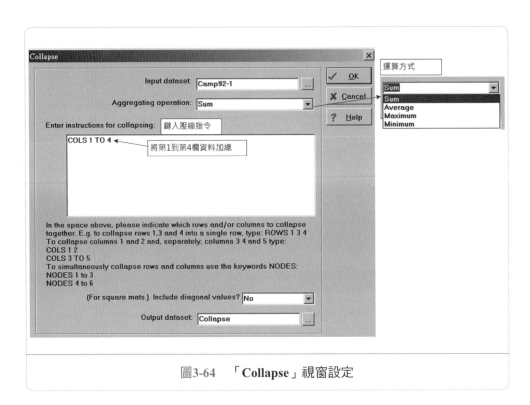

圖3-64　　「**Collapse**」視窗設定

三、多圖

　　多圖（Multigraph）的目的就是把一個多值圖（value graph）轉換成一系列的二值鄰接陣（binary adjacency matrices）。按〔Data〕〔Multigraph〕，在「Incidence (Multigraph)」視窗中，點擊「Input dataset」右側的「三點按鈕」圖示，並在資料夾中選擇「Camp92-1.##h」此資料集；其他維持預設值；在「Output dataset」交代輸出檔案名稱（如不交代，利用其預設文字亦可）。以上的設定如圖3-65所示。

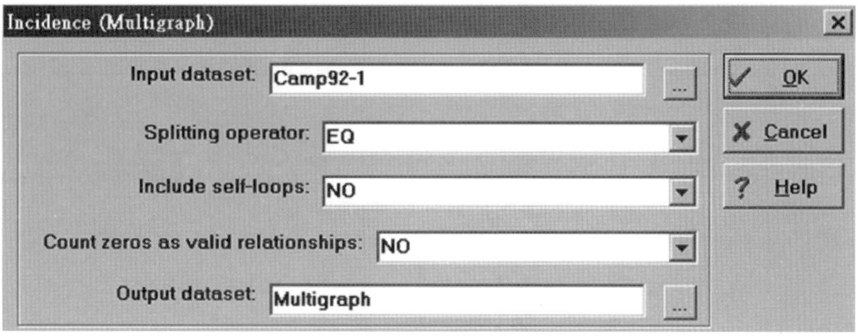

圖3-65 「**Incidence (Multigraph)**」視窗設定

　　在Camp92-1.##h這個多值矩陣中，元素取值有0、1、2、3、4…16，因此
這個程序會計算出16個矩陣。第1個矩陣會將所有的元素取值為「1」的值變為
「1」，其餘值都變為「0」；第2個矩陣會將所有的元素取值為「2」的值變為
「1」，其餘值都變為「0」；第2個矩陣會將所有的元素取值為「3」的值變為
「1」，其餘值都變為「0」，以此類推。所產生的輸出報表如圖3-66所示。

四、多叢

　　多叢（Multiplex）程序可以從一個多元關係圖（multidirectional graph）或
稱多元關係矩陣中構建一個多叢圖（Multiplex graph）或多叢矩陣。按〔Data〕
〔Multiplex〕，在「Multiplexity Coder」視窗中，點擊「Input Network」左側的
「三點按鈕」圖示，並在資料夾中選擇「PADGETT.##h」此資料集；在「Output
Matrix」交代輸出檔案名稱（如不交代，利用其預設文字亦可）。以上的設定如
圖3-67所示。

```
■ cAMP92-1_CHANGE VALUED GRAPH TO MULTIGRAPH（多圖）_OUTPUT - 記事本

 檔案(F)   編輯(E)   格式(O)   檢視(V)   說明(H)
CHANGE VALUED GRAPH TO MULTIGRAPH
-------------------------------------------------------------------
Method:                          Mijk = 1 if Xij = kth smallest value of X
Input dataset:                   Camp92-1 (D:\Apon Book\AponBook00\SNA\資料檔\Camp92-1)
Output dataset:                  Multigraph (D:\Apon Book\AponBook00\SNA\資料檔\Multigraph)

Value: 1.000

                    1       2       3       4       5       6       7       8
                  HOLLY  BRAZEY  CAROL   PAM     PAT    JENNIE PAULINE  ANN
                  ------ ------- ------- ------- ------- ------- ------- -------
    1   HOLLY       0       0       0       1       0       0       0       0
    2   BRAZEY      0       0       0       0       0       0       0       0
    3   CAROL       0       0       0       1       0       0       0       0
    4   PAM         0       0       0       0       0       0       1       0
    5   PAT         0       0       0       0       0       1       0       0
    6   JENNIE      0       0       0       0       1       0       0       0
    7   PAULINE     0       0       0       0       1       0       0       0
    8   ANN         0       0       0       0       0       0       1       0

Value: 2.000

                    1       2       3       4       5       6       7       8
                  HOLLY  BRAZEY  CAROL   PAM     PAT    JENNIE PAULINE  ANN
                  ------ ------- ------- ------- ------- ------- ------- -------
    1   HOLLY       0       0       0       0       0       0       0       0
    2   BRAZEY      0       0       0       0       0       0       0       0
    3   CAROL       0       0       0       0       1       0       0       0
    4   PAM         0       0       0       0       0       0       0       1
    5   PAT         1       0       0       0       0       0       0       0
    6   JENNIE      0       0       0       0       0       0       0       1
    7   PAULINE     0       0       0       0       1       0       0       0
    8   ANN         0       0       0       1       0       0       0       0

Value: 3.000

                    1       2       3       4       5       6       7       8
                  HOLLY  BRAZEY  CAROL   PAM     PAT    JENNIE PAULINE  ANN
                  ------ ------- ------- ------- ------- ------- ------- -------
    1   HOLLY       0       0       0       0       1       0       0       0
    2   BRAZEY      0       0       0       0       0       0       0       0
    3   CAROL       0       0       0       0       0       0       1       0
    4   PAM         0       0       0       0       0       1       0       0
    5   PAT         0       0       1       0       0       0       0       0
    6   JENNIE      0       0       0       1       0       0       0       0
    7   PAULINE     0       0       1       0       0       0       0       0
    8   ANN         0       0       0       0       0       0       1       0

Value: 4.000

                    1       2       3       4       5       6       7       8
                  HOLLY  BRAZEY  CAROL   PAM     PAT    JENNIE PAULINE  ANN
                  ------ ------- ------- ------- ------- ------- ------- -------
    1   HOLLY       0       0       0       0       0       0       0       0
    2   BRAZEY      1       0       0       0       0       0       0       0
    3   CAROL       0       0       0       0       0       1       0       0
    4   PAM         1       0       0       0       0       0       0       0
    5   PAT         0       0       0       0       0       0       0       1
    6   JENNIE      0       0       0       0       0       0       1       0
    7   PAULINE     0       0       0       0       0       0       0       1
    8   ANN         0       0       1       0       0       0       0       0
```

圖3-66　多圖程序所計算出的16個矩陣（前4個矩陣）

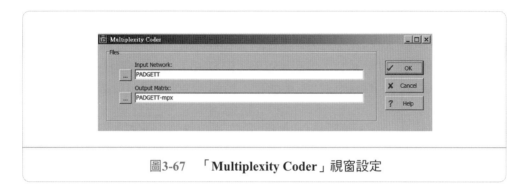

圖3-67 「**Multiplexity Coder**」視窗設定

PADGETT.##h是UCINET提供的範例資料集。開啟之後，這個多元關係矩陣具有兩個資料集（或者說有兩種關係），分別為：PADGM、PADGB，如圖3-68所示。PADGETT.##h是1986年Breiger & Pattison為了進行角色分析研究，從John Padgett的歷史文件中蒐集到有關文藝復興時代Florentine家族中各成員的社會互動資料。PADGM是記錄家族成員間聯姻關係的資料集，而PADGB是記錄家族成員間商業關係（包括貸款、信用提供、合夥）的資料集。[1]

	ACCI	ALBI	BAR	BISC	CAS	GINORI	GUA	LAM	MEDI	PAZZI	PER	PUCCI	RIDO	SALV	STR	TOR
ACCIAIUOL	0	0	0	0	0	0	0	0	1	0	0	0	0	0	0	0
ALBIZZI	0	0	0	0	0	1	1	0	1	0	0	0	0	0	0	0
BARBADORI	0	0	0	0	1	0	0	0	1	0	0	0	0	0	0	0
BISCHERI	0	0	0	0	0	0	1	0	0	0	1	0	0	0	1	0
CASTELLAN	0	0	1	0	0	0	0	0	0	0	1	0	0	0	1	0
GINORI	0	1	0	0	0	0	0	0	0	0	0	0	0	0	0	0
GUADAGNI	0	1	0	1	0	0	0	1	0	0	0	0	0	0	0	1
LAMBERTES	0	0	0	0	0	0	1	0	0	0	0	0	0	0	0	0
MEDICI	1	1	1	0	0	0	0	0	0	0	0	0	1	1	0	1
PAZZI	0	0	0	0	0	0	0	0	0	0	0	0	0	1	0	0
PERUZZI	0	0	0	1	1	0	0	0	0	0	0	0	0	0	1	0
PUCCI	0	0	0	0	0	0	0	0	0	0	0	0	0	0	0	0
RIDOLFI	0	0	0	0	0	0	0	0	1	0	0	0	0	0	1	1
SALVIATI	0	0	0	0	0	0	0	0	1	1	0	0	0	0	0	0
STROZZI	0	0	0	1	1	0	0	0	0	0	1	0	1	0	0	0
TORNABUON	0	0	0	0	0	0	1	0	1	0	0	0	1	0	0	0

PADGM PADGB

圖3-68 **PADGETT.##h**的內容

---

[1] http://vlado.fmf.uni-lj.si/pub/networks/data/ucinet/ucidata.htm#padgett

所產生的輸出報表如圖3-69所示。多叢矩陣中，各代號的表示如下：

0：在聯姻關係（PADGM）與商業關係（PADGB）上均無關係。

1：在聯姻關係（PADGM）與商業關係（PADGB）上均有關係。

2：在聯姻關係（PADGM）上無關係，但在商業關係（PADGB）上有關係。

3：在聯姻關係（PADGM）上有關係，但在商業關係（PADGB）上無關係。

```
PADGETT__MULTIPLEX CODER(多叢圖)_OUTPUT - 記事本
檔案(F)  編輯(E)  格式(O)  檢視(V)  說明(H)

MULTIPLEX CODER
------------------------------------------------------------

Input Network dataset:        PADGETT (D:\Apon Book\AponBook00\SNA\資料檔\PADGETT)

Multiplex Codes. Each value indicates a different combination of relations

              1         2        3          4        5         6        7          8        9        10       11       12      13        14        15        16
          ACCIAIUOL ALBIZZI BARBADORI BISCHERI CASTELLAN GINORI GUADAGNI LAMBERTES MEDICI PAZZI PERUZZI PUCCI RIDOLFI SALVIATI STROZZI TORNABUON
          --------- ------- --------- -------- --------- ------ -------- --------- ------ ----- ------- ----- ------- -------- ------- ---------
ACCIAIUOL     0        0        0         0        0        0        0         0       1       0       0       0       0        0        0        0
ALBIZZI       0        0        0         0        0        1        1         0       1       0       0       0       0        0        0        0
BARBADORI     0        0        0         0        3        2        0         0       3       0       0       0       0        0        1        0
BISCHERI      0        0        0         0        0        0        2         3       0       0       3       0       0        0        1        0
CASTELLAN     0        0        3         0        0        0        2         0       0       0       3       0       0        0        1        0
GINORI        0        1        2         0        0        0        0         0       2       0       0       0       0        0        0        1
GUADAGNI      0        1        0         2        2        0        0         2       0       0       0       0       0        0        0        1
LAMBERTES     0        0        0         3        0        0        2         0       0       0       2       0       0        0        0        0
MEDICI        1        1        3         0        0        2        0         0       0       2       0       0       1        3        0        3
PAZZI         0        0        0         0        0        0        0         0       2       0       0       0       0        0        0        0
PERUZZI       0        0        2         3        3        0        0         2       0       0       0       0       0        0        1        0
PUCCI         0        0        0         0        0        0        0         0       0       0       0       0       0        0        0        0
RIDOLFI       0        0        0         0        0        0        0         0       1       0       0       0       0        0        1        1
SALVIATI      0        0        0         0        0        0        0         0       3       1       0       0       0        0        0        0
STROZZI       0        0        1         1        1        0        0         0       0       0       1       0       1        0        0        0
TORNABUON     0        0        0         0        0        1        1         0       3       0       0       0       1        0        0        0

Legend:

0: 00
1: 01
2: 10
3: 11

Order of relations:

  PADGB PADGM
```

圖3-69　多叢程序所產生的多叢矩陣

五、其他

除了上述說明的資料轉換程序外，還有：

對稱（Symmetrize）：按照一定標準，將資料集做對稱化處理。

標準化或正規化（Normalize）：按照一定標準，將資料集的列、欄或整個矩陣進行標準化處理。

邊緣值標準化（Match Marginals）：按照邊緣值進行標準化處理。

重新編碼（Recode）：對資料集重新編碼。

取相反數（Reverse）：利用某種線性轉換將相似性資料轉換成距離資料

（愈一樣的資料，距離愈遠），或將距離資料轉換成相似資料。對於0-1矩陣而言，此程序等於將1改為0，將0改為1。

對角線（Diagonal）：改變對角線之值，例如將全部對角線的值0都改為1。

雙倍（Double）：按照一定的標準，對一個資料集的各欄進行雙倍處理，處理後得到的矩陣欄數是原矩陣欄數的2倍。

重新配置（Rewire）：重新處理矩陣，以達優化。可選的標準有8種。預設選項為：集群係數最大化（Maximize clustering coefficient）。

矩陣運算（Matrix Operations）：針對矩陣進行各種運算。包括：資料集內運算（Within Dataset）、資料集間運算（Between Dataset）。資料集內運算包括：矩陣內的彙總（Aggregations，計算出每一列、欄的總和，或矩陣各個值的總和）、矩陣內每個格值的轉換（Cellwise transformation，計算出每一個值的絕對值、對數值、平方值等）。資料集間運算包括：統計彙總（Statistical Summary）、布爾代數組合（Boolean combinations）。可執行矩陣間的加、減、平均、元素乘積（elementary multiplication）以及布爾代數計算等。

圖的合併（Union）：這裡所謂的「圖」是指資料集或矩陣。

時間堆疊（Time Stack）：將不同時段（時間點）得到的同一群行動者之間的關係矩陣加以合併。（如對不同時間點所蒐集的矩陣資料進行比較、分析，就要進行縱斷面研究，詳見第6章6-7節）。

交集（Intersection）：取同一群行動者之間的多個關係矩陣的交集。

線圖（Linegraph）：可創建一個圖（矩陣），其中的點對應於初始圖中的各條線。

04

群的描述與網絡密度檢定

　　UCINET提供了相當豐富的描述群體（或簡稱群）的技術。研究者可用單變量統計來描述由關係資料所建立的群，也可用凝聚、中心度與中心勢、二方關係來描述群，並對網絡密度進行檢定。「一圖勝千文」，研究者亦可用圖形來展示關係結構。在進行上述分析前，要將發生陣轉換成鄰接陣，以便於分析。

4-1　描述性統計分析

　　群體（group）是由二人或以上自由互動的人所形成的集合體，這些成員會有共同的規範、目標與識別。UCINET所提供的「單變量統計」（Univariate Statistics）可分析一個網絡（鄰接陣）的平均數（Mean）、標準差（Std Dev）、總和（Sum，實際上行動者的連結關係數量）、變異（Variance）、平方和（Sum of Squared, SSQ）、歐氏距離（Euc Norm, SSQ的平方根）、最少（Minimum, 網絡內行動者最少的連結關係數量）、最大（Maximun，網絡內行動者最大的連結關係數量）、觀察數（N of Obs，總共可能互相有關係的數量）

南方婦女資料的描述性統計分析

　　以下說明「南方婦女資料」的描述性統計分析，研究對象為18名南方婦女。首先必須利用第3章3-8節說明的方法，將2-模的發生陣轉換成1-模的鄰接陣。按〔Tools〕〔Univariate Stats〕，在「Univariate Statistics」視窗中，點擊「Input dataset」右側的「三點按鈕」圖示，並在資料夾中選擇「davis-AffGE4.##h」此資料集；在「Which dimensions to analyse」（此為英式英語，美式英語稱為analyze）下拉式清單中選「Matrices」；在「Output Dataset」交代輸出檔案名稱（如不交代，利用其預設文字亦可），如圖4-1所示。

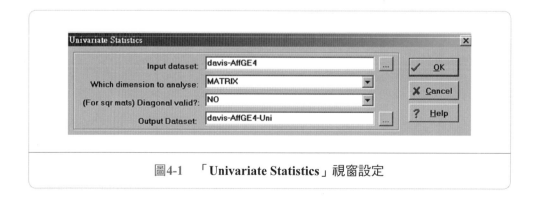

圖4-1　「Univariate Statistics」視窗設定

文字輸出結果如圖4-2所示。

圖4-2　婦女資料描述性統計分析

從婦女資料的描述性統計分析，我們可以觀察到：

N of Obs：每位婦女可能互相有關係的數量總共為306。

Sum：實際上婦女的連結關係數量（扣掉對角線本身的關係連結數量）為48。

Mean：美妝促銷活動矩陣的密度為0.157〔計算方法為將婦女實際連結關係的數量除以總共可能互相有關係的數量（48/306）〕，代表婦女參與社會事件的行為模式相似性為15.7%（密度最小為0，代表網絡內的所有行動者互相都沒有關係；密度最大為1，代表網絡內的所有行動者互相都有關係）。有關密度的詳細說明，見4-2節。

Minimum：婦女參與社會事件網絡內行動者最少的連結關係數量為0。

Maximum：婦女參與社會事件網絡內行動者最大的連結關係數量為1。

Std dev：矩陣的標準差為0.364。

Variance：矩陣的變異係數為0.132。

4-2 密度

一、密度

群體（或工作團隊）的一個特性是凝聚力。凝聚力（cohesiveness）就是團體或工作團隊成員團結在一起的傾向。如果你是排球隊的選手、兄弟會或姊妹會的會員，或是公司銷售團隊的一員，你所具有的「共融感」就是凝聚力。「密度」（density）是測量凝聚（cohesion）的一種方法，它描述了一個圖中各個點之間關聯的緊密程度。一個「完備」（complete）圖指的是一個其所有點之間都相互鄰接的圖：每個點都與所有其他點直接關聯。這種完備性（completeness）在網路中並不多見，即使在小網路中更是少見。密度是測量圖在多大程度上具有這種完備性。各點之間愈相關，圖的密度就愈大。

這樣來看，密度依賴於另外兩個網路結構參數：圖的內含度以及圖中個點的度數總和。內含度（inclusiveness）是指圖中各類關聯部分包含的總點數。換句話說，一個圖的內含度等於其總點屬減去孤立點的個數。在比較不同的圖的時候，最常用的內含度測度表示為關聯的點數與總點數之比。這樣看來，對於一個擁有5個孤立點的20點圖來說，其內含度就為0.75〔(20-5)/20〕。一個孤立點不附屬於任何線，因此對圖的密度沒有貢獻。所以，圖的內含度越高，其密度就越大。然而，相互關聯的一些點的關聯度可能各不相同。有的點與較多其他點相連，有的點則與較少的點相連。一個圖中各點的度數越大，該圖的密度就越大。

任何圖中包含的線數都等於各點度數總和的一半。在圖4-3中，列總和或欄總和的一半恰好是6。在該圖中可能出現的最多線數可以很容易地根據它所包含的點數計算出來。一個點可能與其他任何點（除了自身之外）相連，因此，一個擁有n個點的無向圖中最多可能擁有n(n-1)/2條不同的線。n(n-1)是圖中點對的總數，但是由於連接A和B的線與連接B和A的線是一條，所以連接這些點的總線數是該數目的一半。因此，有3個點的圖最多有3條線相連；4點圖最多有6條線相連；5點圖最多有10條線相連，依此類推。連線數增加的速度要比點數增加的速度快得多。例如，一個包含200個點的圖中最多可能包含19,900條線。實際上，對於計算大型網的各種測度來說，這是一個最大的難題。

　　一個圖的密度定義為圖中實際擁有的連線數與最多可能擁有的線數之比，其表達式為：L/[n(n-1)/2]，其中L（Line）代表圖中實際存在的線數。該測度的取值範圍為〔0，1〕，一個完備圖（complete graph）的密度為1。圖4-3顯示了不同的圖的密度：每個圖都包含4個點，因而最多可能擁有6條線。從圖中可以看出密度是如何隨著內含度數總和的改變而改變的。

情況	1	2	3	4	5	6
圖形						
相連的點數	4	4	4	3	2	0
內含度	1.0	1.0	1.0	0.7	0.5	0
度數總和	12	8	6	4	2	0
連線數	6	4	3	2	1	0
密度	1.0(6/6)	0.7(4/6)	0.5(3/6)	0.3(2/6)	0.1(1/6)	0(0/6)

圖4-3　密度比較

來源：John Scott, Social Network Analysis: A Handbook, 2nd ed.,(London: SAGE Publications Ltd, 2009), p.71.

　　有向圖密度的計算必然有所不同。有向資料矩陣不對稱，因為從A指項B的有向線不一定包含從B指向A的線。因此，有向圖可能包含的最多連線數恰恰等於它所包含的點的總對數，即n(n-1)，有向圖密度的公式是L/n(n-1)。

　　在進行社會網絡的密度分析時，有兩種類型：(1)「個體中心」（ego-centric）網研究，也就是圍繞某些特定的參考點而展開的社會網研究。密度分析所關注的是圍繞著某些特定行動者的關係的密度；(2)「社會中心」（socio-centric）網研究，也就是對整體網絡關聯模式的研究，密度不再是局部行動者的「個體網」密度，而是整個網絡的密度。

　　茲將過去有關涉及到密度的研究結論彙總如下：(1)多值圖的密度測量是根據研究者對數據所做的假定。在一個多值圖中，線數應該根據其多重度來加權。一個多重度為3的線就相當於3條線。例如，以第1章圖1-9(d)的個案（公

司）社群圖為例，其連線加權總數將是6的5倍，即30（也就是假定任何二家公司共同擁有的最大董事數為5）。該圖中實際的連線總數是12，即將所有的線的值加在一起是12。因此以多重度為基礎計算出來的密度是0.4(12/30)。如果研究者假定任何二家公司共同擁有的最大董事數為4，則以此多重度為基礎計算出來的密度是0.5(12/24)；(2)多值圖的密度測量與二值圖的密度測量顯然會產生完全不同的密度。依上例，如果不將數值看成是多值的，那麼計算出來的密度就是1(12/12)；(3)密度對於圖的規模的依賴性問題使得不同規模網路的密度難於比較；(4)在其它因素保持不變的情況下，大圖的密度要比小圖的密度小；(5)行動者維持關係的能力也受到關係的特定類型的限制。例如，「愛」的關係比一般要比「認識」關係有更多的情感投入，人們當然也意識到自己認識的人比喜愛的人多。這意味著，任何「愛」的關係網要比「認識」關係網有較低的密度。

在企業管理的研究方面，探討在某策略實施前後，消費者對某研究標的物（如品牌認知、喜好）的密度變化，亦是相當重要的課題。

二、婦女參與社會事件活動網絡密度

按〔Network〕〔Cohesion〕〔Density〕〔(New) Density Overall〕，在「Overall Network Density」視窗中，點擊「Network Dataset」右側的「三點按鈕」圖示，並在資料夾中選擇「davis-AffGE4.##h」此資料集；在「Output Densities」交代輸出檔案名稱（如不交代，利用其預設文字亦可），如圖4-4所示。

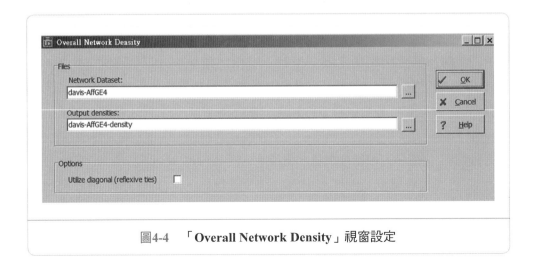

圖4-4 「**Overall Network Density**」視窗設定

文字輸出結果如圖4-5所示。婦女參與活動網絡的密度為0.157，代表婦女實際擁有的連線數（也就是共同參與事件的數目）與最多可能擁有的線數之比並不高。讀者不妨檢視一下圖4-3情況5，以便對「密度是0.1」有個概念。

圖4-5　婦女參與活動鄰接陣的密度

三、塊密度

塊密度（block densities）顧名思義是指「塊」的密度。本書以環成分（cyclic component）來解釋「塊」（block）觀念。環成分依賴於「循環」（cycle）一詞。一個循環就是一個途徑，而且會回到其初始點。詳細的說明見第5章。

按〔Transform〕〔Block〕，在「Block」視窗中，點擊「Input dataset」右側的「三點按鈕」圖示，並在資料夾中選擇「davis-AffGE4.##h」此資料集，其他維持預設值；在「Output」交代輸出檔案名稱（如不交代，利用其預設文字亦可），如圖4-6所示。

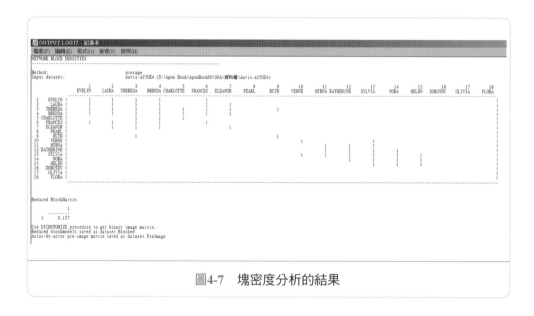

圖4-6　　「Block」視窗設定

文字輸出結果如圖4-7所示。塊密度值為0.157。此密度值與整體密度（圖4-5）相同，可見在本例中所分的「塊」等於整體。

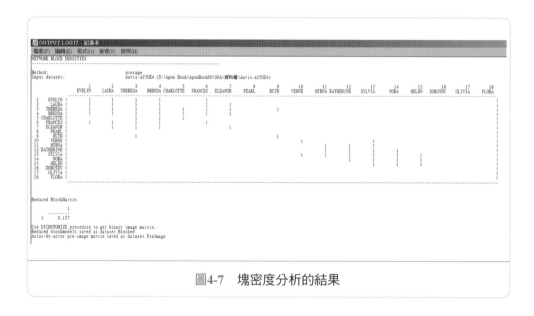

圖4-7　塊密度分析的結果

4-3　E-I指數

E-I指數（External-Internal Index, E-I Index）可用於測量群體內派系林立的程度。網絡中存在的關係可分為兩類：(1)派別之間的關係，或稱外部關係（External Links, EL）；(2)派別內的關係，或稱內部關係（Internal Links, IL）。E-I指數=(EL-IL)/(EL+IL)。E-I指數取值從-1到+1，愈接近1，表示關係愈趨向於發生在群體之外，意謂著派系林立的程度愈小；愈接近-1，表示關係愈趨向於發生在群體之內，意謂著派系林立的程度愈大；愈接近0，表示派別內外關係數量差不多，看不出派系林立的情形。

按〔Network〕〔Cohesion〕〔E-I Index〕，在「E-I Index」視窗中，點擊「Input dataset」右側的「三點按鈕」圖示，並在資料夾中選擇「davis-Aff.##h」資料集；點擊「Attribute」右側的「三點按鈕」圖示，並在資料夾中選擇「davis_Attr(Party).##h」資料集；交代輸出檔案名稱（如不交代，利用其預設文字亦可），情形如圖4-8所示。

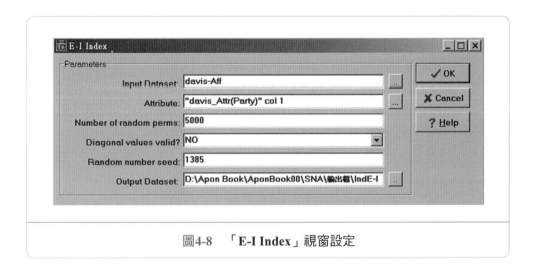

圖4-8　「E-I Index」視窗設定

在一般狀況下，輸入的資料集是多值矩陣。為了計算E-I指數，還要有一個屬性矩陣，以說明每一個行動者的分區情況；davis_Attr(Party).##h是屬性檔案，其第一欄是對「黨派」（party）的紀錄，其中1代表共和黨，2代表民主黨。讀者可自行開啟加以檢視。

　　輸出結果如圖4-9所示。結果首先呈現兩個分區群體的密度矩陣（Density matrix）。第一個群體的密度是2.267，第二個群體的密度是2.088。

　　在整體網絡結果（Whole Network Results）報表中，第一欄顯示的是「群體內部關係」觀察到的頻次，第二欄計算出這些頻次與總關係值之比，第三欄顯示在群體規模已知的情況下可能出現的最大關係值，最後一欄是密度指標。

　　整體網絡的E-I指數是0.046。如前述，E-I指數愈接近0，表示派別內外關係數量差不多，看不出派系林立（派系各據一方）的情形。換句話說，共和黨與民主黨人士之間關係的建立相當頻仍。

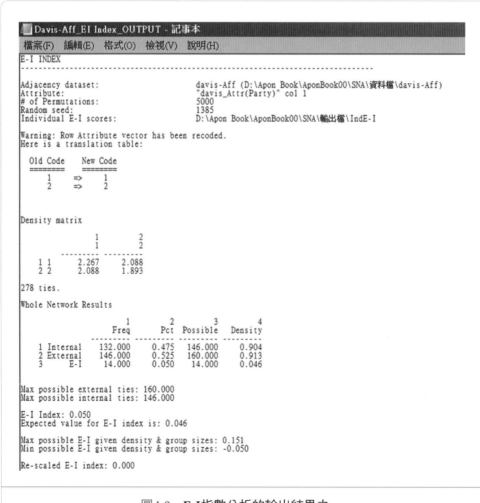

圖4-9　E-I指數分析的輸出結果之一

在圖4-10顯示的置換檢驗（Permutation Test）結果中，第一欄顯示了觀察值，接下來呈現出置換（重排）檢驗的最小值、均值、最大值、標準差。最後顯示隨機檢驗獲得的值大於（或等於）、小於（或等於）觀察值的次數。這些值可表示顯著水準（p值）。資料顯示，無論內部關係（p = 0.601 > α）、外部關係（p = 0.706 > α）、內外部關係（p = 0.706 > α）均不顯著。這說明了關係發生在群體之內的現象並不顯著，發生在群體之外的現象也不顯著，而派別內外關係數量的差別也不顯著（看不出派系林立的情形）。

在群體層次E-I指數表（Group level E-I Index）中，第一個群體的E-I指數是-0.058，第二個群體的E-I指數是0.187。這兩個指數都相當接近0，表示不論共和黨與民主黨人士都不是只與同黨派的人士建立關係。

```
Permutation Test
Number of iterations = 5000
                1       2       3       4       5        6        7
              Obs     Min     Avg     Max     SD P >= Ob P <= Ob
           ------- ------- ------- ------- ------- -------- --------
1 Internal  0.475   0.432   0.477   0.525   0.012   0.706   0.601
2 External  0.525   0.475   0.523   0.568   0.012   0.601   0.706
3     E-I   0.050  -0.050   0.046   0.137   0.024   0.601   0.706


Group level E-I Index
                1         2         3         4
           Internal  External    Total      E-I
           --------- --------- --------- ---------
1 1          82.000    73.000   155.000    -0.058
2 2          50.000    73.000   123.000     0.187

Individual Level E-I Index
                       1         2         3         4
                   Internal  External    Total      E-I
                   --------- --------- --------- ---------
1     EVELYN         9.000     8.000    17.000    -0.059
2     LAURA          7.000     8.000    15.000     0.067
3     THERESA        9.000     8.000    17.000    -0.059
4     BRENDA         7.000     8.000    15.000     0.067
5     CHARLOTTE      4.000     7.000    11.000     0.273
6     FRANCES        7.000     8.000    15.000     0.067
7     ELEANOR        7.000     8.000    15.000     0.067
8     PEARL          6.000    10.000    16.000     0.250
9     RUTH           9.000     8.000    17.000    -0.059
10    VERNE          9.000     8.000    17.000    -0.059
11    MYRNA          9.000     7.000    16.000    -0.125
12    KATHERINE      6.000    10.000    16.000     0.250
13    SYLVIA         7.000    10.000    17.000     0.176
14    NORA           7.000    10.000    17.000     0.176
15    HELEN          9.000     8.000    17.000    -0.059
16    DOROTHY        6.000    10.000    16.000     0.250
17    OLIVIA         7.000     5.000    12.000    -0.167
18    FLORA          7.000     5.000    12.000    -0.167
Individual E-I values saved as dataset D:\Apon Book\AponBook00\SNA\輸出檔\IndE-I
```

圖4-10　E-I指數分析的輸出結果之二

4-4 關聯性

衡量網絡的關聯性（connectedness）有四個指標：關聯度、等級度、效率與最近上限。

一、關聯度

關聯度可分別以整體網絡關聯度、網絡中的某個點的關聯度來探討。

關聯度（connectivity）是指網絡中獨立途徑的數目。獨立途徑（independent paths）指的是，除了起點和終點一樣之外，其餘點都不同的途徑。例如在圖4-11(a)中，連結BC兩點的獨立途徑有BDC、BAC，在圖4-11(b)中，連結BC兩點的獨立途徑有BC、BDC、BAC、BDAC、BADC，因此圖4-11(b)的關聯度較大。兩點之間，獨立途徑愈多，關聯度就愈大。關聯度愈大，可達性（reachability）的程度就愈高。

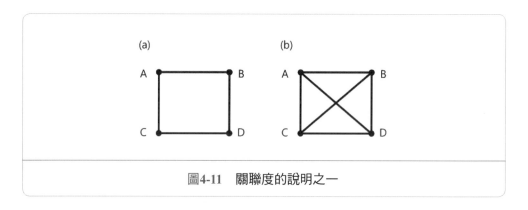

圖4-11　關聯度的說明之一

關於關聯度，我們可再清楚說明。對於規模與密度都相同的兩個圖（網絡）來說，如果其中一個圖的很多線都通過一個人（或者說圖中的線是繞著一個點展開），則此圖具有較小的關聯度〔如圖4-12(a)所示〕；反之，如果其中一個圖，其圖中的線不是繞著一個點展開，則此圖具有較大的關聯度〔如圖4-12(b)所示〕。

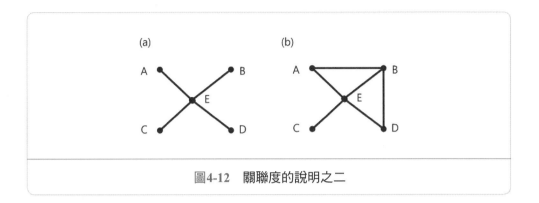

圖4-12　關聯度的說明之二

關聯度高的網絡其特性是：分權（權力分散）、訊息分散、行動者平等、不易受到個別點的影響。關聯度可分別以整體網絡關聯度、網絡中的某個點的關聯度來探討。

（一）整體網絡關聯度

在UCINET中，按〔Network〕〔Cohesion〕〔Distance〕，在「Geodesic Distance」視窗中，點擊「Input dataset」右側的「三點按鈕」圖示，並在資料夾中選擇「davis-AffGE4.##h」此資料集；其他維持預設值，所得到的輸出檔案之一是davis-AffGE4.##h（距離矩陣）；在「Output Distances」、「Output Frequencies」交代輸出檔案名稱（如不交代，利用其預設文字亦可）。情形如圖4-13所示。

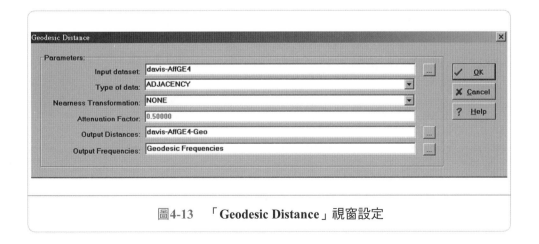

圖4-13　「Geodesic Distance」視窗設定

　　按〔Network〕〔Cohesion〕〔Reachability〕，在「Reachability」視窗中，點擊「Input dataset」右側的「三點按鈕」圖示，就會出現「davis-AffGE4-Geo.##h」此資料集；其他維持預設值，所得到的輸出檔案是Reachability.##h（可達距離矩陣，此矩陣只是表明兩點之間是否可達，不關注可達的距離）。情形如圖4-14所示。

圖4-14　　「**Reachability**」視窗設定

　　按〔Network〕〔Cohesion〕〔Density〕，在「Overall Network Density」視窗中，點擊「Input dataset」右側的「三點按鈕」圖示，並在資料夾中選擇「Reachability.##h」此資料集；所得到的輸出檔案是Reachability-density.##h（可達距離矩陣的密度）。情形如圖4-15所示。

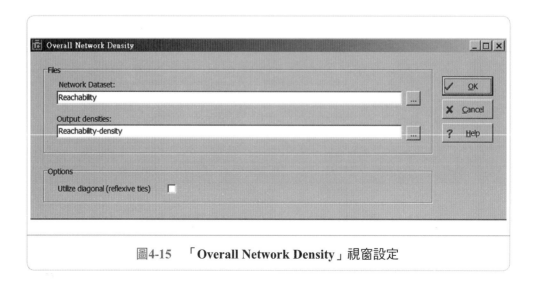

圖4-15　　「**Overall Network Density**」視窗設定

　　所產生的輸出如圖4-16所示。結果顯示，此網絡的關聯度為1.0000。可達矩陣的密度就等於其關聯度。

圖4-16　關聯度的分析結果

（二）網絡中的某個點的關聯度

　　上述對關聯度的探討是針對整個網絡的關聯度，我們也可以針對網絡中的行動者來研究。點的關聯度分析是分析行動者之間的獨立性或脆弱性的有利工具。

　　在UCINET中，按〔Network〕〔Cohesion〕〔Point Connectivity〕，在「Point Connectivity」視窗中，點擊「Input dataset」右側的「三點按鈕」圖示，並在資料夾中選擇「davis-AffGE4.##h」此資料集；所得到的輸出檔案是PointConnectivity.##h（點關聯度矩陣）。情形如圖4-17所示。

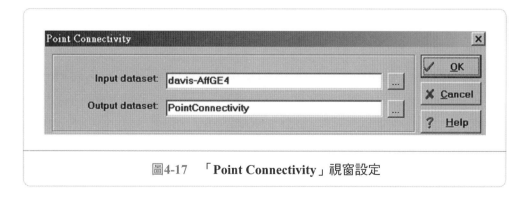

圖4-17　「Point Connectivity」視窗設定

　　開啟PointConnectivity.##h（點關聯度矩陣），可發現各個行動者之間「去

掉的點數」（對於一個網絡中的某個點來說，如果去掉與之相連的一些點，那麼該點就可能達不到其他點，也就是沒有關聯度）。在圖4-18中，以THERESA和BRENDA為例，她們之間的6點表示她們去掉了6個點數（6位行動者），就會與其他人失去聯繫。THERESA和RUTH之間只要失去1個點，就會與其他人失去聯繫。由此可見，THERESA和BRENDA的關聯度大於THERESA和RUTH。

UCINET Spreadsheet - D:\Apon Book\AponBook00\SNA\資料檔\PointConnectivity.##h

File Edit Transform Fill Labels Options Help

	EVEL...	LAURA	THER...	BRE...	CHA...	FRA...	ELEA...	PEARL	RUTH	VERNE	MYRNA	KATH...	SYLV...	NORA	HELEN	DOR...	OLIVIA	FLORA
EVELYN	0	4	4	4	2	4	3	0	1	0	0	0	0	0	0	0	0	0
LAURA	4	0	5	5	2	4	3	0	1	0	0	0	0	0	0	0	0	0
THERESA	4	5	0	6	2	4	3	0	1	0	0	0	0	0	0	0	0	0
BRENDA	4	5	6	0	2	4	3	0	1	0	0	0	0	0	0	0	0	0
CHARLOTTE	2	2	2	2	0	2	2	0	1	0	0	0	0	0	0	0	0	0
FRANCES	4	4	4	4	2	0	3	0	1	0	0	0	0	0	0	0	0	0
ELEANOR	3	3	3	3	2	3	0	0	1	0	0	0	0	0	0	0	0	0
PEARL	0	0	0	0	0	0	0	0	0	0	0	0	0	0	0	0	0	0
RUTH	1	1	1	1	1	1	1	0	0	0	0	0	0	0	0	0	0	0
VERNE	0	0	0	0	0	0	0	0	0	0	1	1	1	1	1	0	0	0
MYRNA	0	0	0	0	0	0	0	0	0	1	0	2	2	2	2	0	0	0
KATHERINE	0	0	0	0	0	0	0	0	0	1	2	0	3	2	2	0	0	0
SYLVIA	0	0	0	0	0	0	0	0	0	1	2	3	0	3	2	0	0	0
NORA	0	0	0	0	0	0	0	0	0	1	2	2	3	0	2	0	0	0
HELEN	0	0	0	0	0	0	0	0	0	1	2	2	2	2	0	0	0	0
DOROTHY	0	0	0	0	0	0	0	0	0	0	0	0	0	0	0	0	0	0
OLIVIA	0	0	0	0	0	0	0	0	0	0	0	0	0	0	0	0	0	0
FLORA	0	0	0	0	0	0	0	0	0	0	0	0	0	0	0	0	0	0

圖4-18　**點關聯度矩陣（PointConnectivity.##h）**

我們可再舉一例說明。利用UCINET所提供的資料集範例KNOKI.##h（此為David Knoke教授對10個組織之間所進行研究，所蒐集的資料，資料集名稱為KNOKBUR.##h，須加以「開包」）。KNOKI.##h是10個組織之間的訊息網絡。依照上述方法，所得到的點關聯度資料集如圖4-19所示。可以發現，第6個組織（WRO）只要去掉一個關係，就失去了與其他組織之間的聯繫，訊息就不能傳遞。如前述，點的關聯度分析是分析行動者之間的獨立性或脆弱性的有利工具。從這個分析中，我們了解第6個組織（WRO）與其他組織的關係是滿脆弱的。

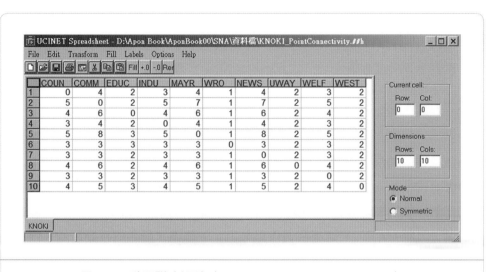

圖4-19　點關聯度矩陣（**KNOKI_PointConnectivity.##h**）

二、等級度

網絡的等級度或稱圖的等級度（Graph Hierarchy, GH）是指行動者互相之間在多大的程度上非對稱地可達（asymmetrically reachable）。GH愈大（愈接近1），表示網絡愈具有等級結構。在圖4-20中，生產經理與行銷經理之間的關

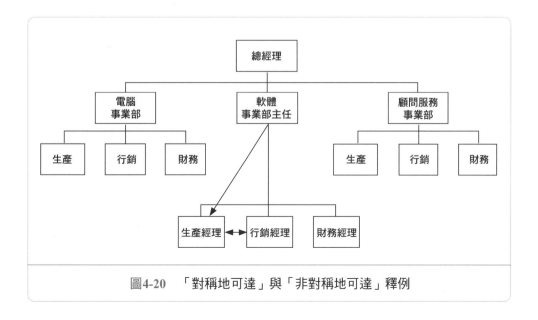

圖4-20　「對稱地可達」與「非對稱地可達」釋例

係屬於「對稱地可達」；軟體事業部主任與生產經理的關係稱為「非對稱地可達」（因為只有單向關係），因此「非對稱地可達」程度愈高，表示層級數愈多，也表示等級度愈高。

三、效率

網絡的效率或稱圖的效率（Graph Efficiency）指的是：在已知圖中所包含的成分數確定的情況下，圖在多大程度上有多餘的線。在圖4-21中，就A與B之間的聯繫而言，AC、CB是「多餘的線」，因此「多餘的線」愈多，表示行動者之間的聯繫愈無效率。事實上，圖的效率等於各個成分的密度的平均值（有關成分的討論，見第3章）。從這裡我們可以知道，效率與人際間的互動程度（或人與人之間的聯繫、熱絡度）成反比。

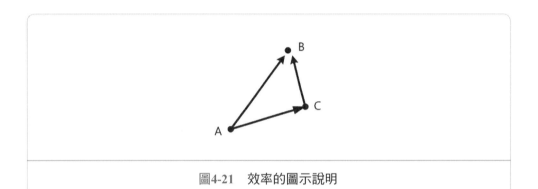

圖4-21　效率的圖示說明

四、最近上限

最近上限（Least Upper Boundedness, LUB）是指對於任何一對行動者來說，能夠達到二者的最接近的行動者。例如在圖4-22中，CEO是F2、F17的LUB，M2是F4、F6的LUB，T2是M6、F17的LUB。LUB愈大，表示上級長官解決二人之間衝突的潛力（或者說能力）愈大。如果行動者擁有的LUB較少，則行動者之間的衝突比較會由立即主管（頂頭上司）來出面解決。

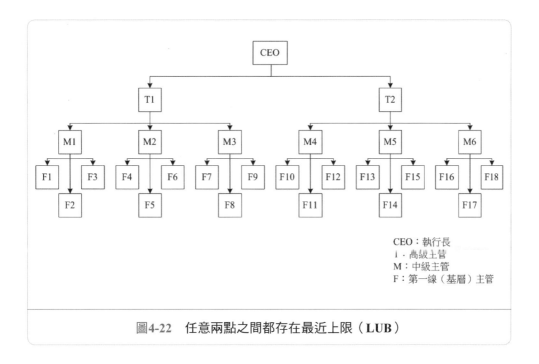

圖4-22　任意兩點之間都存在最近上限（**LUB**）

五、Grackhardt GTD

我們可利用Grackhardt GTD獲得上述的指數，亦即關聯度、等級度、效率與最近上限。按〔Network〕〔Cohesion〕〔Grackhardt GTD〕，在「Grackhardt GTD Measures」視窗中，點擊「Input dataset」右側的「二點按鈕」圖示，並在資料夾中選擇「Reachability.##h」此資料集；所得到的輸出檔案是Reachability-GTD.##h。情形如圖4-23所示。

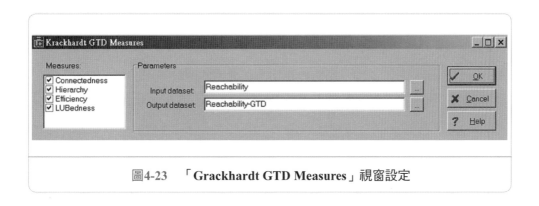

圖4-23　「**Grackhardt GTD Measures**」視窗設定

　　輸出結果如圖4-24所示。結果顯示：關聯度為1.000，等級度為0，效率為0，LUB為1。可解釋為：行動者（南方婦女）之間的關聯度非常密切，並無上下等級的區分，透過第三者來聯繫的情況非常普遍，若有衝突發生，總有上級長官來折衝協調。

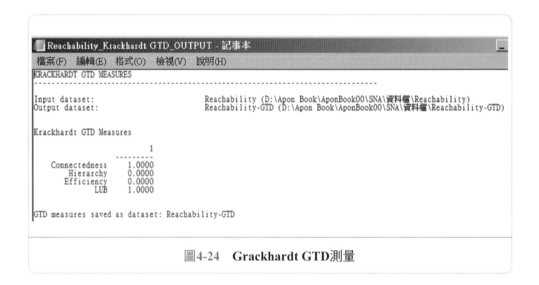

圖4-24　**Grackhardt GTD測量**

4-5　中心度與中心勢

一、中心度

（一）1-模資料的中心度

　　中心度有許多重要的術語或觀念：

- 度數（degree）：與一點直接相連的其他點的個數。
- 點的中心度：若某點度數高，則該點的中心度高。也就是該點居於中心。
- 局部中心點：若某點在其緊鄰的環境中與很多點有關聯，則此點為局部中心點。
- 整體中心點：若某點在網路的整體結構上與很多點有關聯，則此點為整體

中心點。

- 局部中心度（local centrality）：局部某點對其鄰點而言的相對重要性。局部中心度的相對測度是指點的實際度數與可能關聯的最多度數之比。一個有100個點的圖中，度數為25的核心點的相對中心度就是0.25（25/100）。

- 整體中心度（global centrality）：某點在整體網路的相對重要性。

局部中心度與整體中心度可以透過圖4-25來了解。

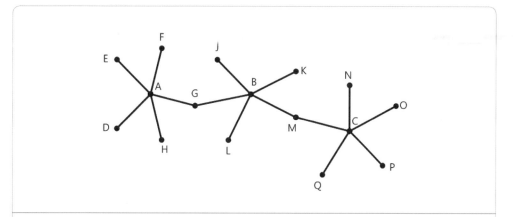

圖4-25　局部中心度與整體中心度

來源：John Scott, Social Network Analysis: A Handbook, 2nd ed. (London: SAGE Publications Ltd, 2009), p.84.

由圖4-25可以看出，A、B、C的局部中心度相同，但是點B比點A、C更具有整體中心度。G和M的整體中心度比B小，但是比A、C點高（雖然A、C點的局部中心度比較高）

- 途徑（path）：兩個點是由包含不同線的途徑連在一起的。途徑的長度是以組成該途徑的線數來衡量。

- 捷徑（geodesic）：在圖中任何兩點之間的最短距離。

- 中間度（betweenness）：一個點在多大程度上在圖中位於圖中其他點中間（也就是成為掮客或中間人）。在圖4-25中，G、M處於大量「點對」中間。我們可以將G看成是以A為中心的各個行動者以及以B為中心的各

個行動者之間的掮客或中間人，而M也是以B為中心的各個行動者以及以C為中心的各個行動者之間的掮客或中間人。如果連接A點與其他點（例如B、C、D）必須經過E點，則A點依賴於E點。在這種情況下，E點是中間人，所以我們也可以用「局度依賴性」（local dependency）的觀點來檢視中間度。同時當兩點的距離是2（而不是1）時，則二者之間就存在一個結構洞（structural hole）。結構洞的存在使得第三者扮演掮客或中間人的角色（見第6章6-7節）。例如在圖4-25中，A點必須依賴G點才能與B點（以及其他與B點有直接、間接相連的點）建立聯繫。

- 中間度比例（betweenness proportion）：G點相對於A與B的中間度比例是指：經過G點並且連接A與B這兩點的捷徑佔二者之間總捷徑數的比例，也就是說G點在多大程度上位於A點與B點的中間。

- 點對依賴性（pair dependency）：A點對G點的點對依賴性是指G點相對於所有包含A的點對的中間性比例之和。

- 局部依賴矩陣（local dependency matrix）：矩陣內的各項值表示每列因子對每欄因子的點對依賴值（pair dependency score）。一個點的「總中間度」就用局部依賴矩陣各欄值之和的一半來計算。

（二）2-模資料的中心度

2-模資料的中心度分析比較複雜。對於2-模資料的中心度分析，首先要將隸屬資料轉換成二部「1-模」陣（第3章3-8節），然後再分析各種中心度指數。詳細說明請見第7章。

二、中心勢

中心勢（centralization）是指整個圖的整體凝聚力或整合度。此觀念背後隱含著圖的結構「中心」。密度與中心勢都是代表一個圖的總體「緊湊性」（compactness）。密度指的是一個圖的凝聚力的整體水平。中心勢所描述的是這種凝聚力能夠在多大的程度上圍繞某些特定點組織起來。

- 結構中心（structural center）：一個圖的結構中心是由單個點或者一個點集（多個點）所形成，成為圖結構的樞紐，就像圓心和球心一樣。
- 圖的中心：如果圖中所有點都按照點中心度的順利加以排列，那麼具有最

　　高中心度的一系列點就是圖的中心。

　　每一個後續點的中心度的降低，可以看成是中心和「邊緣」的界線。同樣的，我們也可以看出邊緣與外圍的界線。

　　中心度與中心勢常用來進行組織權力的研究，因此我們有必要對「權力」做一番了解：

⊙權力的分類

　　法蘭其與雷溫（French and Raven,1981）研究的目的在於了解小團體所受的一些社會影響，也就是說一個人為什麼會受到另外一個人的影響。[1]

　　他們將一個人為什麼會受到另外一個人的影響，區分成五種理由，並將每一個原因對應出一個權力的型態。這五個權力型態分別為：報酬權（reward power）、強制權（coercive power）、參考權（referent power）、專家權（expert power）以及合法權（legitimate power）。雖然這五種權力型態皆有其形成的原因，然而卻常常同時產生，並非相互獨立的。

　　報酬權與強制權互相對應；假設有甲乙二人，甲有能力給予乙報酬或消除其負的誘因（例如處罰），那麼我們就稱甲對乙有報酬權。若甲有能力削減乙的正誘因或引發乙的負的誘因的發生，則甲對乙有強制權。

　　在某些時候，參考權被視為報酬權的延伸，假如甲對乙有被參考的影響力，那麼此二人在某些人格特質上必有相近之處，而乙會對甲的所做所為產生認同，而很容易的被甲所影響。

　　專家權乃起因於一般人認為聽從一個學有專精的人的勸告或建議，將會對自己有所助益。而此種影響力乃在於其專業知識或技術的被認可或相信。

　　合法權導因於社會的組織結構。一個人內在的價值觀認為某一個人由於層級的關係有權力去影響另外一個人。就好像組織中的主管有組織所付予影響其部屬的權力，而部屬也認為完成其所交付任務是天經地義的事。此種權力與我們所談的職權（authority）相當接近。

---

[1] John R. P. French and Bertrand Raven, "The Bases of Social Power," in *Group Dynamics*, 2nd ed., Darwin Carwright (Evanston, Ill.: Peterson, 1960), pp.607-23.

法蘭其與雷溫模式的限制

此二人的模式到目前為止，依然提供了有關社會影響力的一些基本觀念。在此模式提出之後，有相當多而且著名的理論提了出來，使我們對於「權力」在人群組織中所扮演的角色，有了更進一步的了解。這些理論大多數是經由實驗所演譯出來的，而實驗的過程可使我們更清楚的明瞭在動態組織中，權力運作的過程。

法蘭其與雷溫的理論模式，對於研究組織內部及組織相互間權力運作的關係，所提供的價值相當有限。在他們的架構中只描述個體的行為規範——他們也認為其理論架構乃植基於有關甲與乙的權力運作上。如果考慮到其他的社會團體，他們的理論便顯得有點偏狹。

此模式的第二個缺點，乃在於其對權力所下的定義。其將權力（power）與影響力（influence）及心理上的轉變（psychological change）混為一談。換句話說，就是將權力當作影響力，將影響力視為心態轉變的一種力量。我們認為應將權力、影響力以及心態轉變加以區別，因為一個擁有相當權力的人，不見得一定具有影響力，也不見得會造成其心理上的轉變。

權力可能是隱而不見的，而影響力卻不是如此。既然組織中的權力隱而不見，那麼對權力一詞加以明確的定義是相當需要的。社會權力是一種影響社會生活、社會行動、社會秩序、社會文化的能力。將權力與影響力重新加以定義之後，對組織運作的說明會比法蘭其與雷溫的說明有用處得多。

第三個缺點，乃是法蘭其與雷溫的模式不能用來說明一旦擁有權力之後，在心理上及行為上所可能產生的一些反應，以及沒有權力時心理上的感受與追尋權力的過程。由於這些缺點，我們有必要將法蘭其與雷溫的模式予以擴大，以方便我們更進一層的了解組織中的權力關係。

組織的權力

社會權力所包括的層面相當的廣泛，在組織的各個階層中皆有其起源與影響力。首先，個人的人格特質應加以考慮，不同的人會對權力的獲得及運用有不同的價值觀。其次，在大部分的組織中，總有一些人比另外一些人來得有權些，而權力的不同不僅會影響有權者，也會影響無權者的行為、感情、世界觀、甚至包括對自己的看法。最後，權力的大小與其環境有相當大的關聯性（環境包括競爭者、貿易伙伴等），而此差異會影響組織中相關人

員的行為態度。

　　事實上，個人權力、組織中權力的分配、整個組織系統的權力三者之間，彼此具有相互影響的關係。譬如說，個人對權力的不同偏好會影響組織內權力的分配方式。權力的分配會影響整個組織的效能，而整個組織的權力會影響其內部權力的分配，以及個人因權力所帶來滿足的程度。不同的權力所造成的影響往往是錯綜複雜的，本節將一一說明如下：

　　個性與權力的需求

　　對權力偏好的程度因人而異。個人對掌握權力強烈的程度與其所擁有權力的大小具有相當重要的關係。我們可將權力定義為：「達成某種目標的方法，或是某種誘因的吸引力，一個有權力動機或熱衷權力的人，會試圖找某些事來做。他們有一種嘗試權力的慾望，或是比別人更有權力的慾望。」事實上，權力就是他們所追尋的目標。

　　一個有強烈權力慾望的人會比較會想去從事某類工作，而此類工作能提供他在角色扮演上較多的機會，或在決策行動上有較多的彈性，甚至能建議或幫助別人，控制及評論別人的行為。所以有權力慾望的人會去從事企業經營、教職、或心理輔導的工作。

　　相當多的學者認為：權力的需要程度與其成就有相當的關聯。康敏斯（Cummings, 1981）曾研究組織內部中、高階層管理人員有關權力慾的量度。他將管理階層依其相對的薪資水準，分為高成就群與低成就群。他發現：較有成就的管理人員比那些較沒有成就的管理人員，有著較高的權力慾望。他認為這是因為那些成功的人較有明確的權力慾，而願意負擔更多的責任。在現代的組織裡，權力慾望對個人的成就是一個相當重要的決定因素。[2]

⊙權力的分配

　　對有權人的影響

　　法蘭其與雷溫所描述的組織內的各種權力是有可能同時發生在一起的，

---

[2] L. L. Cummings, *Research in Organizational Behavior* 3 (Greenwich, Conn.: JAI Press, 1981), pp.121-22.

一個有合法權的人同時握有報酬權、強制權與參考權，因此會有影響他人的傾向。因此不公平的權力分配對行為所造成的影響可以從組織中加以觀察。

權力如何影響有權力的人有相當大的爭議。吉普尼斯（Kipnis, 1926）認為握有權力的人會有同情心，然而亦有若干社會學家認為擁有權力的人會有不公平或剝削的行為產生。吉普尼斯的實證研究發現：權力的大小會影響其對工人的態度。自認為比較有權的人會比自認為比較無權的人，具有更多去影響別人的念頭。[3]

在有關權力的影響方面，一個相當有名的實驗是由金巴度（Zimbardo,1972）所進行的。金巴度與其同僚雇用一群人來進行實驗。這些人是受過中等教育、白種人、二十多歲的男性。實驗中任意挑選一半的人充當監獄的獄吏，其他的一半人則扮演犯人的角色。整個實驗是在史丹福大學心理實驗大樓的地下室所進行的。[4]

金巴度運用了相當多的技術，使得參加實驗的人能進入囚犯實驗的心理狀態。這些「囚犯」的權力被剝奪，行為受到「獄吏」的控制，穿著囚衣，並依「獄吏」的命令行事。

此實驗產生了令人驚訝的結果。金巴度注意到那些「獄吏」很快地變得具有攻擊性，而「犯人」變得非常被動。時間愈久，此種現象愈明顯。除此之外，「獄吏」還強迫「犯人」以手清掃廁所。

「獄吏侮辱囚犯，並威脅他們。前者具有相當大的威脅性，並用手杖、滅火槍之類的東西去逼他們遵守秩序。凡此之類，無所不用其極——實驗的第一天開始，獄吏作威作福的虐待傾向，就與日俱增。」

實驗進行的第五天，來了一個「獄吏」，獄方要他扮演一個溫和而不具攻擊性的角色。獄方指定他去說服一個絕食的「犯人」進食。不幸的是，在進行的過程中，這個「獄吏」越來越表現出虐待狂，這與獄方要他扮演的角色明顯的起了衝突。角色衝突的結果使得他變得非常消沉。

在大多數的組織中，我們不免發現上述的現象。我們並不一定要從監獄

---

[3] D. Kipnis, *The Powerholders* (Chicago: University of Chicago Press, 1926).

[4] P. G. C. Zimbardo, C. Haney and W. C. Jaffe, "The Mind is a Formidable Jailer: A Pirandellian Prison," *The New York Times*, April 8, 1972, pp.38-60.

中去了解有權人的行為。你不妨去研究所瞧瞧一個平時「溫文敦厚」的教授，在對學位論文進行口試時如何成為一個「兇悍無情」之人。你亦可發現到，幾乎所有的商業組織都會透過有形無形的方式，將有權的人和無權的人區隔開來，如專為有權的人設置盥洗室等。

對無權人的影響

社會權力的差異對無權的人亦有相當重要的影響。大多數的人會以一種羨慕的眼光來看在經濟上或政治上擁有大權的人，但都認為有權的人比較卑劣、自私自利，並且比較容易墮落。

無權的人的心中充滿著宿命論（fatalism）、悲觀、疏離感（feelings of alienation）、無力感。這種現象曾產生一種惡性循環。

對低階層人的影響

有關權力的討論中，我們皆是假設低階層的人沒有權力。然而事實上，這些人常常擁有相當多的權力，並值得加以注意。這些人能就近接近某些人（如掌控某種權力者）、訊息及資源，來達成其個人的目標。

同時在組織中低階層的無權者，容易墜入所謂的「組織陷阱」（organization trap）中，假如他們認為自己反正沒有權力（當然也不會被重視），就會自暴自棄，不去發展新的觀念及做法，對組織而言自然是不好的現象。

⊙權力的鞏固

有權的人會運用各種方法來防止組織中權力的重新分配。權力階層（掌權者）用來防止權力移轉的方法，稱為「威脅的儀式」（intimidation rituals）。

威脅的過程可分為二個階段：間接階段與直接階段。間接威脅的第一步就是「否定」（nullification），也就是說掌權者將意圖改革者所提出的理由或建議加以否定，並將此原因歸因為對方對事實的不了解。第二步即是採取孤立的手段（isolation），使得企圖改革者與組織中其他的擁護者很難獲得大眾的支持。

假如間接的威脅方式不足以排解改革的壓力，那麼掌權者就可能需要使用直接的威脅方法。其第一步乃是用誹謗中傷的方式（slander）來打擊改革者。如果這種方法還是無法奏效，那麼掌權者就會企圖將改革者排除在組織

之外。

⊙權力與環境

組織與環境是息息相關的。假如組織不能從環境中獲得所需要的資源，必然不能有效運作，甚至走向衰亡之途。組織必須與供應商、顧客、政府等環境構成份子，進行互利的交換活動。

組織對環境中的若干因素有相當程度的依賴，而依賴的程度與需要的程度呈正比。

權力與依賴的程度呈相反的關係，組織對其環境愈依賴則權力愈小。我們至少可從下列的三個方面，看出組織與環境的關係如何影響權力使用者的權力大小：

- 環境中的一些壓力限制了高階層人士控制低階層人士的程度，組織受環境的影響愈小，則高階人士愈能運用權力來影響部屬；
- 組織相對應於環境的權力愈大，則其內部成員潛在的權力也愈大；
- 組織內不同單位應付環境的能力，影響了該單位負責人的地位和權力。

三、1-模資料的中心度釋例

（一）南方婦女資料網絡中心度

按〔Network〕〔Group Centrality〕〔Measure〕，在「Group Centrality」視窗中，點擊「Input Network」右側的「三點按鈕」圖示，並在資料夾中選擇「davis-Aff.##h」此資料集；點擊「Input Groups(actor by group indicator matrix)」右側的「三點按鈕」圖示，並在資料夾中選擇「davis_Actor by Group Indicator Matrix.##h」此資料集；在「Output Measures」交代輸出檔案名稱（如不交代，利用其預設文字亦可），如圖4-26所示。

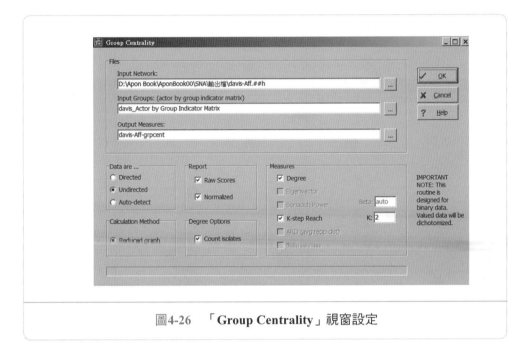

圖4-26　「**Group Centrality**」視窗設定

　　輸出結果如圖4-27所示。結果顯示：在中心度測量（Centrality Measures）中，度數是0.611。

圖4-27　南方婦女群體集中勢測量輸出結果

（二）透過Netdraw，利用目視法判讀中間度

　　按〔Visualize〕〔Netdraw〕，在「Netdraw」視窗中按〔File〕〔Open〕〔Ucinet dataset〕〔Network〕即會出現此「Open Data File」視窗，在此視窗內點擊「Name of file to open」右側的「三點按鈕」圖示，並在資料夾中選擇

「davis-Aff.##h」此資料集，所產生的圖形如圖4-28所示。

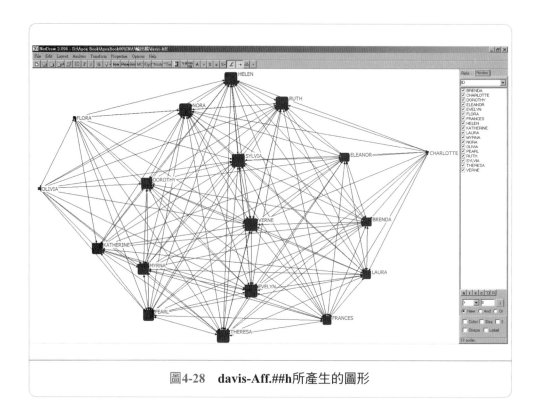

圖4-28　davis-Aff.##h所產生的圖形

按〔Analysis〕〔Centrality Measures〕，在出現的「Node Centrality Measures」視窗中，共有6個可供選擇的中心度指數，在「Set Node Sizes by」（點的形狀愈大表示什麼愈大）下拉式清單中，可選「Betweenness」（中間度），情形如圖4-29所示。

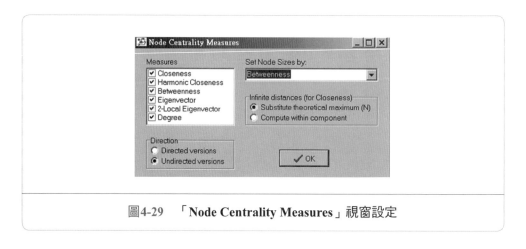

圖4-29　「**Node Centrality Measures**」視窗設定

按〔OK〕後產生的圖形如圖4-30所示。可看到行動者HELEN、RUTH、NORA、SYLVIA、VERNE、EVELYN、THERESA的點最大，這說明就「中間度」這個指標而言，她們位於網絡的核心。在「Set Node Sizes by」下拉式清單中還有：Closeness、Harmonic Closeness、Eigenvector、2-Local Eigenvector、Degree，讀者不妨分別點選，加以目視一番。

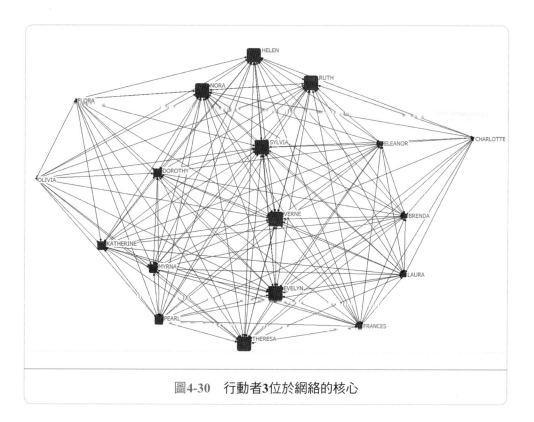

圖4-30　行動者3位於網絡的核心

（三）中心度最大的子群

按〔Network〕〔Group Centrality〕〔Optimize〕，在「Degree Group Centrality: Find Most Central Subgroup」視窗中，點擊「Input Dataset」右側的「三點按鈕」圖示，並在資料夾中選擇「美妝促銷活動-鄰接陣-ROW.##h」此資料集；在「Output Dataset」交代輸出檔案名稱（如不交代，利用其預設文字亦可），如圖4-31所示。

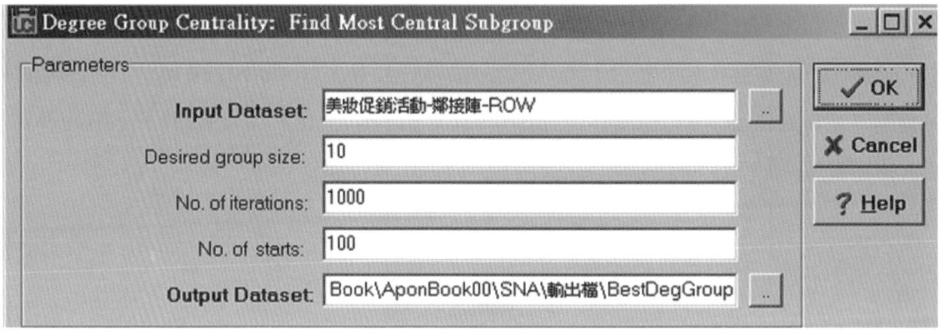

圖4-31 「**Degree Group Centrality: Find Most Central Subgroup**」視窗設定

輸出結果如圖4-32所示。結果顯示：第7、27、34、56、108、145、157、192、200、224名學生為群體中心。

圖4-32 美妝促銷活動中群體中心度最大的子群輸出結果

4-6 二方關係

在二方關係研究（dyadic ties study）方面，主要是研究在一個社會網絡

中，每對行動者間其「虛無關係」（no ties）、「不對稱關係」（asymmetrical ties）、「互惠關係」（reciprocal ties）出現的頻率有多少？就策略運用的觀點而言，上述三種關係分別為：互不干擾、競爭、合作。在矩陣X中，虛無關係的表示法是：$x_{ij} = x_{ji} = 0$；不對稱關係的表示法是：$x_{ij} \neq x_{ji}$；互惠關係的表示法是：$x_{ij} = x_{ji} = 1$。

　　按〔Network〕〔P1〕（這是Leinhardt's P1），在「P1」視窗中，點擊「Input Dataset」右側的「三點按鈕」圖示，並在資料夾中選擇「KNOKI.##h」此資料集；在「（Output）」交代輸出檔案名稱（如不交代，利用其預設文字亦可），如圖4-33所示。如前述，KNOKI.##h是10個組織之間的訊息網絡。

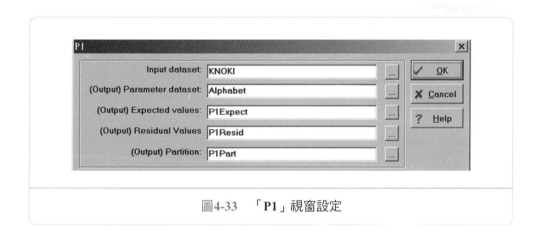

圖4-33　「P1」視窗設定

　　輸出結果如圖4-34所示。結果首先顯示描述整體網屬性的參數Theta、Rho值。Theta表示整體網絡密度對於每對行動者之間產生互惠或不對稱關係的機率的影響（本例Theta = −1.6882）。Rho表示整體網的互惠次數對於每對行動者之間產生互惠關係的機率的影響（本例Rho = 3.5151）。

　　在「Expansivess and Popularities Parameters」（豪爽與人氣參數）表中，Alpha（代表豪爽）表示每位行動者會與其他行動者建立互惠或不對稱關係的機率的點出度。表中顯示，第5位行動者（其Alpha = 2.109）是比較「豪爽、開朗」的人。Beta（代表人氣）是指每位行動者會與其他行動者建立互惠或不對稱關係的機率的點入度。表中顯示，第6位行動者（其Beta = −3.003）是「避之猶恐不及」的人（最無「人氣」的人）。

```
█ KNOKI_P1_OUTPUT - 記事本
檔案(F)  編輯(E)  格式(O)  檢視(V)  說明(H)
P1
--------------------------------------------------------------------
Input dataset:                        KNOKI (D:\Apon Book\AponBook00\SNA\資料檔\KNOKI)

 G-Square      DF
 --------   --------
  56.79        89

Theta = -1.6882
Rho   =  3.5151


Expansiveness and Popularity Parameters

              1         2
            Alpha      Beta
          --------  --------
   1       -1.385     0.967
   2        0.826     2.801
   3        1.231    -0.449
   4       -1.385     0.967
   5        2.109     2.388
   6       -0.973    -3.003
   7        0.102
   8        1.643    -2.557
   9       -2.835     1.206
  10        0.667    -2.321


P1 Expected Values

         1    2    3    4    5    6    7    8    9   10
       COUN COMM EDUC INDU MAYR  WRO NEWS UWAY WELF WEST
       ---- ---- ---- ---- ---- ---- ---- ---- ---- ----
   1   0.00 0.93 0.39 0.36 0.93 0.01 1.00 0.08 0.23 0.07
   2   0.94 0.00 0.89 0.94 0.99 0.28 1.00 0.51 0.89 0.55
   3   0.76 0.99 0.00 0.76 0.99 0.07 1.00 0.40 0.72 0.31
   4   0.36 0.93 0.39 0.00 0.93 0.01 1.00 0.08 0.23 0.07
   5   0.98 1.00 0.97 0.98 0.00 0.53 1.00 0.78 0.96 0.80
   6   0.17 0.66 0.08 0.17 0.71 0.00 1.00 0.01 0.19 0.01
   7   0.40 0.81 0.14 0.40 0.73 0.01 0.00 0.02 0.46 0.02
   8   0.74 0.97 0.61 0.74 0.98 0.05 1.00 0.00 0.77 0.15
   9   0.13 0.78 0.14 0.13 0.77 0.00 1.00 0.02 0.00 0.02
  10   0.52 0.93 0.40 0.52 0.95 0.02 1.00 0.10 0.55 0.00


RESIDUALS

         1    2    3    4    5    6    7    8    9   10
       COUN COMM EDUC INDU MAYR  WRO NEWS UWAY WELF WEST
       ---- ---- ---- ---- ---- ---- ---- ---- ---- ----
   1    0.00 0.07-0.39-0.36 0.07-0.01 0.00-0.08 0.77-0.07
   2    0.06 0.00 0.11 0.06 0.01-0.28 0.00 0.49 0.11-0.55
   3   -0.76 0.01 0.00 0.24 0.01 0.93 0.00-0.40-0.72 0.69
   4    0.64 0.07-0.39 0.00 0.07-0.01 0.00-0.08-0.23-0.07
   5    0.02 0.00 0.03 0.02 0.00-0.53 0.00 0.22 0.04 0.20
   6   -0.17-0.66 0.92-0.17-0.71 0.00-0.00-0.01 0.81-0.01
   7   -0.40 0.19-0.14 0.60 0.27-0.01 0.00-0.02-0.46-0.02
   8    0.26 0.03-0.61 0.26 0.02-0.05-0.00 0.00 0.23-0.15
   9   -0.13 0.22-0.14-0.13 0.23-0.00 0.00-0.02 0.00-0.02
  10    0.48 0.07 0.60-0.52 0.05-0.02-0.00-0.10-0.55 0.00

Expected values saved as dataset P1Expect
Residuals saved as dataset P1Resid
Partition indicator matrix saved as dataset P1Part
```

圖4-34　二方關係研究輸出結果之一

　　利用「P1 Expected Values」（期望值）表，我們可預測2位行動者之間會建立關係（當然是二元關係）的機率。例如，此模式預測行動者1與行動者2會建立關係的機率是93%。

　　在「Residuals」（殘差）表中，我們可了解此模型進行預測的效果。殘差值愈大表示預測某對行動者間會建立關係的準確度愈差。例如，此模型預測行動者1與行動者2之間的關係的效果（或準確度）很好（殘差 = 0.07），但是此模型預測行動者1與行動者9之間的關係的效果（或準確度）就不好（殘差 = 0.77）。

　　層級集群（Hierarchical Clustering）與樹形圖（圖4-35）顯示有哪對行動

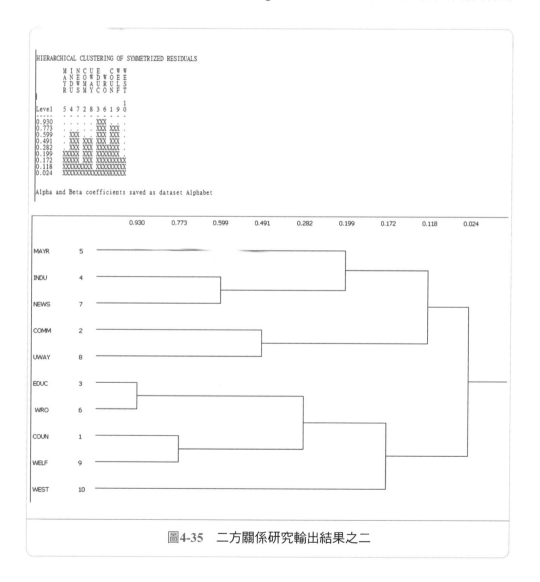

圖4-35　二方關係研究輸出結果之二

者之間在「P1期望值」表顯示不會產生關係，但他們很可能產生二元關係。例如，行動者3與6就很可能產生關係（雖然期望值表中顯示，他們形成關係的期望值只有0.07）。

4-7 網絡密度檢定

有關密度的說明如上。對於網絡密度的檢定，可分：(1)檢定網絡密度是否等於某值；(2)檢定二個網絡密度是否相等。

一、檢定網絡密度是否等於某值？

研究者有興趣發現：美妝促銷活動-鄰接陣的密度與1是否具有顯著差異。按〔Network〕〔Compare densities〕〔Against theoretical parameter〕，在出現的「Compare network density with theoretical parameter」視窗中，點擊「1st network」右側的「三點按鈕」圖示，並在資料夾中選擇「美妝促銷活動-鄰接陣-ROW.##h」此資料集，並將Expected density改為1.000（預設值為0.000），如圖4-36所示。

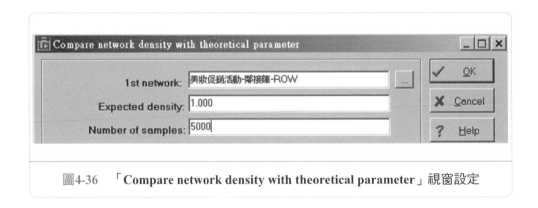

圖4-36 「**Compare network density with theoretical parameter**」視窗設定

輸出結果如圖4-37所示。美妝促銷活動-鄰接陣的密度為0.9148，p值為0.9886 > 0.05，不棄卻「網絡密度與1不具有顯著差異」的虛無假說，換句話說，認為網絡密度與1不具有顯著差異。

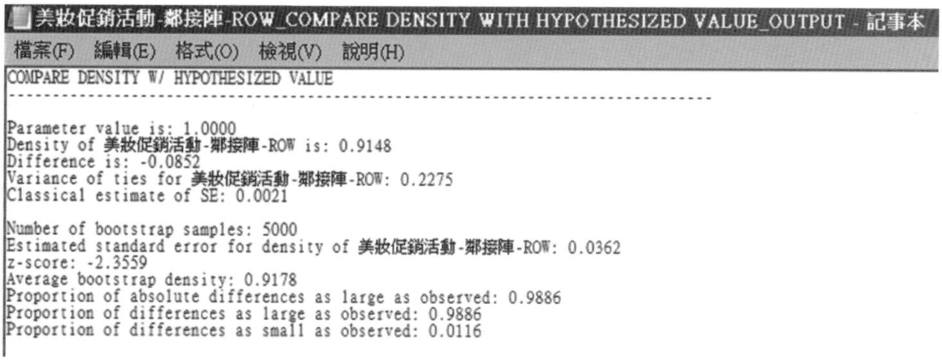

圖4-37　**Expected density為1.000的輸出結果**

　　我們也可以將期待密度的理論參數值設為0，以檢驗網絡密度值與0的差異是否顯著。輸出結果：美妝促銷活動-鄰接陣的密度為0.9148，p值為0.0002<0.05，棄卻「網絡密度與0不具有顯著差異」的虛無假說，換句話說，認為網絡密度與0具有顯著差異。讀者可自行演練。

二、檢定二個網絡密度是否相等？

　　同一群行動者之間的兩種關係的密度不同，這種差異究竟是因為隨機造成的，還是在現實中本來就是這樣？研究者有興趣發現：參與美妝促銷活動的受測者的密度，是否與參與美妝網路討論平台的受測者的密度有顯著差異？按〔Network〕〔Compare densities〕〔Paired(same node)〕，在「Compare densities(paired networks)」視窗中，點擊「1st network」右側的「三點按鈕」圖示，並在資料夾中選擇「美妝促銷活動-鄰接陣-ROW.##h」，點擊「2nd network」右側的「三點按鈕」圖示，並在資料夾中選擇「美妝網路討論平台-鄰接陣-ROW.##h」，如圖4-38所示。

　　美妝促銷活動-鄰接陣、美妝網路討論平台-鄰接陣是分別由其發生陣轉換而來，讀者可分別開啟其發生陣，了解其內容。美妝促銷活動-發生陣的欄標籤分別為：超市（SM）、量販店（HM）、百貨公司（DE）、美妝展（BE）、藥妝店（DS）。美妝網路討論平台-發生陣的欄標籤分別為：Pixnet、PTT實業坊、BLOG、UrCosme、FashionGuide。

圖4-38　**Compare densities (paired networks)**視窗設定

「Compare densities (paired networks)」視窗內最後一列「Number of samples」是指自舉抽樣（bootstrapping）的次數，在本例中為5000次。自舉抽樣是這樣的：隨機對美妝促銷活動、美妝網路討論平台的受測者進行抽取若干人，分別計算其密度差值，差值分布的標準差（standard error of the difference）就是標準誤。在5000次的隨機抽取的矩陣之間，其密度不同的比例為0.8858（圖4-39），因此其雙尾檢驗機率為0.8858 > 0.05，因此可認為二者之密度無顯著差異。

如果研究者欲進一步檢驗：美妝促銷活動-鄰接陣的密度是否大於美妝網路討論平台-鄰接陣的密度？這是典型的單尾檢定，在輸出報表中，Proportion of difference as large as observed的p值為0.4391 > 0.05，所以可結論：美妝促銷活動-鄰接陣的密度並不大於美妝網路討論平台-鄰接陣的密度。

如果研究者欲進一步檢驗：美妝促銷活動-鄰接陣的密度是否小於美妝網路討論平台-鄰接陣的密度？這也是典型的單尾檢定，在輸出報表中，Proportion of difference as small as observed的p值為0.5611 > 0.05，所以可得結論：美妝促銷活動-鄰接陣的密度並不小於美妝網路討論平台-鄰接陣的密度。

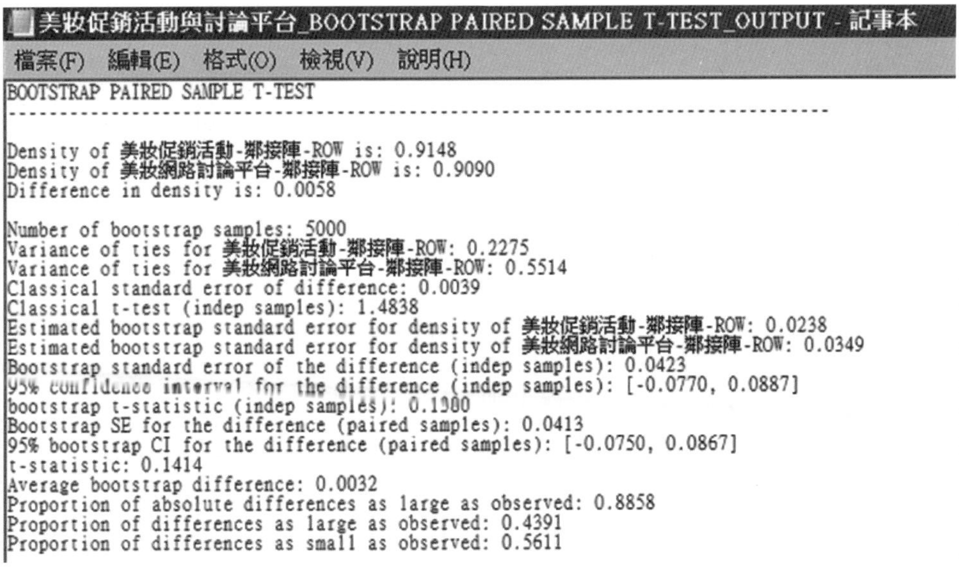

```
美妝促銷活動與討論平台_BOOTSTRAP PAIRED SAMPLE T-TEST_OUTPUT - 記事本
檔案(F) 編輯(E) 格式(O) 檢視(V) 說明(H)
BOOTSTRAP PAIRED SAMPLE T-TEST
------------------------------------------------------------------------

Density of 美妝促銷活動-鄰接陣-ROW is: 0.9148
Density of 美妝網路討論平台-鄰接陣-ROW is: 0.9090
Difference in density is: 0.0058

Number of bootstrap samples: 5000
Variance of ties for 美妝促銷活動-鄰接陣-ROW: 0.2275
Variance of ties for 美妝網路討論平台-鄰接陣-ROW: 0.5514
Classical standard error of difference: 0.0039
Classical t-test (indep samples): 1.4838
Estimated bootstrap standard error for density of 美妝促銷活動-鄰接陣-ROW: 0.0238
Estimated bootstrap standard error for density of 美妝網路討論平台-鄰接陣-ROW: 0.0349
Bootstrap standard error of the difference (indep samples): 0.0423
95% confidence interval for the difference (indep samples): [-0.0770, 0.0887]
bootstrap t-statistic (indep samples): 0.1380
Bootstrap SE for the difference (paired samples): 0.0413
95% bootstrap CI for the difference (paired samples): [-0.0750, 0.0867]
t-statistic: 0.1414
Average bootstrap difference: 0.0032
Proportion of absolute differences as large as observed: 0.8858
Proportion of differences as large as observed: 0.4391
Proportion of differences as small as observed: 0.5611
```

圖4-39 **Compare densities (paired networks)** 輸出結果

4-8 圖形展示

在描述研究樣本時，常以圖形方式來展示。UCINET的Netdraw提供了豐富的圖形展示。按〔Visualize〕〔Netdraw〕，在「Netdraw」視窗中按〔File〕〔Open〕〔Ucinet dataset〕〔Network〕即會出現「Open Data File」視窗，在此視窗內點擊「Name of file to open」右側的「三點按鈕」圖示，並在資料夾中選擇資料集。

按〔Analysis〕〔Centrality Measures〕，在出現的「Node Centrality Measures」視窗中，共有6個可供選擇的中心度指數，在「Set Node Sizes by」（點的形狀愈大表示什麼愈大）下拉式清單中，做適當選擇〔例如可選「Betweenness」（中間度）〕。除了Centrality Measures之外，我們還可以分析成分、塊、分派等。這裡所謂的分析是指「透過圖形展示」。

我們也可以將圖形加以布置（layout），例如90度翻轉、將圖形置中等。我們也可以改變圖形的屬性，例如改變表示點之間關係強度的線條粗細度（點之間

的線條愈粗者，表示點之間關係愈強），如圖4-40所示。

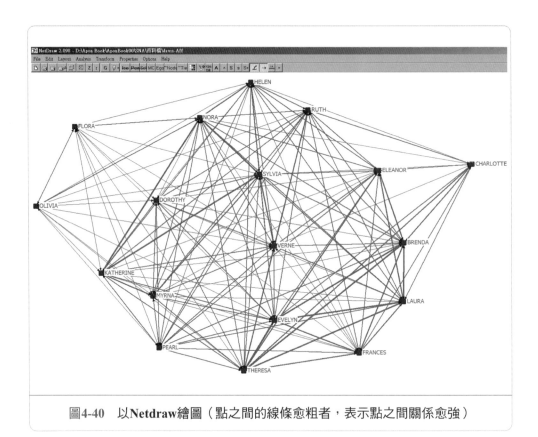

圖4-40　以**Netdraw**繪圖（點之間的線條愈粗者，表示點之間關係愈強）

子群、分區與塊模型分析

5-1　子群（Subgroup）

UCINET提供的子群（Subgroups）分析有：派系（clique）、宗派（clan）、叢（plex）、Lambda集合（Lambda sets）等，如圖5-1所示。本章將討論這些子群。

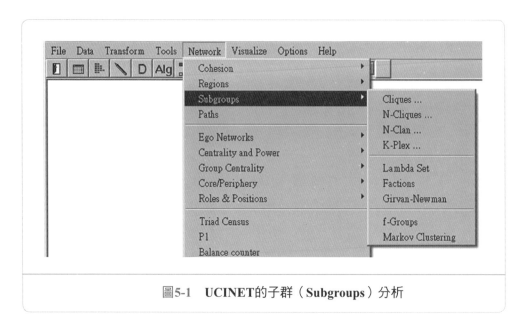

圖5-1　**UCINET的子群（Subgroups）分析**

一、派系

網絡中的各個派系（clique）是指凝聚子群（cohesive subgroup），或是相互聯繫的群體，或是密度高的群體。欲徹底了解派系，我們可先看一下有名的霍桑研究（Hawthorn studies）：

> ……在針對電話切換器設備製造工人所進行的實驗中，一些工人刻意採用限制產出的規範來保住他們的飯碗。凡是違背這個非正式產出規範的工人就會受到團體成員的制裁。任何違背團體績效規範而其績效超過規範的人被稱為是「破壞行情者」（ratebusters），而績效低於規範的人被稱為是「磨洋工者」（chiselers）。這些實驗的結論是：這兩類的工人都會威脅到整體工人。「破壞行情者」因為會向管理當局表露工作可以做得這麼快而威脅到

團體成員。「磨洋工者」會因為不能完成份內工作而受到輕視。工作團體成員會約束「破壞行情者」與「磨洋工者」，要他們把工作調整成團體成員（而不是管理當局）認為公平的速度。因此，工作團體對產出的影響會不亞於主管的影響。由於工作團體會影響成員的行為，因此有些管理學者認為主管應接受訓練，以激發工人的善意與合作；在這種情況下，主管（而不是工人）就能夠控制工作團體的績效水準。霍桑研究的主要意涵之一，就是在解釋績效水準方面，在工作環境中管理者和部屬的行為會不亞於工作的技術層面。管理者必須了解非正式組織的運作情形。非正式組織（informal organization）就是團體中約束與規範行為的系統；透過這些規範可約束或規範組織內的行為。許多研究發現，隨著時間團體會發展出細緻的程序和規範。這些規範會使成員緊密地形成混凝土。他們會團結一致和管理當局合作以提升績效水準，或者抵制產出、阻礙組織目標的達成。[1]霍桑研究顯示了解「工作團隊成員的感覺、思想、行為以及管理者如何影響績效」的重要性。

在霍桑研究中，「破壞行情者」（ratebusters）、「磨洋工者」（chiselers）所分別形成的非正式關係都可以稱為派系。在有關網絡中派系的研究，除了研究由於非正式關係所形成的派系之外，還包括宗派、政治派系、經濟派系、利益團體等。

「派系」、「類聚」（clusters）或者「塊」（block）等各種術語的研究是二十世紀30、40年代哈佛大學研究的一個特點。Warner(1941) 為此時代著名的研究者，他稱「派系」為一個非正式群體，其中的成員都有一定的群體感和親密性，並在群體內部建立起某些群體行為規範；任何人都可以成為許多派系的一個成員，並且這種派系成員的重疊會進一步擴展為一個相互關聯的網絡，該網絡把一個社區內部的幾乎全部人口整合到一個巨大的派系關係系統之中。[2]

對群體結構進行測量的啟始點都涉及到「子圖」這個概念。所謂子圖（subgraph）是指：從一個網絡圖中選擇出來的任何一點和連接這些點的線所構

---

[1] D. Roy, "Banana Time: Job Satisfaction and Informal Interaction," *Human Organization* 18 (1960), 158-61.

[2] W. Lloyd Warner and Paul S. Lunt, *The social life of a modern community* (New Haven: Yale University Press, 1941).

成的集合。

綜合以上說明，所謂派系就是最大的完全子圖（maximal complete subgraph），也就是所有點都互相連接的最大的完全關聯圖。一個3-成員的派系包含3條線 [3x(3-1)/2]，一個4-成員的派系有6條線[4x(4-1)/2]，5-成員的派系有10條線[5x(5-1)/2]。

在有向圖中，矩陣是不對稱的，只有雙向的關係才予以考慮，因此在有向圖中，網絡分析區分出來的派系稱為強派系（strong clique）。如果不關注關係的方向，僅是關係的有無，把所有的線看成是雙向關係，這種分析的結果就是弱派系（weak clique）。[3]

南方婦女資料網絡派系分析

按〔Network〕〔Subgroups〕〔Cliques〕，在「Cliques」視窗中，點擊「Input dataset」右側的「三點按鈕」圖示，並在資料夾中選擇「davis-Aff.##h」此資料集；在「Minimum size」（最小規模）方面維持預設的3；在「Diagram type」（圖型）上維持預設的「Tree Diagram」，如圖5-2所示。

圖5-2　「Cliques」視窗設定

---

[3] 許多派系檢測程序不能對有向圖進行操作，參考劉軍譯，《社會網絡分析法》（重慶：重慶大學出版社，2007），頁96。

輸出結果如圖5-3所示。結果顯示：

第一派系：EVELYN、LAURA、THERESA、BRENDA、FRANCES、ELEANOR、PEARL、RUTH、VERNE、MYRNA、KATHERINE、SYLVIA、NORA、HELEN、DOROTHY

第二派系：EVELYN、THERESA、PEARL、RUTH、VERNE、MYRNA、KATHERINE、SYLVIA、NORA、HELEN、DOROTHY、OLIVIA、FLORA

第三派系：EVELYN、LAURA、THERESA、BRENDA、CHARLOTTE、FRANCES、ELEANOR、RUTH、VERNE、SYLVIA、NORA、HELEN

每位行動者所被分到的派系是可以重複的。例如，EVELYN同屬於第一、第二、第三派系。派系參與分數（Clique Participation Scores）說明了哪位派系成員會被分到哪個派系的機率，例如EVELYN被分到第一、第二、第三派系的機率都是1。行動者共同參與的數量矩陣（Actor-by-Actor Clique Co-Membership Matrix）是顯示2位行動者共同屬於的派系數目，例如EVELYN與LAURA共同屬於2個派系。

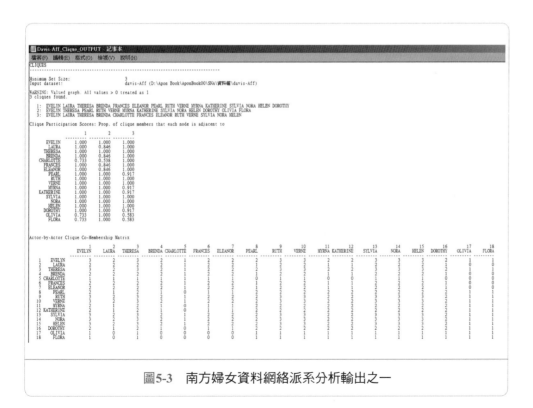

圖5-3　南方婦女資料網絡派系分析輸出之一

接著，我們可看共享成員的層次聚類矩陣（HIERARCHICAL CLUSTERING OF OVERLAP MATRIX），EVELYN、THERESA、VERNE、RUTH、NORA、HELEN、SYLVIA共同屬於3個派系。在派系共享成員表（Clique-by-Clique Actor Co-membership matrix）中，我們可看到第一派系內有15位成員，第一與第二派系共享了11位成員，第一與第三派系共享了11位成員（圖5-4）。

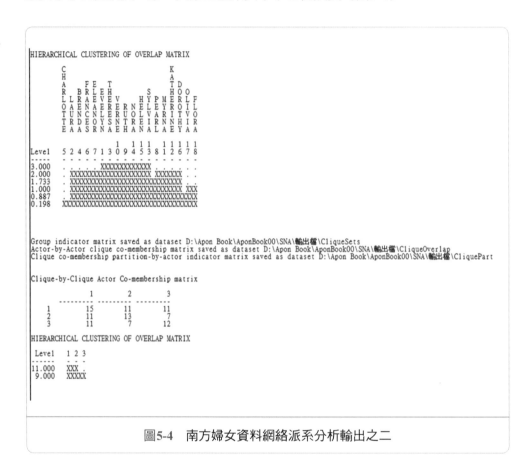

圖5-4　南方婦女資料網絡派系分析輸出之二

在聚類圖（Cluster Diagram）中，EVELYN、THERESA、VERNE、RUTH、NORA、HELEN、SYLVIA共同屬於3個派系（圖5-5）。從以上的展現我們可以發現，這些輸出是以不同的方式描述同樣的現象。

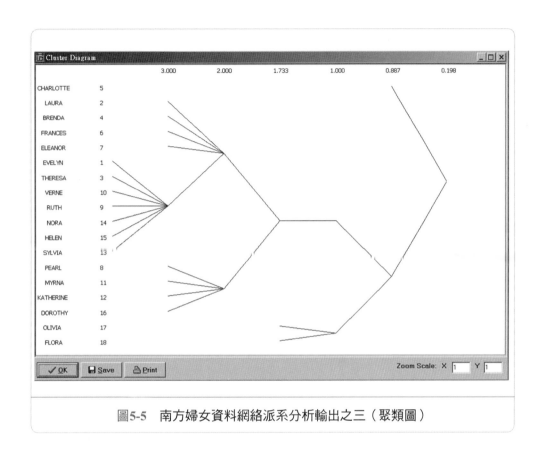

圖5-5　南方婦女資料網絡派系分析輸出之三（聚類圖）

二、N-派系

　　N-派系（n-clique）中的N指的是派系成員之間聯絡的最長途徑之長。如前述，兩個點是由包含不同線的途徑連在一起的。途徑的長度是以組成該途徑的線數來衡量。如圖5-6所示，一個1-派系（1-clique）就是最大完備子圖本身，因為其中所有點都直接相連，距離都是1。在一個2-派系（2-clique）中，其成員或者直接相連（距離為1），或者通過一個共同臨點間接相連（距離為2）。一個5-派系（5-clique）中，其成員或者直接相連（距離為1），或者通過一個共同臨點間接相連（相連A與D的線數其距離為3）。N愈大，對派系成員的限制標準愈鬆散。N的大小由研究者自己決定。N的最大值要比圖中的點數少1。

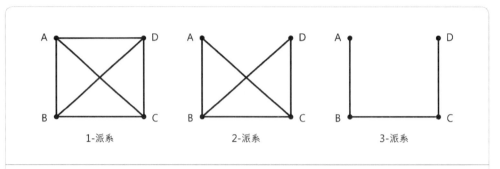

圖5-6　規模為4的N-派系

來源：修正自John Scott, *Social Network Analysis: A Handbook*, 2nd ed. (London: SAGE Publications Ltd, 2009), p.116.

按〔Network〕〔Subgroups〕〔N-Cliques〕，在「N-Clique」視窗中，點擊「Input dataset」右側的「三點按鈕」圖示，並在資料夾中選擇資料集（例如davis-Aff GE4.##h）；在「Value of N」鍵入派系數，或維持預設的2；在「Minimum size」（最小規模）方面維持預設的3；在「Diagram type」（圖型）上維持預設的「Tree Diagram」。讀者可選擇檔案，自行練習。必須注意的是：輸入的資料集（Input dataset）必須是二值資料、對稱矩陣。

三、N-宗派

N-宗派（N-Clan）是Alba (1973)與Mokken (1974)根據派系的思想所提出的概念。[4]N-宗派是指：在一個N-派系中，其中任何兩點之間的捷徑都不超過N。如前述，捷徑（geodesic）是在圖中任何兩點之間的最短距離。例如在圖5-7「規模為4的2-派系」，由點｛A、B、C、D｝所形成的2-派系中，其中任何兩點之間的捷徑都不超過2，例如由點｛A、B、C｝所形成的一個派系，其中點A與C的捷徑是1、點A與B的捷徑是1、點B與C的捷徑是1。

相較於對N-派系的定義，顯然N-宗派更為嚴格，因此可以說，所有的N-宗派都是N-派系，但不是所有的N-派系都是N-宗派。圖5-7中的(a)、(b)均是2-宗派。

---

[4] R.D. Alba, "A Graph Theoretic Definition of a Sociometric Clique," *Journal of Mathematical Sociology*, 1973, p.3.; R.J. Mokken, "Clique, Clubs and Clans," *Quality and Quantity*, 1974, p.13.

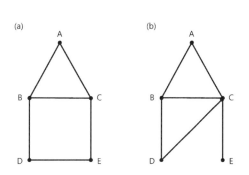

圖5-7　2-宗派之例

來源：修正自John Scott, *Social Network Analysis. A Handbook*, 2nd ed, (London: SAGE Publications Ltd, 2009), p.117.

　　按〔Network〕〔Subgroups〕〔N-Clans〕，在「N-Clan」視窗中，點擊「Input dataset」右側的「三點按鈕」圖示，並在資料夾中選擇資料集（例如davis-Aff GE4.##h）；在「Value of N」鍵入宗派數，或維持預設的2；在「Minimum size」（最小規模）方面維持預設的3；在「Diagram type」（圖型）上維持預設的「Tree Diagram」。讀者可選擇檔案，自行練習。必須注意的是：輸入的資料集（Input dataset）必須是二值資料、對稱矩陣。

四、K-叢

　　K-叢是Seidman and Foster(1978)所提出的概念。[5]與派系概念不同，K-叢是以度數為基礎的子群研究，它要求其成員的點數不低於某個值。如前述，度數（degree）是與一點直接相連的其他點的個數。

　　K-叢所關注的是：減少每個點所指向的其他關連點的個數。在一個K-叢中，其中每一點都與除了K個點之外的其他點直接相連。當K = 1時，一個1-叢就等於1-派系，所以它是一個最大的完全子圖。在1-叢（K = 1）中，每個點都與N-1個其他點相連。在2-叢（K = 2）中，其中所有點都至少與N-2個其他點相

5　S.B. Seidman and B.L. Foster, "A Graph-Theoretical Generalization of the Clique Concept," *Journal of Mathematical Sociology*, Vol. 6, pp.139-154.

連。在3-叢（K＝3）中，其中所有點都至少與N-3個其他點相連。2-叢可以不是2-派系；5-叢可以不是5-派系。在圖5-8中，(a)是一個5-派系，因為所有點間的距離都不大於3。然而，它卻不是一個5-叢，因為與點A、C、E、F相連的點的數目都少於3（6－3＝3）。圖5-8中的(b)既是一個5-派系，也是一個5-叢。

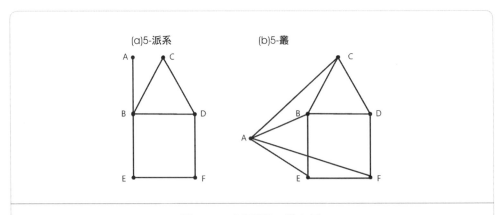

圖5-8　5-派系與5-叢之例

來源：John Scott, *Social Network Analysis: A Handbook*, 2ⁿᵈ ed. (London: SAGE Publications Ltd, 2009), p.116.

按〔Network〕〔Subgroups〕〔K-Plex〕，在「K-Plex」視窗中，點擊「Input dataset」右側的「三點按鈕」圖示，並在資料夾中選擇資料集（例如davis-Aff GE4.##h）；在「Value of K」鍵入叢數，或維持預設的2；在「Minimum size」（最小規模）方面維持預設的3；在「Diagram type」（圖型）上維持預設的「Tree Diagram」。讀者可選擇檔案，自行練習。必須注意的是：輸入的資料集（Input dataset）必須是二值資料、對稱矩陣。

五、Lambda集合

Lambda集合（Lambda sets）是由Borgatti等人（1990）提出的觀念。[6]Lambda集合是說明：去掉圖中的一些線之後，一對點在多大程度上仍然可以通過一條線連接在一起。這可用這一對點的「線關連度」（line connectivity）指數來測

---

[6] S.P. Borgatti, M.G. Everett and P.R. Shirley, "LS Sets, Lambda Sets, and Other Cohesive Subsets," *Social Network*, Vol. 12, 1990, pp.337-358.

量。一對點i與j的「線關聯度」指數，即λ(i, j)，等於為了使得這兩個點之間不存在任何捷徑，必須從圖中去掉的線的最小數目。λ(i, j)值愈大，i與j就對去掉的一些線愈不敏感，這也表示二者之間的關係穩健；反之，λ(i, j)值愈小，i與j就對去掉的一些線愈敏感，這也表示二者之間的關係不穩健（愈會趨向於分隔）。

按〔Network〕〔Subgroups〕〔Lambda Sets〕，在「Lambda Sets」視窗中，點擊「Input dataset」右側的「三點按鈕」圖示，並在資料夾中選擇「davis-AffGE4.##h」資料集；交代輸出檔案名稱（如不交代，利用其預設文字亦可），情形如圖5-9所示。

圖5-9 「**Lambda Sets**」視窗設定

必須注意的是：輸入的資料集（Input dataset）必須是二值資料，否則便會受到UCINET的警告，如圖5-10所示。

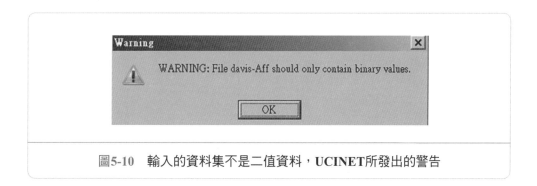

圖5-10 輸入的資料集不是二值資料，**UCINET**所發出的警告

輸出結果如圖5-11所示。結果顯示：在層級式Lambda集合分類表（HIER-

ARCHICAL LAMBDA SET PARTITIONS）中，Lambda最小值是0，成員包括所有的行動者（本例為婦女），也就是說，在Lambda = 0時，全體行動者可歸為一個Lambda集合之中。Lambda的最大值是6，其成員包括THERESA、BRENDA。

　　成對點之間的最大流量（Maximum Flow Between Pairs of Nodes）就是「線關聯度」，而對角線就是點數。

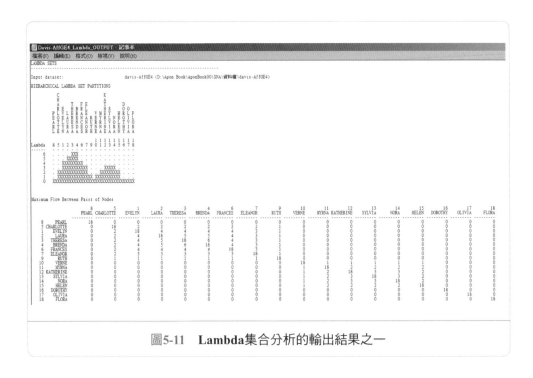

圖5-11　　Lambda集合分析的輸出結果之一

　　Lambda集合分析的圖形化輸出結果如圖5-12所示。在圖形中，也可清楚地看出：Lambda的最大值是6，其成員包括THERESA、BRENDA

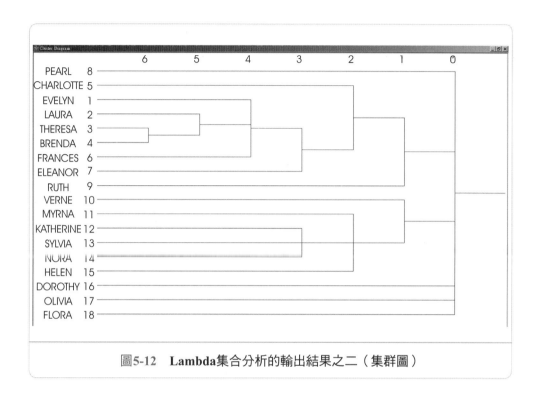

圖5-12　**Lambda**集合分析的輸出結果之二（集群圖）

5-2　分區（Regions）

一、成分

　　成分（component）是「最大關聯的子圖」。一個成分（component）的各成員都可以互相進行直接的、間接的（通過一條中介鏈）交往。在一個成分中，所有的點都通過「途徑」連在一起，但其中任何線都不指向成分外之點。

　　無論對有向圖或無向圖而言，都可以找出其成分。在有向圖中，可以確認兩類成分：強成分與弱成分。強成分（strong component）所構成的途徑的各條線會排列在一條連續鏈中，沒有任何方向上的改變；任何不滿足此標準的途徑都不考慮。當我們假設一條線的方向可表明某種資源（或權力、資金、訊息）或情感（如喜歡、討厭、崇拜等）的流動方向時，則方向的改變意謂著不同的途徑。如果我們不考慮構成各途徑的各條線的方向，僅考慮關係的有無，則這種方法分析得到的有向圖中的成分稱為弱成分（weak component）。

在無向圖中，沒有強成分與弱成分。此時研究者所著眼的往往是簡單成分（simple component）。由於所有線都沒有方向，因此所有途徑都可由可接受的關係所構成。

按〔Network〕〔Regions〕〔Components〕〔Simple graphs〕（如果是多值資料，應選〔Value graphs〕），在「Components」視窗中，點擊「Input dataset」右側的「三點按鈕」圖示，並在資料夾中選擇「davis-Aff.##h」此資料集；在「Kind of components」下拉式清單中維持預設的「Weak」（因為此檔案為無向圖，所以選Strong亦可），如圖5-13所示。

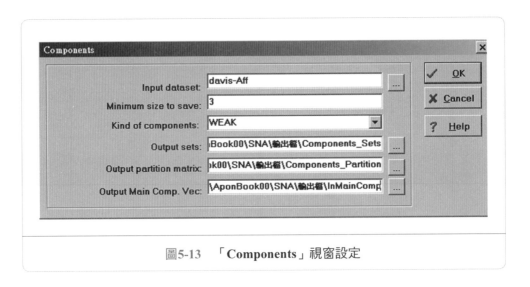

圖5-13 「**Components**」視窗設定

文字輸出結果如圖5-14所示。18名婦女形成了一個「成分」，異質性（heterogeneity）為0，失能度（entropy）為-0，分裂性（fragmentation，點之間不能互相連結的機率）為0。

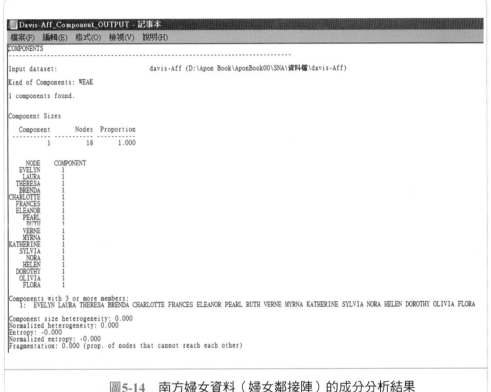

圖5-14　南方婦女資料（婦女鄰接陣）的成分分析結果

　　按〔Visualize〕〔Netdraw〕，在「Netdraw」視窗中按〔File〕〔Open〕〔Ucinet dataset〕〔Network〕即會出現「Open Data File」視窗，在此視窗內點擊「Name of file to open」右側的「三點按鈕」圖示，並在資料夾中選擇「Components_Partition.##h」資料集。所產生的圖形，如圖5-15所示。圖中顯示，所有18位婦女形成了一個「成分」。

二、K-核

　　K-核（K-core）要求任何點至少與K個點相連，也就是說，如果一個子圖的全部點至少與該子圖中的K個其他點鄰接，則稱這樣的子圖為K-核。K-核中每個點的度數至少為K。我們不要混淆K-核與K-叢。K-叢是要求各個點都至少與N-K個其他點（也就是除了K以外的其他點）相連。圖5-16所顯示的就是一個3-核，在此圖中，每個點的度數至少為3（B、J的度數是4）。

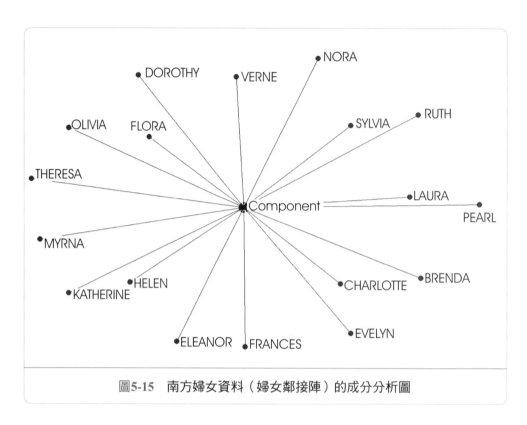

圖5-15　南方婦女資料（婦女鄰接陣）的成分分析圖

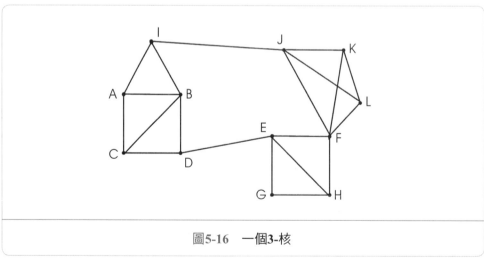

圖5-16　一個3-核

南方婦女資料網絡K-核分析

按〔Network〕〔Regions〕〔K-Cores〕，在「K-Cores」視窗中，點擊「In-put dataset」右側的「三點按鈕」圖示，並在資料夾中選擇「davis-Aff.##h」此資料集，如圖5-17所示。

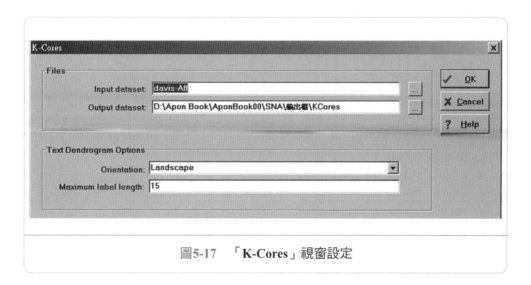

圖5-17 「**K-Cores**」視窗設定

輸出結果如圖5-18所示。結果顯示：在南方婦女資料（davis-Aff.##h）中，其度數分別是12、14。度數為12的分區（即12-核），包含了17位婦女（除了CHARLOTTE之外）；度數為14的分區（即14-核），包含了15位婦女（除了OLIVIA、FLORA、CHARLOTTE之外）。在「分類計量」表（Partition Metrics）中，nClusters顯示2、4，這表示：12-核有2集群（cluster，或稱類聚），14-核有4集群。以12-核而言，其2集群為：除了CHARLOTTE之外的17位婦女所組成的一個集群，以及由CHARLOTTE這位婦女所組成的一個集群。在「每個點的核心值」（Coreness Values for each node）表中，記錄了每一個點位於不同的K-核（12-核、14-核）的情況，例如EVELYN的核心值是14，這表示她位於14-核中。

```
Davis-Aff_K Core_OUTPUT - 記事本
檔案(F)  編輯(E)  格式(O)  檢視(V)  說明(H)

Input dataset:                          davis-Aff (D:\Apon Book\AponBook00\SNA\資料檔\davis-Aff)
Output partitions:                      D:\Apon Book\AponBook00\SNA\輸出檔\KCores

Warning: Matrix dichotomized by setting all values larger than 1 to 1
K-CORE PARTITIONING

                                K           C
                                A           H
              T     F E         T   D       A
          E   H B   R L         H S O   O   R
          V L E R   A E P   V M E Y R H L F L
          E A R E N N A E R E Y R L O E I L O
          L U E N O C N A U R R I V T L V O T
          Y R S D R E O R T N N N I H E I R T
          N A A A A S R L H E A E A Y N A A E

                  1           1 1 1 1 1 1 1 1
Degree    1 2 3 4 4 6 7 8 9 0 1 2 3 6 5 7 8 5
------    - - - - - - - - - - - - - - - - - -
    14    XXXXXXXXXXXXXXXXXXXXXXXXXXXXX . . .
    12    XXXXXXXXXXXXXXXXXXXXXXXXXXXXXXXXX .


Partition Metrics - each column is a partition

                         1         2
                 --------- ---------
   1 nClusters       2.000     4.000
   2       CL1       0.944     0.833
   3       CL2       0.056     0.056
   4       CL3                 0.056
   5       CL4                 0.056

LEGEND:
  (1)nClusters = number of clusters in the partition
  (2)CL1 = proportion of items that fall in cluster 1
  ...
  (n)CLn = proportion of items that fall in cluster n


Coreness values for each node

                       1
                 ---------
      EVELYN           14
       LAURA           14
     THERESA           14
      BRENDA           14
   CHARLOTTE           11
     FRANCES           14
     ELEANOR           14
       PEARL           14
        RUTH           14
       VERNE           14
       MYRNA           14
   KATHERINE           14
      SYLVIA           14
        NORA           14
       HELEN           14
     DOROTHY           14
      OLIVIA           12
       FLORA           12
```

圖5-18　南方婦女資料網絡K-核分析輸出

讀者不妨以「美妝促銷活動-鄰接陣-ROW」作為資料輸入來源，進行美妝促銷活動網絡的K-核分析，看看結果是否是這樣：在美妝促銷活動網絡中，區

分為5種分區，其「核」度數分別為16，26，68，78，200。對於「核」度數為16的分區（16-核）來說，表示該分區內的成員至少與16個成員相互連結。上述五類分區中所包含的類聚數，分別為3，5，11，24，25。第一列包含3個聚類，表示在16-核分區中包含了3個類聚。

5-3 塊模型法分析

塊（block）觀念是Everett（1999）等人所提出。[7]在社會網絡分析上的定義可以說是「莫衷一是」。本書以環成分（cyclic component）來解釋「塊」觀念。環成分依賴於「循環」（cycle）一詞。一個循環就是一個途徑，而且會回到其初始點。

塊模型法（block modeling）分析是直接針對鄰接陣進行分析，它會找到盡可能與理想的像（idealized image）接近的結果。塊模型法分析可分核心─邊緣分析、分派分析。

一、核心─邊緣分析

「核心」（core）是一個聚類，是「共同出現」（co-occurring）的行動者聚類。「核心」是由一系列行動者的分區構成的，這些行動者之間緊密聯繫在一起。「邊緣」（periphery）一方面是由一系列的行動者所構成的分區構成，而這些行動者鬆散聯繫在一起。

本例我們要處理的是類別資料（categorical data），所以必須將資料做二值處理（也就是轉換成二值資料）。請參考第3章。

按〔Network〕〔Core/Periphery〕〔Categorical〕，在「Simple Core」中，點擊「Input dataset」右側的「三點按鈕」圖示，並在資料夾中選擇「davis-AffGE4.##h」此資料集；交代輸出檔案名稱（如不交代，利用其預設文字亦可），情形如圖5-19所示。

---

[7] M.G. Everett and S.P. Borgatti, "The Centrality of Groups and Classes," *Journal of Mathematical Sociology*, Vol.23, pp.181-202.

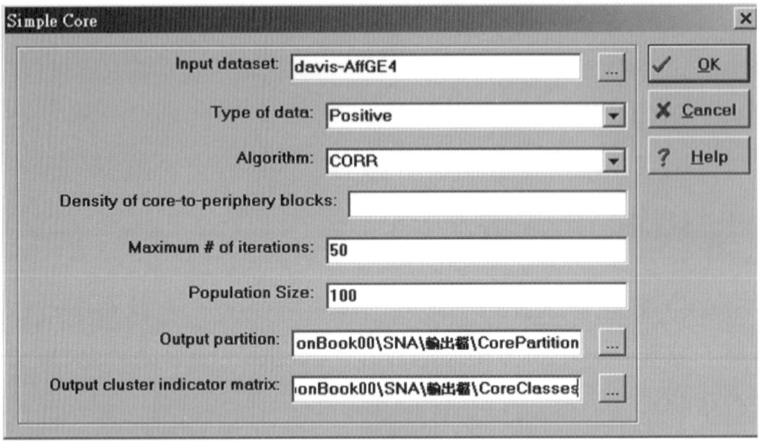

圖5-19 「**Simple Core**」視窗設定

所產生的文字輸出如圖5-20所示。核心—邊緣結構是一個理想的結構模式，它把列、欄都分為兩類，在主對角線的塊（block）是核心，主對角線的另外一塊就是邊緣。在「塊鄰接陣」（Blocked Adjacency Matrix）報表中，行動EV-ELYN、LAURA、THERESA、BRENDA、CHARLOTTE、FRANCES、ELEA-NOR所構成的塊是核心；其他行動者所構成的塊是邊緣。此模型不太關注非對角線上的塊的關係密度。

行動者分區，如果愈接近理想的像，則配適度（fitness）愈接近1；如果愈不接近理想的像，則配適度愈接近0。在輸出報表中，呈現兩個配適度，初始值為0.554，最終值為0.554，可見經過演算，並沒有提昇配適度（也可以說，初始的配適度已是最佳）。

在密度方面，我們可以用密度矩陣來判斷所產生的塊模型與理想模型的配適度。如果塊模型與理想模型完全配適，那麼核心（左上角）的塊的密度將是1，邊緣（右下角）的塊的密度將是0。本例中，核心的密度是0.714，邊緣的密度是0.145。

Davis-AffGE4_Core Peripheral_OUTPUT - 記事本

檔案(F) 編輯(E) 格式(O) 檢視(V) 說明(H)

```
SIMPLE CORE/PERIPHERY MODEL
------------------------------------------------------------------------

Input dataset:                        davis-AffGE4 (D:\Apon Book\AponBook00\SNA\資料檔\davis-AffGE4)
Type of data:                         Positive
Fitness measure:                      CORR
Density of core-to-periphery ties:
Number of iterations:                 50
Population size:                      100
Output partition:                     CorePartition (D:\Apon Book\AponBook00\SNA\輸出檔\CorePartition)
Output clusters:                      CoreClasses (D:\Apon Book\AponBook00\SNA\輸出檔\CoreClasses)

Starting fitness: 0.554
Final fitness: 0.554

Core/Periphery Class Memberships:

   1:  EVELYN LAURA THERESA BRENDA CHARLOTTE FRANCES ELEANOR
   2:  PEARL RUTH VERNE MYRNA KATHERINE SYLVIA NORA HELEN DOROTHY OLIVIA FLORA

Blocked Adjacency Matrix
```

	1 EVELYN	2 LAURA	3 THERESA	4 BRENDA	5 CHARLOTTE	6 FRANCES	7 ELEANOR	8 PEARL	9 RUTH	10 VERNE	11 MYRNA	12 KATHERINE	13 SYLVIA	14 NORA	15 HELEN	16 DOROTHY	17 OLIVIA	18 FLORA
1 EVELYN	1	1	1	1		1												
2 LAURA	1	1	1	1		1	1											
3 THERESA	1	1	1	1	1	1	1		1									
4 BRENDA	1	1	1	1	1	1	1											
5 CHARLOTTE			1	1	1													
6 FRANCES	1	1	1	1		1												
7 ELEANOR		1	1	1			1											
8 PEARL																		
9 RUTH			1						1									
10 VERNE										1			1					
11 MYRNA											1	1	1					
12 KATHERINE											1	1	1	1				
13 SYLVIA										1	1	1	1	1	1			
14 NORA												1	1	1	1			
15 HELEN													1	1	1			
16 DOROTHY																		
17 OLIVIA																		
18 FLORA																		

Density matrix

	1	2
1	0.714	0.013
2	0.013	0.145

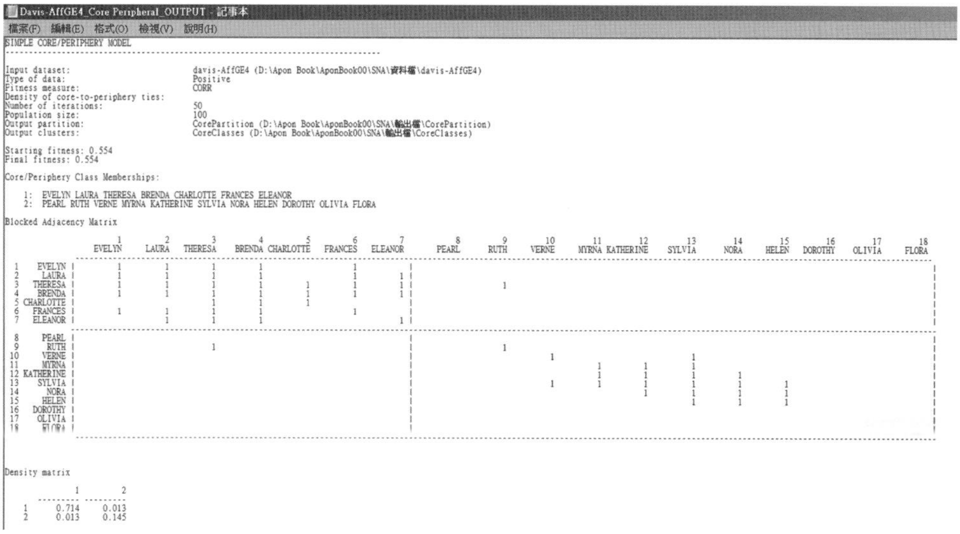

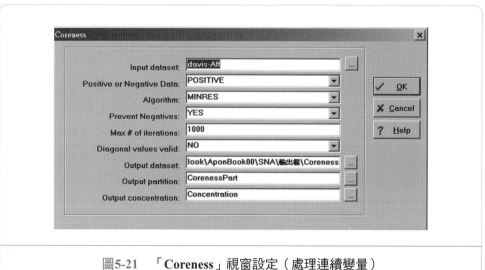

圖5-20　核心邊緣分析文字輸出結果

讀者不妨看看處理連續變量的結果。按〔Network〕〔Core/Periphery〕〔Continuous〕，在「Coreness」中，點擊「Input dataset」右側的「三點按鈕」圖示，並在資料夾中選擇「davis-Aff.##h」此資料集；交代輸出檔案名稱（如不交代，利用其預設文字亦可），情形如圖5-21所示。

圖5-21　「Coreness」視窗設定（處理連續變量）

二、分派分析

分派分析（faction analysis）的目的就是考慮網絡中的行動者，並根據關係多寡（某行動者以及其他某行動者之間的關係）對進行分組，使群體內部的密度高，群體之間的密度低。換句話說，群體之間盡可能互斥。原則上來說，分派數量可能高於2個，但UCINET只提供2組。

按〔Network〕〔Subgroups〕〔Factions〕，在「Factions」視窗中，點擊「Input Dataset」右側的「三點按鈕」圖示，並在資料夾中選擇「davis-AffGE4.##h」此資料集；交代輸出檔案名稱（如不交代，利用其預設文字亦可），情形如圖5-22所示。

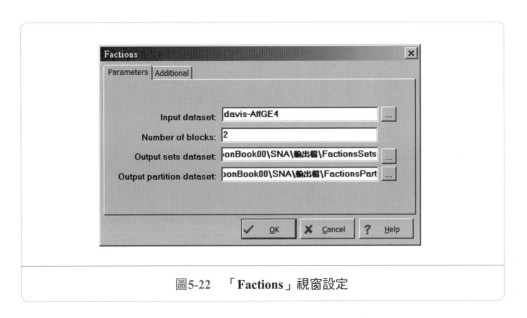

圖5-22　「**Factions**」視窗設定

所產生的文字輸出如圖5-23所示。核心─邊緣結構是一個理想的結構模式，在主對角線的塊（block）是核心，主對角線的另外一塊就是邊緣。在「塊鄰接陣」（Blocked Adjacency Matrix）報表中，行動者PEARL、VERNE、MYRNA、KATHERINE、SYLVIA、NORA、HELEN、OLIVIA、FLORA所構成的塊是核心；其他行動者所構成的塊是邊緣。此模型不太關注非對角線上的塊的關係密度。我們可以發現，這個結果與上述的「核心─邊緣分析」不盡相同。

行動者與事件的分區，如果愈接近理想的像（idealized image），則配適度（fitness）愈接近1；如果愈不接近理想的像，則配適度愈接近0。在輸出報表

中，呈現兩個配適度，初始值為0.680，最終值為0.686，經過演算，配適度提昇幅度極微。

在密度方面，我們可以用密度矩陣來判斷所產生的塊模型與理想模型的配適度。如果塊模型與理想模型完全配適，那麼核心（左上角）的塊的密度將是1，邊緣（右下角）的塊的密度將是0。本例中，核心的密度是0.22，邊緣的密度是0.44。

圖5-23　分派分析文字輸出結果

5-4　角色與位置

在說明如何利用塊模型來分析角色之前，先對角色做一概括性了解：

　　世界是一個大舞台，泛泛眾生僅是演員而已（莎士比亞名言），用同樣的暗喻，我們也可以說，所有的團體成員都是演員，皆扮演著某種角色。角色一詞，是指人們因為在社會單位中擔任某一職位，而有一組預期的行為型態。如果每一個人只選定一種角色，而且從頭到尾只扮演該角色，那麼對於

角色行為的的了解會變得出奇的簡單。然而，我們每一個人在不同的場合，都必須扮演許多不同的角色。

例如，安弟是芝加哥一家大型電子廠的廠長。在他上班時，他要扮演許多角色：電子工會會員、中階管理幹部的一員、電子工程師，以及該廠的發言人。在下班後，他還有更多的角色：丈夫、父親、基督徒、扶輪社員、籃球選手、鄉村俱樂部會員等。這些角色中，有許多是相容的，但也有部分會起衝突。例如，他身為虔誠的教徒，會如何影響他基於公司的利益而大舉裁員、虛報支出帳目，和提供政府機關不實的資料呢？最近，公司有更好的升遷機會，要調他到洛杉磯工作，但是他的家人非常希望他能留在芝加哥。工作上角色的要求，能與他所扮演的丈夫及父親角色的要求一致嗎？

像安弟一樣，我們都需要扮演著許多角色。我們的行為會隨著所扮演的角色不同而異。我們在星期日早晨上教堂做禮拜的行為，不同於當日下午去打籃球時的行為。因此，不同的團體會給予個體不同的角色需求。

⊙角色認同

個人的態度和實際行為能與角色一致，就是角色認同 (role identity) 的情形。當人們發現情境及其要求起了明顯的變化時，他們會有迅速變換角色的能力。例如，當工會幹事升任為領班時，我們可以發現在幾個月內，他的態度會從傾向於工會轉為傾向於管理當局。

⊙角色知覺

一個人對自己在某種特定場合中應該如何表現的看法，稱為角色知覺（role perception）。由於有這個知覺，我們自然會表現出相對應的行為。

這個知覺是如何產生的？它來自於我們周遭所有的刺激──朋友、書本、電視、電影等。毫無疑問的，今日許多律師的角色認同，是受到洛城法網（L. A. Law）電視影集裡面那些扮演律師角色的行為所影響。當然，學徒制存在於許多專業中的最主要理由，是因為它可以使得學徒觀察「專家」、「師傅」的行為，藉以了解並學得往後應該有的表現。

⊙角色期望

角色期望（role expectation）可定義為：別人認為你在某特定場合，應該有的行為表現。例如，我們認為美國參議員這個角色必須品行端正、具有

尊嚴；籃球教練則應該有侵略性、精力充沛的，並且能夠鼓舞球員。如果神職人員又當房東的話，會令我們相當訝異，因為我們對神職人員和房東的角色期望有很大的差異。

在工作場合中，可透過心理契約 (psychological contract) 的分析來探討角色期望。心理契約是員工與僱主之間存在的一種非書面協議。心理契約界定了管理者對員工的期望，以及員工對管理者的期望。[8]實際上，這合約界定了每個角色應有的角色期望。員工期望管理者公平對待員工，提供合理的工作環境，清楚的界定工作範圍，並且適時的將績效評估回饋給員工知曉。管理者期望員工表現出良好的態度、聽從指揮，並表現出對組織的忠誠。

當角色期望未能符合心理契約時，如果管理者失信，我們可以預期員工在績效和工作滿足上會變得很低；至於如果員工未能符合期望時，一般結果是會受到懲罰，其中包括解雇。

⊙角色衝突

當個體面對分歧的角色期望時，就會產生角色衝突 (role conflict)。換句話說，個體發現到要順從某一角色的要求時，就很難順從另一個角色的要求。嚴重時，則會造成兩個或更多個角色期望相互衝突的情況。

我們每個人都可能面對（或將繼續面對）角色衝突的情況。關鍵問題在於，組織內的角色衝突對員工行為會有什麼影響？當然，衝突會增加員工內心的緊張和挫折感。至於採取的行為反應則不一。一種是一切照章行事，將衝突留給組織的規則、程序和政策去解決。其他的反應行為則包括：退縮、拖延、協商、或是重新闡釋事實和情況，以使得自己的行為顯得較合理（這就是認知失調後所採取的行為）。

塊模型可以根據角色之間的互動來解釋社會結構；它是研究網絡位置模型的方法，是對社會角色的描述性代數分析。塊模型的目的就是將複雜的網絡「簡化」為塊模型或「像矩陣」（image matrix），簡化的方法是將初始發生陣中的點用一種集群分析（或稱聚類分析）的方法進行重排，進而形成一個在結構上對等一系列「像矩陣」。我們可以根據「結構對等性」對行動者進行分類。

---

[8] H. G. Baker, "The Unwritten Contract: Job Perceptions," *Personnel Journal*, July 1985, pp.37-41.

「結構對等性」（structural equivalence）這個概念涉及到由特定類別的行動者對社會關係加以維持的一般類型。盡管小明與其子女、小華與其子女都分別有直接關係（小明的子女與小華子女當然不同），而且這兩個人與其子女之間的關係都很可能相同（都表現出父愛）。因此，小明與小華具有「結構對等性」，因為他們具有相同的社會位置（positions），即父親。[9]

一個塊模型由下列兩項組成：(1)把一個網絡的各個行動者按照一定標準分成幾個子集，而這些子集就是「位置」，也稱為集群（或類聚）、塊；(2)考察每個位置之間是否存在關係。需要說明的是，對位置的這種分類研究不能進行統計檢定。

按〔Network〕〔Roles & Positions〕〔Structural〕〔CONCOR〕〔Standard〕，在「CONCOR」視窗中，點擊「Input dataset」右側的「三點按鈕」圖示，並在資料夾中選擇「davis-Aff.##h」此資料集；其他維持預設值；交代輸出檔案名稱（如不交代，利用其預設文字亦可），情形如圖5-24所示。CONCOR可以直接分析多值矩陣。

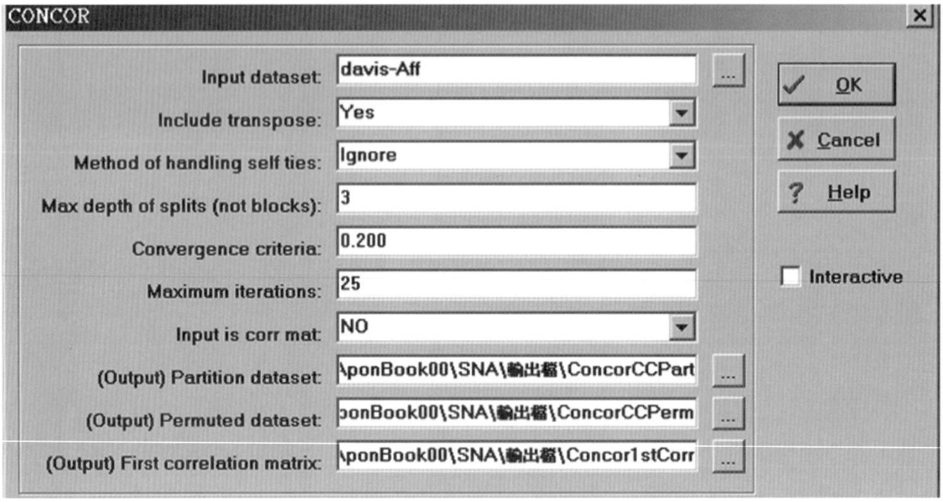

圖5-24 「CONCOR」視窗設定

9 來源：John Scott, *Social Network Analysis: A Handbook*, 2nd ed.,(London: SAGE Publications Ltd, 2009), p.123.

　　所產生的文字輸出如圖5-25所示。輸出報表首先呈現初始的相關矩陣（Initial Correlation Matrix），我們可以看出每位行動者（南方婦女）之間的關係。接著是分區圖（PARTITION DIAGRAM）

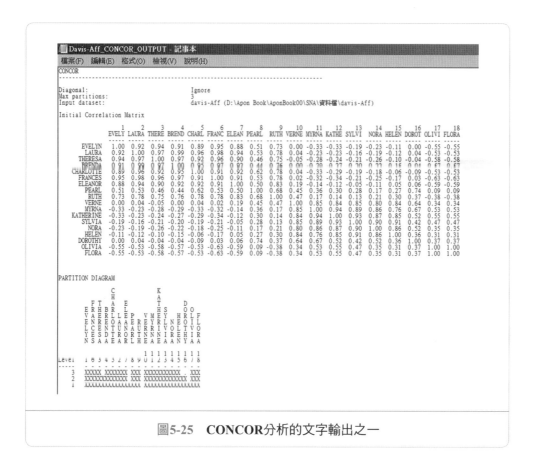

圖5-25　CONCOR分析的文字輸出之一

　　在「塊矩陣」（Blocked Matrix）中，可以見到分成六塊。一個網絡的分區數目要多少才算好？對此沒有定論，但是經過分區之後，一個區中只有3個或者更少的行動者，分區的效果就不好。因此在最後的結果中，每區的行動者最好大於3個。根據此標準，本例的分區效果並不算好（其中一塊只有一人，即DOROTHY，圖5-26）。接著顯示的是密度矩陣（Density Matrix）與R平方值（R-squared）。從密度矩陣中可看出，第二塊、第三塊的成員間互動（或聯繫）最為密切（密度為4.250）。R-squared = 0.724，說明了本例分塊的結果（塊與塊之間所產生的差異）可以解釋整個網絡72.4%的差異。UCINET也會提供集群圖

（類聚圖），圖中也清楚地顯示了分塊情況。讀者可自行加以檢視。

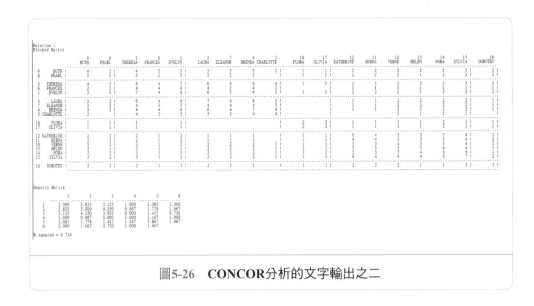

圖5-26　**CONCOR分析的文字輸出之二**

個體網

在個體網或自我網絡（Ego Networks）的分析方面，功能最為齊全的應是由Steve Borgatti教授所發展的E-NET。讀者可上Analytic Technologies網站（http://www.analytictech.com/e-net/e-net.htm）下載免費的E-NET。如果安裝的是6.360版（以及以後的版本）的UCINET，則可利用Analytic Technologies公司所提供E-NET（0.024版），如圖6-1(a)所示，進行個體網絡的分析。個體網絡所分析的資料包括屬性資料（如性別、職業、年齡等）、關係資料（包括自我與他人的關係、他人與他人的關係）。此軟體可分析個體網資料的許多性質，如個體網的構成（如成員中包括多少男性）、同質性與異質性，同時也能計算每個個體的結構洞指標。儘管如此，我們如利用UCINET的個體網，也可解決大半的分析問題。

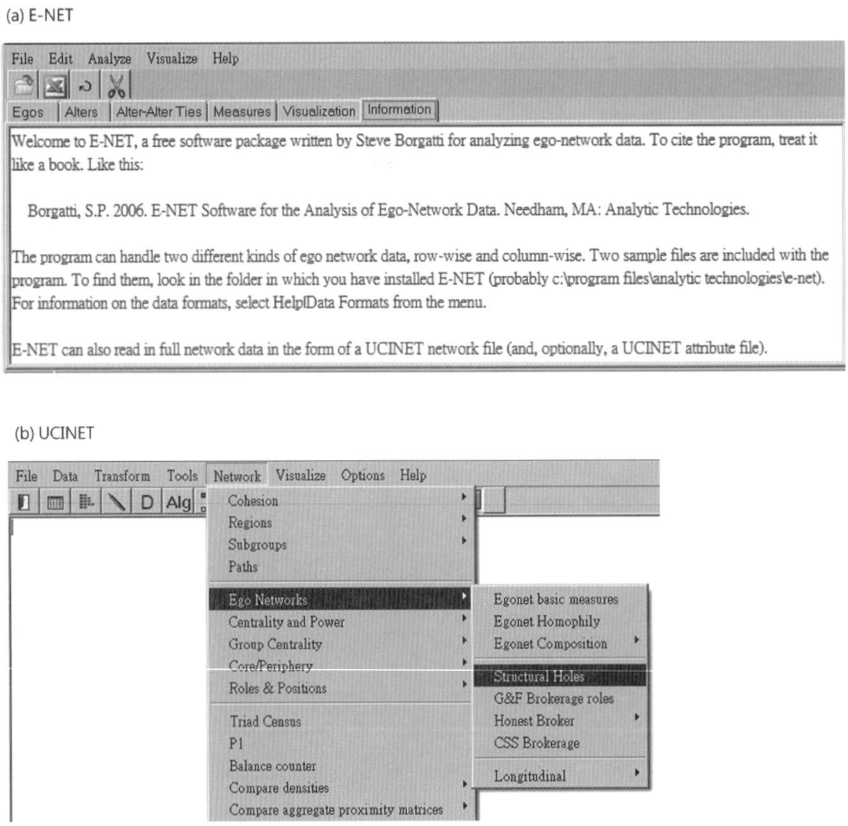

圖6-1　**E-NET與UCINET個體網分析**

個體網（Ego Networks）顧名思義是以網絡中的個體為分析的主軸。UCI-NET的個體網絡分析包括：個體網絡的基本指標、個體網的同類性、個體網的構成、結構洞、Gould與Fernandez的中間人角色、誠實中間人指數、縱斷面研究等，如圖6-1(b)所示。其中結構洞、中間人是常被討論的兩種特徵。

嚴格的說，我們應從整體網中萃取個體網（按〔Data〕〔Extract〕〔Ego-network〕，見第3章3-5節），但本章目的在於說明個體網的一些情況，所以可假設所使用的資料集都已是從較大的整體網萃取出來的個體網。

6-1 結構洞

一個結構洞（structural hole, SH）是兩位行動者之間的「非冗餘關係」（non-redundant relationships）。在典型的個體網（自我網絡）分析中，被分析的主體稱為自我（ego）。主體（自我）以外的其他成員（行動者）稱為知己或他人（alter）。

在圖6-2(a)中，榮老師（自我）教甲乙兩班的企業管理概論。每班有一名助教，分別稱為助教甲、助教乙。如果這兩位助教互不認識，則每當榮老師有事情要告訴他們時，必須分別和他們說。助教甲、助教乙都與「自我」有關係，但是他們之間不存在關係，相當於有一個「空洞」（hole），因此這二位助教之間「沒有冗餘關係」，因此圖6-2(a)這個網絡具有結構洞。

在圖6-2(b)中，這二位助教之間建立了「冗餘關係」，他們可以互相溝通；每當榮老師有事情要告訴他們時，只要和他們的其中一人說即可，他們會互相轉告。因此，圖6-2(b)這個網絡沒有結構洞。

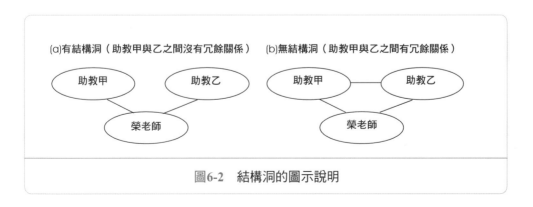

(a)有結構洞（助教甲與乙之間沒有冗餘關係） (b)無結構洞（助教甲與乙之間有冗餘關係）

圖6-2 結構洞的圖示說明

在具有結構洞的網絡中，「自我」會有控制訊息或利益的機會，因此會比其他位置上的成員（如上例的助教甲、助教乙）更具優勢。同時，結構洞的出現可能會為扮演中介人（broker）角色的中間人帶來利益。

一、結構洞測量

Burt(1992) 所提出的測量結構洞的指標包括四方面：有效規模、效率、限制度、等級度。[1]

有效規模（Effective Size）：一個行動者的有效規模就是該行動者的個體網規模減去網絡的冗餘度（redundancy），即有效規模等於網絡中的非冗餘因素。一個點的冗餘度就是該點所在個體網的平均度數。行動者i的冗餘度是$2t/n$，其中t是i的個體網絡中的關係數（不包括與中心點相連的關係數），n是i的個體網絡規模（不包括自我點），因此i的有效規模是$n-(2t/n)$。[2]

在圖6-3中，榮老師有四名助教，分別稱為助教甲、助教乙、助教丙、助教丁。榮老師的冗餘度就是個體網成員中其他點（助教甲、助教乙、助教丙、助教丁）的平均度數〔連接到中心點（榮老師）的不計算在內〕。與榮老師相連的點有助教甲、助教乙、助教丙、助教丁，他們的度數分別是1、0、1、2。

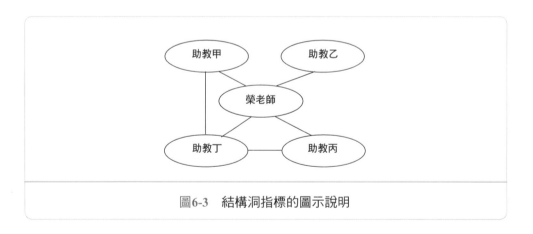

圖6-3 結構洞指標的圖示說明

---

[1] R.S. Burt, *Structural Holes: the Social Structure of Competition*, Cambridge, MA: Harvard University Press, 1992.
[2] 劉軍，《整體網分析講義—UCINET軟件實用指南》（上海：人民出版社，2009），頁195。

因此，榮老師的冗餘度就是1，計算方式見表6-1。

表6-1 榮老師的個體網成員及其密度

榮老師的個體網成員	助教甲	助教乙	助教丙	均值
度數	1	0	1	(1+0+1+2)/4 = 1

榮老師的冗餘度是1，有效規模是4-1 = 3。讀者不妨自行計算各助教的冗餘度和有效規模。

效率（Efficiency）：一個點的效率等於該點的有效規模與實際規模之比。榮老師的效率是0.75（3/4）。

限制度（Constraint）：一個點受到的限制度是指他在自己的網絡中擁有的運用結構洞的能力。在圖6-3中，助教丁對榮老師的控制力最強，因為在「榮老師」的個體網成員當中，助教丁與網絡中其他成員的聯繫最多。助教丁對榮老師的要求應是榮老師最難以迴避的。助教乙對榮老師的限制性最小，因為助教乙與網絡中其他成員之間完全隔離。因此，如果他要求榮老師做些什麼事情（涉及到與其他成員共同有關的事情）的話，榮老師基本上可以「不與理會」。

等級度（Hierarchy）：限制性在多大的程度上集中在一個行動者身上。一個點的等級度愈大，則該點愈受到限制（其限制度愈大）。當一個行動者（例如榮老師）的每個聯絡人（如上例的助教甲、助教乙、助教丙、助教丁）的限制度都一樣時，則等級度為0；當所有的限制都集中在某一個行動者（例如榮老師或任何一名助教）時，等級度為1。

按〔Network〕〔Ego Networks〕〔Structural Holes〕，在「Structural Holes」視窗中，點擊「Input dataset」右側的「三點按鈕」圖示，並在資料夾中選擇「davis-AffGE4.##h」此資料集；在「Method」方面，維持其預設的「Ego network model」（另外一個方法是Whole network model，至於要選擇哪一個方法，要看研究者對所研究的網絡所界定的性質而定）；輸出檔案名稱維持其預設名稱，情形如圖6-4所示。

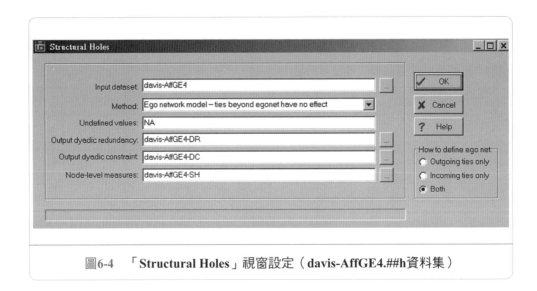

圖6-4 「**Structural Holes**」視窗設定（**davis-AffGE4.##h資料集**）

輸出報表如圖6-5所示。結構洞測量（Structural Hole Measures）分別呈現：
度數、有效規模、效率、限制度、等級度、自我中間度等。

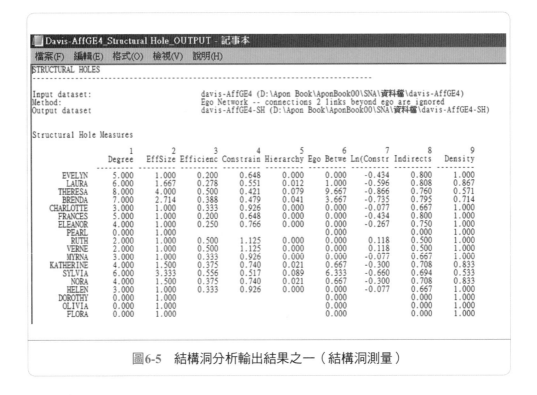

圖6-5 結構洞分析輸出結果之一（結構洞測量）

輸出報表的另一部分呈現了兩點之間的冗餘度、限制度,如圖6-6所示。LAURA、THERESA、BRENDA對EVELYN的冗餘度是0.50;LAURA、THE-RESA、BRENDA對EVELYN的限制度是0.13。從限制度的報表中,我們可以看到誰對誰的限制度最大

Dyadic Redundancy

	1	2	3	4	5	6	7	8	9	10	11	12	13	14	15	16	17	18
EVELYN	0.80	0.80	0.80	0.83	0.83	0.00	0.67	0.00	0.00	0.00	0.00	0.00	0.00	0.00	0.00	0.00	0.00	0.00
LAURA	0.67	0.83	0.83	0.83	0.75	0.00	0.67	0.00	0.00	0.00	0.00	0.00	0.00	0.00	0.00	0.00	0.00	0.00
THERESA	0.50	0.63	0.88	0.75	0.25	0.50	0.38	0.00	0.00	0.00	0.00	0.00	0.00	0.00	0.00	0.00	0.00	0.00
BRENDA	0.57	0.71	0.86	0.86	0.29	0.57	0.43	0.00	0.00	0.13	0.00	0.00	0.00	0.00	0.00	0.00	0.00	0.00
CHARLOTTE	0.00	0.00	0.67	0.67	0.67	0.67	0.00	0.00	0.00	0.00	0.00	0.00	0.00	0.00	0.00	0.00	0.00	0.00
FRANCES	0.00	0.80	0.80	0.80	0.00	0.80	0.00	0.00	0.00	0.00	0.00	0.00	0.00	0.00	0.00	0.00	0.00	0.00
ELEANOR	0.00	0.75	0.75	0.75	0.00	0.00	0.75	0.00	0.00	0.00	0.00	0.00	0.00	0.00	0.00	0.00	0.00	0.00
PEARL	0.00	0.00	0.00	0.00	0.00	0.00	0.00	0.00	0.00	0.00	0.00	0.00	0.00	0.00	0.00	0.00	0.00	0.00
RUTH	0.00	0.00	0.50	0.00	0.00	0.00	0.50	0.00	0.50	0.00	0.00	0.00	0.00	0.00	0.00	0.00	0.00	0.00
VERNE	0.00	0.00	0.00	0.00	0.00	0.00	0.00	0.00	0.50	0.50	0.67	0.67	0.67	0.00	0.00	0.00	0.00	0.00
MYRNA	0.00	0.00	0.00	0.00	0.00	0.00	0.00	0.00	0.00	0.50	0.67	0.67	0.50	0.00	0.00	0.00	0.00	0.00
KATHERINE	0.00	0.00	0.00	0.00	0.00	0.00	0.00	0.00	0.00	0.50	0.75	0.75	0.75	0.50	0.00	0.00	0.00	0.00
SYLVIA	0.00	0.00	0.00	0.00	0.00	0.00	0.00	0.00	0.17	0.33	0.83	0.83	0.50	0.33	0.00	0.00	0.00	0.00
NORA	0.00	0.00	0.00	0.00	0.00	0.00	0.00	0.00	0.00	0.50	0.75	0.75	0.75	0.50	0.00	0.00	0.00	0.00
HELEN	0.00	0.00	0.00	0.00	0.00	0.00	0.00	0.00	0.00	0.00	0.67	0.67	0.67	0.00	0.00	0.00	0.00	0.00
DOROTHY	0.00	0.00	0.00	0.00	0.00	0.00	0.00	0.00	0.00	0.00	0.00	0.00	0.00	0.00	0.00	0.00	0.00	0.00
OLIVIA	0.00	0.00	0.00	0.00	0.00	0.00	0.00	0.00	0.00	0.00	0.00	0.00	0.00	0.00	0.00	0.00	0.00	0.00
FLORA	0.00	0.00	0.00	0.00	0.00	0.00	0.00	0.00	0.00	0.00	0.00	0.00	0.00	0.00	0.00	0.00	0.00	0.00

Dyadic Constraint

	1 EVELYN	2 LAURA	3 THERESA	4 BRENDA	5 CHARLOTTE	6 FRANCES	7 ELEANOR	8 PEARL	9 RUTH	10 VERNE	11 MYRNA	12 KATHERINE	13 SYLVIA	14 NORA	15 HELEN	16 DOROTHY	17 OLIVIA	18 FLORA
EVELYN	0.13	0.13	0.13	0.13	0.13	0.00	0.13	0.00	0.00	0.00	0.00	0.00	0.00	0.00	0.00	0.00	0.00	0.00
LAURA	0.08	0.11	0.11	0.11	0.00	0.08	0.00	0.06	0.00	0.00	0.00	0.00	0.00	0.00	0.00	0.00	0.00	0.00
THERESA	0.04	0.06	0.12	0.08	0.03	0.04	0.03	0.00	0.02	0.00	0.00	0.00	0.00	0.00	0.00	0.00	0.00	0.00
BRENDA	0.06	0.08	0.11	0.11	0.03	0.06	0.04	0.00	0.00	0.00	0.00	0.00	0.00	0.00	0.00	0.00	0.00	0.00
CHARLOTTE	0.00	0.00	0.31	0.31	0.31	0.31	0.00	0.00	0.00	0.00	0.00	0.00	0.00	0.00	0.00	0.00	0.00	0.00
FRANCES	0.13	0.13	0.13	0.13	0.00	0.00	0.13	0.00	0.00	0.00	0.00	0.00	0.00	0.00	0.00	0.00	0.00	0.00
ELEANOR	0.00	0.19	0.19	0.19	0.00	0.00	0.19	0.00	0.00	0.00	0.00	0.00	0.00	0.00	0.00	0.00	0.00	0.00
PEARL	0.00	0.00	0.00	0.00	0.00	0.00	0.00	0.00	0.00	0.00	0.00	0.00	0.00	0.00	0.00	0.00	0.00	0.00
RUTH	0.00	0.00	0.56	0.00	0.00	0.00	0.00	0.00	0.00	0.56	0.00	0.00	0.00	0.00	0.00	0.00	0.00	0.00
VERNE	0.00	0.00	0.00	0.00	0.00	0.00	0.00	0.00	0.56	0.00	0.56	0.00	0.56	0.00	0.00	0.00	0.00	0.00
MYRNA	0.00	0.00	0.00	0.00	0.00	0.00	0.00	0.00	0.00	0.31	0.31	0.31	0.00	0.00	0.00	0.00	0.00	0.00
KATHERINE	0.00	0.00	0.00	0.00	0.00	0.00	0.00	0.00	0.00	0.16	0.23	0.23	0.14	0.00	0.00	0.00	0.00	0.00
SYLVIA	0.00	0.00	0.00	0.00	0.00	0.00	0.00	0.00	0.04	0.06	0.09	0.20	0.09	0.00	0.00	0.00	0.00	0.00
NORA	0.00	0.00	0.00	0.00	0.00	0.00	0.00	0.00	0.00	0.14	0.23	0.23	0.14	0.00	0.00	0.00	0.00	0.00
HELEN	0.00	0.00	0.00	0.00	0.00	0.00	0.00	0.00	0.00	0.00	0.31	0.31	0.31	0.00	0.00	0.00	0.00	0.00
DOROTHY	0.00	0.00	0.00	0.00	0.00	0.00	0.00	0.00	0.00	0.00	0.00	0.00	0.00	0.00	0.00	0.00	0.00	0.00
OLIVIA	0.00	0.00	0.00	0.00	0.00	0.00	0.00	0.00	0.00	0.00	0.00	0.00	0.00	0.00	0.00	0.00	0.00	0.00
FLORA	0.00	0.00	0.00	0.00	0.00	0.00	0.00	0.00	0.00	0.00	0.00	0.00	0.00	0.00	0.00	0.00	0.00	0.00

Structural hole measures saved as dataset davis-AffGE4-SH (D:\Apon Book\AponBook00\SNA\資料檔\davis-AffGE4-SH)

圖6-6　結構洞分析輸出結果之二(冗餘度、限制度)

二、中間中心度與結構洞指標之間的關係[3]

在管理學的經典實驗霍桑實驗中(見第4章),研究者梅約等人蒐集到霍桑工廠的許多數據,這些數據中包括了UCINET所提供的範例資料WIRING.##h〔圖6-7(a)〕。在WIRING.##h中,其中的一個資料即是友誼關係資料ROPOS.##h。

將WIRING.##h加以開包。按〔Data〕〔Unpack〕,在〔Unpack〕視窗中對WIRING.##h加以「開包」〔圖6-7(b)〕。所得到的友誼關係資料ROPOS.##h如圖6-7(c)所示。

---

[3] 本節是參考劉軍的說明加以實作而成。劉軍的說明可見:劉軍,《整體網分析講義——UCINET軟件實用指南》(上海:人民出版社,2009),頁203。

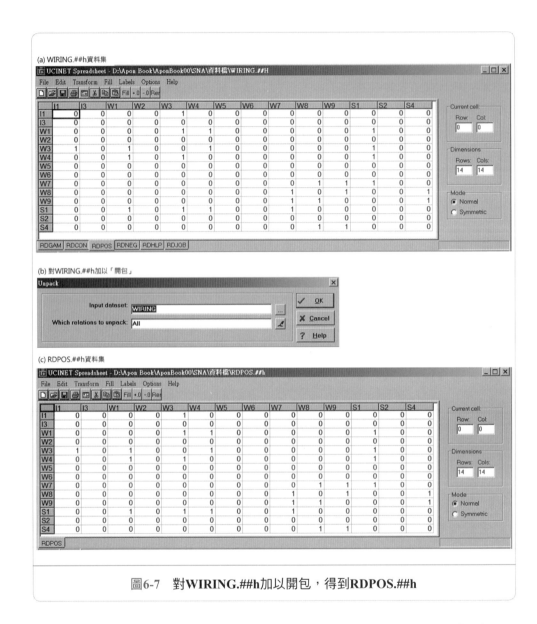

圖6-7　對WIRING.##h加以開包，得到RDPOS.##h

對友誼關係資料集RDPOS.##h進行中間度分析。按〔Network〕〔Centrality and Power〕〔Freeman Betweenness〕〔Node Betweenness〕，在「Freeman(Point) Betweenness」視窗中，點擊「Input dataset」右側的「三點按鈕」圖示，並在資料夾中選擇「RDPOS.##h」此資料集；輸出檔案名稱在其預設名稱FreemanBetweenness前加上「RDPOS-」，情形如圖6-8所示。

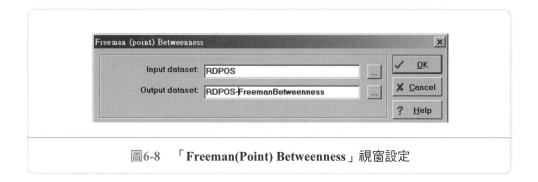

圖6-8 「**Freeman(Point) Betweenness**」視窗設定

　　對友誼關係資料集RDPOS.##h進行結構洞分析。按〔Network〕〔Ego Networks〕〔Structural Holes〕，在「Structural Holes」視窗中，點擊「Input dataset」右側的「三點按鈕」圖示，並在資料夾中選擇「RDPOS.##h」此資料集；在「Method」方面，維持其預設的「Ego network model」；輸出檔案名稱維持其預設名稱，情形如圖6-9所示。

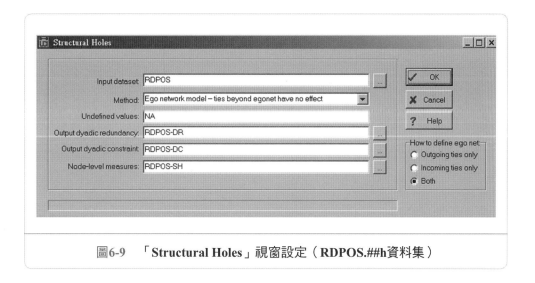

圖6-9 「**Structural Holes**」視窗設定（**RDPOS.##h資料集**）

　　合併RDPOS-FreemanBetweenness.##h、RDPOS-SH（SH為Structural Hole的起頭字）。按〔Data〕〔Join〕，在「Join/Merge UCINET Datasets」視窗中，點選RDPOS-FreemanBetweenness.##h、RDPOS-SH並按「向右鍵」將此二檔案讀到右邊的「Selected Files」欄中；「Dimension to Join」維持預設的「Column」；將輸出檔案名稱設為「RDPOS-Joined」，如圖6-10所示。

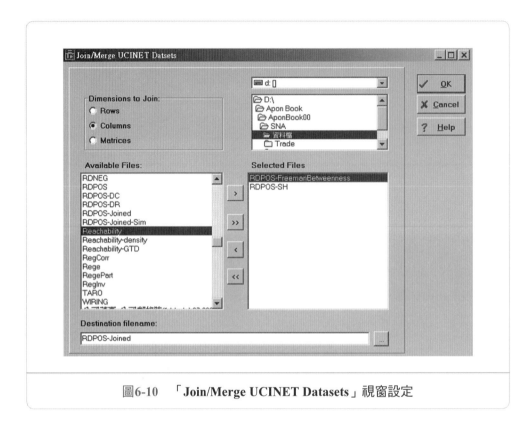

圖6-10 「**Join/Merge UCINET Datasets**」視窗設定

　　分析RDPOS-Joined各欄的相似性。按〔Tools〕〔Similarities〕，在「Similarities」視窗中，點擊「Input dataset」右側的「三點按鈕」圖示，並在資料夾中選擇「RDPOS-Joined.##h」此資料集；輸出檔案名稱維持其預設名稱，情形如圖6-11所示。

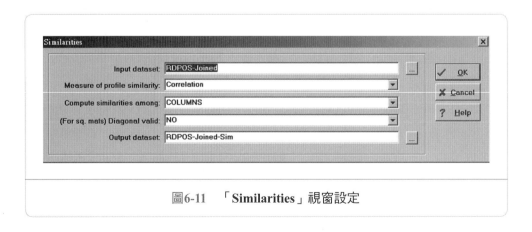

圖6-11 「**Similarities**」視窗設定

輸出報表如圖6-12所示。表中顯示，個體中間度（Ego Betweenness）與度數（Degree）成正相關，相關係數為0.686；個體中間度與有效規模之間的相關係數為0.936；與效率指數之間的相關係數為0.256；與網絡限制度指數之間卻是負相關，相關係數為-0.924；與等級度指數之間也是負相關，相關係數為-0.249。從這裡我們可以了解，一個點愈是居於網絡的核心，它的結構洞可能愈多，所受到的網絡限制度就愈小，並且其中間中心度愈大、等級度愈小。所以，中間中心度與網絡限制度之間是負相關的，與等級度也是負相關的。

RDPOS-Joined_Similarities_OUTPUT - 記事本

檔案(F) 編輯(E) 格式(O) 檢視(V) 說明(H)

SIMILARITIES

Measure: CORRELATION
Variables are: COLUMNS
Input dataset: RDPOS-Joined (D:\Apon Book\AponBook00\SNA\資料檔\RDPOS-Joined)
Similarity matrix: RDPOS-Joined-Sim (D:\Apon Book\AponBook00\SNA\資料檔\RDPOS-Joined-Sim)

	1 Betweenne	2 nBetweenn	3 Degree	4 EffSize	5 Efficienc	6 Constrain	7 Hierarchy	8 Ego Betwe	9 Ln(Constr	10 Indirects	11 Density
Betweenness	1.000	1.000	0.624	0.911	0.319	-0.867	-0.242	0.891	-0.887	0.307	-0.311
nBetweenness	1.000	1.000	0.624	0.911	0.319	-0.867	-0.242	0.891	-0.887	0.307	-0.311
Degree	0.624	0.624	1.000	0.739	-0.427	-0.783	-0.736	0.686	-0.773	0.901	-0.003
EffSize	0.911	0.911	0.739	1.000	0.279	-0.953	-0.292	0.963	-0.965	0.420	-0.300
Efficiency	0.319	0.319	-0.427	0.279	1.000	-0.200	0.778	0.256	-0.220	-0.956	-0.964
Constraint	-0.867	-0.867	-0.783	-0.953	-0.200	1.000	0.283	-0.924	0.996	-0.051	0.381
Hierarchy	-0.242	-0.242	-0.736	-0.292	0.778	0.283	1.000	-0.249	0.282	-0.889	-0.740
Ego Betweenness	0.891	0.891	0.686	0.963	0.256	-0.924	-0.249	1.000	-0.952	0.350	-0.289
Ln(Constraint)	-0.887	-0.887	-0.773	-0.965	-0.220	0.996	0.282	-0.952	1.000	-0.028	0.386
Indirects	0.307	0.307	0.901	0.420	-0.956	-0.051	-0.889	0.350	-0.028	1.000	0.282
Density	-0.311	-0.311	-0.003	-0.300	-0.964	0.381	-0.740	-0.289	0.386	0.282	1.000

Similarity matrix saved as dataset RDPOS-Joined-Sim

圖6-12　中間中心度與結構洞指標之間的關係分析結果

6-2　Gould與Fernandez的中間人角色

中間人亦稱掮客。在行銷學中討論行銷通路時，都會涉及到通路成員扮演中間人角色的情形。

按〔Network〕〔Ego Networks〕〔G&F Brokerage Roles〕，在「Brokerage」視窗中，點擊「Input dataset」右側的「三點按鈕」圖示，並在資料夾中選擇「davis-AffGE4.##h」此資料集；點擊Partition Vector右側的「三點按鈕」圖示，並在資料夾中選擇「davis_Attr(Party)」此檔案。davis_Attr(Party).##h是屬性檔案，其第一欄是對「黨派」（party）的紀錄，其中1代表共和黨，2代表民主黨。讀者可自行開啟加以檢視。其他設定維持預設值，如圖6-13所示。

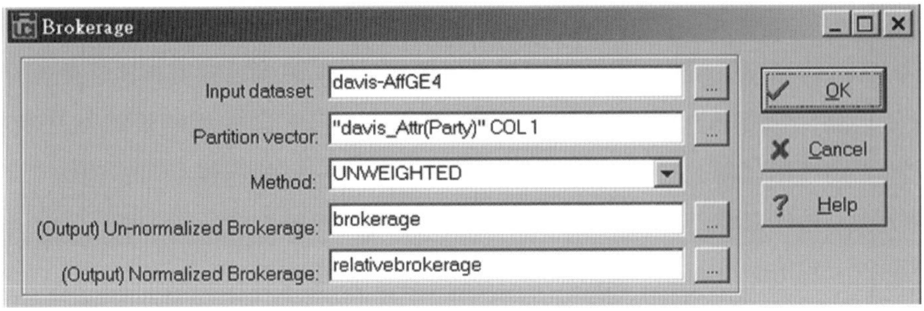

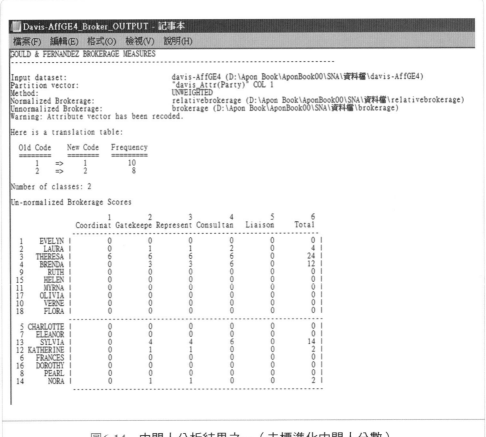

圖6-13　「**Brokerage**」視窗設定

輸出結果如圖6-14所示。輸出報表顯示了每位行動者所扮演的中間人角色次數，例如LAURA扮演了一次守門人角色、一次代理人角色、二次顧問角色。

```
Davis-AffGE4_Broker_OUTPUT - 記事本
檔案(F) 編輯(E) 格式(O) 檢視(V) 說明(H)
GOULD & FERNANDEZ BROKERAGE MEASURES
--------------------------------------------------------------------------------

Input dataset:                  davis-AffGE4 (D:\Apon Book\AponBook00\SNA\資料檔\davis-AffGE4)
Partition vector:               "davis_Attr(Party)" COL 1
Method:                         UNWEIGHTED
Normalized Brokerage:           relativebrokerage (D:\Apon Book\AponBook00\SNA\資料檔\relativebrokerage)
Unnormalized Brokerage:         brokerage (D:\Apon Book\AponBook00\SNA\資料檔\brokerage)
Warning: Attribute vector has been recoded.

Here is a translation table:

  Old Code    New Code   Frequency
  ========    ========   =========
      1    =>     1          10
      2    =>     2           8

Number of classes: 2

Un-normalized Brokerage Scores

                            1          2          3          4          5          6
                    Coordinat Gatekeepe Represent Consultan    Liaison      Total
                   ----------------------------------------------------------------
  1      EVELYN |          0          0          0          0          0          0 |
  2       LAURA |          0          1          1          2          0          4 |
  3     THERESA |          6          6          6          6          0         24 |
  4      BRENDA |          0          3          3          6          0         12 |
  9        RUTH |          0          0          0          0          0          0 |
 15       HELEN |          0          0          0          0          0          0 |
 11       MYRNA |          0          0          0          0          0          0 |
 17      OLIVIA |          0          0          0          0          0          0 |
 10       VERNE |          0          0          0          0          0          0 |
 18       FLORA |          0          0          0          0          0          0 |
                   ----------------------------------------------------------------
  5   CHARLOTTE |          0          0          0          0          0          0 |
  7     ELEANOR |          0          0          0          0          0          0 |
 13      SYLVIA |          0          4          4          6          0         14 |
 12   KATHERINE |          0          1          1          0          0          2 |
  6     FRANCES |          0          0          0          0          0          0 |
 16     DOROTHY |          0          0          0          0          0          0 |
  8       PEARL |          0          0          0          0          0          0 |
 14        NORA |          0          1          1          0          0          2 |
                   ----------------------------------------------------------------
```

圖6-14　中間人分析結果之一（未標準化中間人分數）

中間人角色共有：協調人、守門人、代理人、顧問、聯絡人五種。每個角色的說明如圖6-15所示。

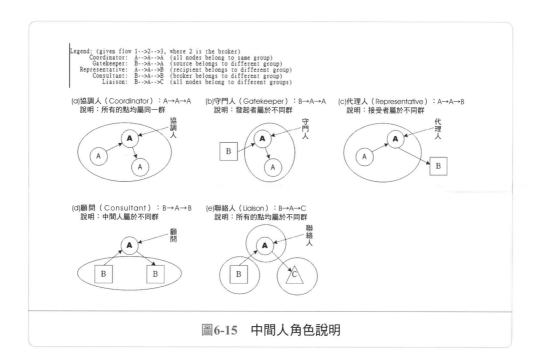

圖6-15　中間人角色說明

每個點在哪個組所扮演的角色數目，如圖6-16所示。例如BRENDA共扮演了12個角色，在所扮演的12個中間人角色中，屬於第1組的中間人有0個，屬於從第1組指向第2組的有中間人有3個，屬於從第2組指向第1組的有中間人有3個，屬於第2組的中間人有6個。

輸出報表也顯示：相對中間人次數（Relative Brokerage），亦即實際次數除以期望次數，以及期望次數（Expected Values），亦即在已知組數的規模條件下的期望次數，如圖6-17所示。

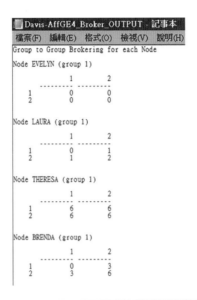

圖6-16　中間人分析結果之二（每個點在哪個組所扮演的角色數目）

6-3 個體網的基本指標

個體網的基本指標（Egonet basic measures）包括個體網的規模、總關係數、最大可能的點對數、密度、平均距離、直徑、弱成分的數量、在2-步內可達的點數、可達效率、中間人。

按〔Network〕〔Ego Networks〕〔Egonet basic measures〕，在「Egonet Network」視窗中，點擊「Input dataset」右側的「三點按鈕」圖示，並在資料夾中選擇「davis-AffGE4.##h」此資料集；其他設定維持預設值，如圖6-18所示。

```
Relative Brokerage (raw scores divided by expected values given group sizes)

                    1        2         3         4         5         6
              Coordinat Gatekeepe Represent Consultan  Liaison     Total
             -------------------------------------------------------------
    1  EVELYN  |     0        0         0         0         0         0 |
    2  LAURA   |     0     0.956     0.956     1.912        0     1.000 |
    3  THERESA |  1.159     0.956     0.956     0.956        0     1.000 |
    4  BRENDA  |     0     0.956     0.956     1.913        0     1.000 |
    9  RUTH    |     0        0         0         0         0         0 |
   15  HELEN   |     0        0         0         0         0         0 |
   11  MYRNA   |     0        0         0         0         0         0 |
   17  OLIVIA  |     0        0         0         0         0         0 |
   10  VERNE   |     0        0         0         0         0         0 |
   18  FLORA   |     0        0         0         0         0         0 |

    5 CHARLOTTE|     0        0         0         0         0         0 |
    7  ELEANOR |     0        0         0         0         0         0 |
   13  SYLVIA  |     0     1.093     1.093     1.639        0     1.000 |
   12 KATHERINE|     0     1.912     1.912        0         0     1.000 |
    6  FRANCES |     0        0         0         0         0         0 |
   16  DOROTHY |     0        0         0         0         0         0 |
    8  PEARL   |     0        0         0         0         0         0 |
   14  NORA    |     0     1.912     1.912        0         0     1.000 |
             -------------------------------------------------------------


Expected Values (given number of groups and sizes of each group)

                    1        2         3         4         5         6
              Coordinat Gatekeepe Represent Consultan  Liaison     Total
             -------------------------------------------------------------
    1  EVELYN  |     0        0         0         0         0         0 |
    2  LAURA   | 0.863     1.046     1.046     1.046        0     4.000 |
    3  THERESA | 5.176     6.275     6.275     6.275        0    24.000 |
    4  BRENDA  | 2.588     3.137     3.137     3.137        0    12.000 |
    9  RUTH    |     0        0         0         0         0         0 |
   15  HELEN   |     0        0         0         0         0         0 |
   11  MYRNA   |     0        0         0         0         0         0 |
   17  OLIVIA  |     0        0         0         0         0         0 |
   10  VERNE   |     0        0         0         0         0         0 |
   18  FLORA   |     0        0         0         0         0         0 |

    5 CHARLOTTE|     0        0         0         0         0         0 |
    7  ELEANOR |     0        0         0         0         0         0 |
   13  SYLVIA  | 3.020     3.660     3.660     3.660        0    14.000 |
   12 KATHERINE| 0.431     0.523     0.523     0.523        0     2.000 |
    6  FRANCES |     0        0         0         0         0         0 |
   16  DOROTHY |     0        0         0         0         0         0 |
    8  PEARL   |     0        0         0         0         0         0 |
   14  NORA    | 0.431     0.523     0.523     0.523        0     2.000 |
             -------------------------------------------------------------
```

圖6-17　中間人分析結果之三（相對中間人次數與期望次數）

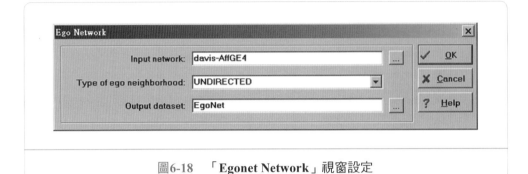

圖6-18　「Egonet Network」視窗設定

輸出結果如圖6-19所示。茲將此輸出結果說明如下：

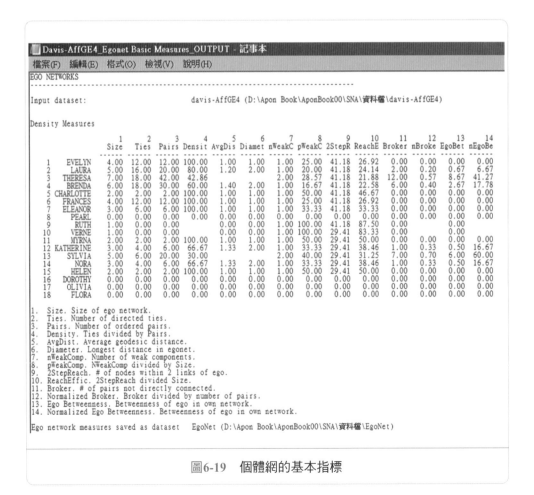

圖6-19　個體網的基本指標

1. 個體網的規模（Size）：與個體有緊密關係的行動者（不包括自我）。
   EVELYN的個體網規模是「4」，說明與她有緊密關係的婦女有4人。

2. 總關係數（Ties）：個體網成員之間的總關係數，不包括成員與「自我」之
   間的關係。EVELYN的總關係數是12〔4x(4-1)〕。

3. 最大可能的點對數（Pairs）：個體網中各成員之間在理論上「所有可能存
   在的關係總和」。該值也等於〔個體網的規模 x （個體網的規模-1）〕。
   EVELYN的最大可能的點對數是12。

4. 密度（Densit, Density）：「實際存在的關係總數」除以「理論上可能存在
   的最多關係總數」，即相當於「Ties」一值除以「Pairs」所得到的百分比。
   EVELYN的密度＝〔(12.00/12.00) x 100〕＝100.00。

5. 平均距離（AvgDist, Average Distance）：各個個體網成員之間的平均捷徑
   距離。此值只針對每個點都可達到的網絡來計算。EVELYN的平均距離是
   1.00。

6. 直徑（Diameter）：個體網內最長的捷徑距離（geodesic distance）。
   EVELYN的直徑是1.00。

7. 弱成分的數量（nWeakComp, number of weak component）：個體網中弱成分
   總數。EVELYN的弱成分的數量是1.00。

8. 弱成分的百分比（pWeakComp, percentage of weak component）：個體網
   中弱成分總數占個體網規模的百分比，EVELYN的弱成分的數量是25.00
   〔(1/4) x 100〕。

9. 在2-步內可達的點數（2StepReach）：在2-步內可達的成員總數。EVELYN
   的「在2-步內可達的點數」是42.18。（與「自我」的距離不超過2的點所構
   成的網絡稱為「2-步局域網」）。

10. 可達效率（ReachEffic, Reach Efficiency）：在2-步內可達的點數除以個體網
    的各個成員的個體網規模總和之比。EVELYN的可達效率是26.92。

11. 中間人（Broker）：個體位於兩個點之間的捷徑的次數。EVELYN的「中間
    人」是0。

12. 標準化中間人（nBroke, Normalized Broker）：中間人除以最大可能的點對
    數。EVELYN的「標準化中間人」是0。

13. 個體中間度（EgoBet, Ego Betweenness）：個體網內個體的中間度。

EVELYN的「個體中間度」是0。

14.標準化個體中間度（nEgoBe, Normalized Ego Betweenness）：個體網內個體的標準化中間度。EVELYN的「標準化個體中間度」是0。

6-4　個體網的同類性

研究者有興趣發現：就某項特定屬性而言，個體網的核心點與其他點的各種相似性測度。這是一種相似性的指標。本例的「特定屬性」是「黨派」（party），我們用此屬性來說明每一個行動者的分類情況。davis_Attr(Party).##h是屬性檔案，其第一欄是對「黨派」（party）的紀錄，其中1代表共和黨，2代表民主黨。讀者可自行開啟加以檢視。

按〔Network〕〔Ego Networks〕〔Egonet Homophily〕，在「Egonet Homophily」視窗中，點擊「Input dataset」右側的「三點按鈕」圖示，並在資料夾中選擇「davis-Aff.##h」此資料集；點擊「Input Attribute dataset」右側的「三點按鈕」圖示，並在資料夾中選擇「davis_Attr(Party).##h」資料集；其他設定維持預設值；交代輸出檔案名稱（如不交代，利用其預設文字亦可），情形如圖6-20所示。

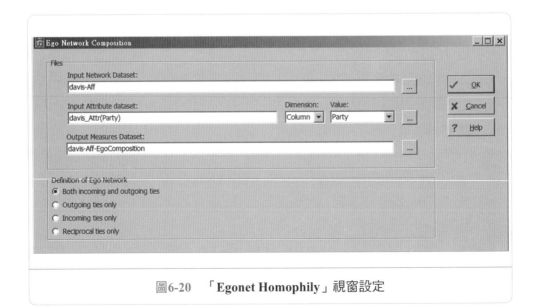

圖6-20　「Egonet Homophily」視窗設定

輸出結果如圖6-21所示。以LAURA為例，她的同類性指標是0.467（愈接近1，表示同類性愈高，在本例中，同類性愈高表示與同黨派人士愈具有相似性）。E-I指數是0.067。E-I指數愈接近0，表示黨派內外關係數量差不多，看不出LAURA是造成派系林立（黨派各據一方）的主要因素。

```
Davis-Aff_EgoNet Homophily_OUTPUT - 記事本
檔案(F)  編輯(E)  格式(O)  檢視(V)  說明(H)
EGONET HOMOPHILY
--------------------------------------------------------------------
Input Network:          davis-Aff (D:\Apon Book\AponBook00\SNA\資料檔\davis-Aff)
Input Attribute:        Party (D:\Apon Book\AponBook00\SNA\資料檔\davis_Attr(Party) Column 0:Party)
Ego Network Type:       Outgoing ties only
Output dataset:         davis-Aff-EgoHomophily (D:\Apon Book\AponBook00\SNA\資料檔\davis-Aff-EgoHomophily)
1
Ego Net Homophily

                1        2        3        4        5         6        7
            PctHomoph EI Index Matches  Yules Q Log Odds Cohen Kap   Corr
            --------- -------- -------- ------- -------- --------- --------
    EVELYN     0.529   -0.059    0.529                     0.000
     LAURA     0.467    0.067    0.412   -1.000           -0.232   -0.344
   THERESA     0.529   -0.059    0.529                     0.000
    BRENDA     0.467    0.067    0.412   -1.000           -0.232   -0.344
 CHARLOTTE     0.364    0.273    0.412   -0.273   -0.560   -0.118   -0.132
   FRANCES     0.467    0.067    0.529    1.000            0.171    0.306
   ELEANOR     0.467    0.067    0.529    1.000            0.171    0.306
     PEARL     0.375    0.250    0.353   -1.000           -0.120   -0.299
      RUTH     0.529   -0.059    0.529                     0.000
     VERNE     0.529   -0.059    0.529                     0.000
     MYRNA     0.563   -0.125    0.588    1.000            0.131    0.265
 KATHERINE     0.375    0.250    0.353   -1.000           -0.120   -0.299
    SYLVIA     0.412    0.176    0.412                     0.000
      NORA     0.412    0.176    0.412                     0.000
     HELEN     0.529   -0.059    0.529                     0.000
   DOROTHY     0.375    0.250    0.353   -1.000           -0.120   -0.299
    OLIVIA     0.583   -0.167    0.588    0.355    0.742    0.156    0.167
     FLORA     0.583   -0.167    0.588    0.355    0.742    0.156    0.167
```

圖6-21　個體網的同類性

6-5　個體網的構成

研究者有興趣發現：就某項特定屬性而言，個體網的構成情形，例如各個個體的異質性如何。本例的「特定屬性」是「黨派」（party），我們用此屬性來說明每一個行動者的分類情況。davis_Attr(Party).##h是屬性檔案，其第一欄是對「黨派」（party）的紀錄，其中1代表共和黨，2代表民主黨。讀者可自行開啟加以檢視。

按〔Network〕〔Ego Networks〕〔Egonet Composition〕〔Categorical alter attribute〕，在「Ego Network Composition」視窗中，點擊「Input dataset」

右側的「三點按鈕」圖示，並在資料夾中選擇「davis-Aff.##h」此資料集；
點擊「Input Attribute dataset」右側的「三點按鈕」圖示，並在資料夾中選擇
「davis_Attr(Party).##h」資料集；其他設定維持預設值；交代輸出檔案名稱（如
不交代，利用其預設文字亦可），情形如圖6-22所示。此程序也可處理連續變量
（Continuous alter attribute，如年齡、年資）的屬性資料。

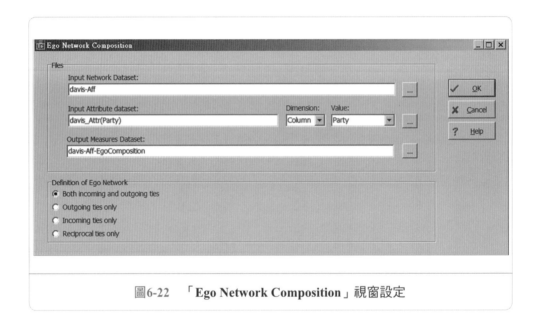

圖6-22　「Ego Network Composition」視窗設定

輸出結果如圖6-23所示。結果顯示了個體網中二個黨派的頻率（數目、百分
比），以及個體網內各個個體在其黨派內的關係數（度數）、在另外一個黨派的
關係數，以及這些關係數占總數的比例。輸出報表的第5欄顯示的是異質性指標
（Heterogen, Heterogeneity），此指標值愈接近1，表示異質性愈大（在本例中，
異質性愈大表示與黨外人士結交的關係比黨內人士多）。

Davis-Aff_EgoNet Composition_OUTPUT - 記事本

檔案(F) 編輯(E) 格式(O) 檢視(V) 說明(H)

```
EGONET COMPOSITION
--------------------------------------------------------------------------------

Input Network:                          davis-Aff (D:\Apon Book\AponBook00\SNA\資料檔\davis-Aff)
Input Attribute:                        Party (D:\Apon Book\AponBook00\SNA\資料檔\davis_Attr(Party) Column 0:Party)
Ego Network Type:                       Both incoming and outgoing ties
Output dataset:                         davis-Aff-EgoComposition (D:\Apon Book\AponBook00\SNA\資料檔\davis-Aff-EgoComposition)
```

Frequencies

Value	Freq	Prop
1.000	10	0.556
2.000	8	0.444

Ego Net Composition

	1 f1.000	2 f2.000	3 p1.000	4 p2.000	5 Heterogen	6 IQV
EVELYN	9.000	8.000	0.529	0.471	0.498	0.997
LAURA	7.000	8.000	0.467	0.533	0.498	0.996
THERESA	9.000	8.000	0.529	0.471	0.498	0.997
BRENDA	7.000	8.000	0.467	0.533	0.498	0.996
CHARLOTTE	7.000	4.000	0.636	0.364	0.463	0.926
FRANCES	8.000	7.000	0.533	0.467	0.498	0.996
ELEANOR	8.000	7.000	0.533	0.467	0.498	0.996
PEARL	10.000	6.000	0.625	0.375	0.469	0.938
RUTH	9.000	8.000	0.529	0.471	0.498	0.997
VERNE	9.000	8.000	0.529	0.471	0.498	0.997
MYRNA	9.000	7.000	0.563	0.438	0.492	0.984
KATHERINE	10.000	6.000	0.625	0.375	0.469	0.938
SYLVIA	10.000	7.000	0.588	0.412	0.484	0.969
NORA	10.000	7.000	0.588	0.412	0.484	0.969
HELEN	9.000	8.000	0.529	0.471	0.498	0.997
DOROTHY	10.000	6.000	0.625	0.375	0.469	0.938
OLIVIA	7.000	5.000	0.583	0.417	0.486	0.972
FLORA	7.000	5.000	0.583	0.417	0.486	0.972

圖6-23　個體網的構成

6-6　誠實中間人指數

研究者有興趣發現：個體成為中間人的次數，以及該點所調節的點對數。按〔Network〕〔Ego Networks〕〔Honest Broker〕〔Honest broker index〕，在「Honest Broker Index」視窗中，點擊「Input dataset」右側的「三點按鈕」圖示，並在資料夾中選擇「davis-AffGE4.##h」此資料集；交代輸出檔案名稱（如不交代，利用其預設文字亦可），情形如圖6-24所示。

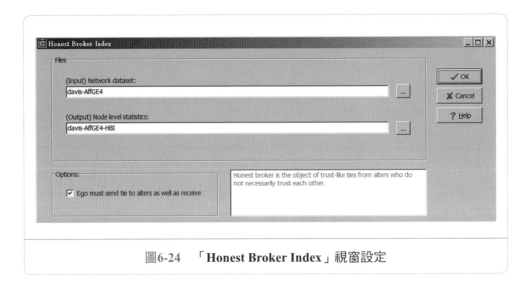

圖6-24　「**Honest Broker Index**」視窗設定

輸出結果如圖6-25所示。輸出報表中：

HBI0：代表純中介（pure brokerage），亦即中間人所聯絡的任何兩個人之間不存在關係。

HBI1：代表弱中介（weak brokerage），亦即在中間人所聯絡的任何兩個人之間存在一條有向關係。

HBI2：代表非中介（non-brokerage），亦即在中間人所聯絡的任何兩個人之間存在雙向關係。

可見，EVELYN作為中介的次數是4次，共聯絡了6對關係，其中純中介0對，弱中介0對，非中介6對。這說明EVELYN所聯繫的所有人之間都存在雙向關係，因此她扮演中間人角色的作用等於0。THERESA的HBI0是12，高出其他人很多，因此她能發揮很大的中間人作用。

Davis-AffGE4_Egonet Honest Broker_OUTPUT - 記事本

檔案(F) 編輯(E) 格式(O) 檢視(V) 說明(H)

HONEST BROKER INDEX

Input Network: davis-AffGE4 (D:\Apon Book\AponBook00\SNA\資料檔\davis-AffGE4)
Ego must trust alters? YES
Output dataset: davis-AffGE4-HBI (D:\Apon Book\AponBook00\SNA\資料檔\davis-AffGE4-HBI)

Honest Broker Indices

	1 Size	2 Pairs	3 HBI0	4 HBI1	5 HBI2	6 nHBI0	7 nHBI1	8 nHBI2
EVELYN	4.000	6.000	0.000	0.000	6.000	0.000	0.000	1.000
LAURA	5.000	10.000	2.000	0.000	8.000	0.200	0.000	0.800
THERESA	7.000	21.000	12.000	0.000	9.000	0.571	0.000	0.429
BRENDA	6.000	15.000	6.000	0.000	9.000	0.400	0.000	0.600
CHARLOTTE	2.000	1.000	0.000	0.000	1.000	0.000	0.000	1.000
FRANCES	4.000	6.000	0.000	0.000	6.000	0.000	0.000	1.000
ELEANOR	3.000	3.000	0.000	0.000	3.000	0.000	0.000	1.000
PEARL	0.000	0.000						
RUTH	1.000	0.000						
[illegible]	1.000	0.000						
MYRNA	2.000	1.000	0.000	0.000	1.000	0.000	0.000	1.000
KATHERINE	3.000	3.000	1.000	0.000	2.000	0.333	0.000	0.667
SYLVIA	5.000	10.000	7.000	0.000	3.000	0.700	0.000	0.300
NORA	3.000	3.000	1.000	0.000	2.000	0.333	0.000	0.667
HELEN	2.000	1.000	0.000	0.000	1.000	0.000	0.000	1.000
DOROTHY	0.000	0.000						
OLIVIA	0.000	0.000						
FLORA	0.000	0.000						

Ego networks are defined by incoming ties.
After Size and Pairs, there are three raw HBI indices and three normalized ones.

HBI0 is pure brokerage: No tie between any pair of alters joined by broker.
HBI1 is weak brokerage: One directed tie allowed between pairs of alters joined by broker.
HBI2 is non-brokerage: Alters who have tie to broker have 2-way tie with each other as well.

圖6-25 誠實中間人指數

6-7 縱斷面研究

如第2章所述，縱斷面研究是在一段時的時間（通常是幾週、月、甚是幾年）來蒐集資料。顯然縱斷面研究的困難度更高，費用更大，也許就因為這樣，研究者通常會用小樣本。如果在不同的時點，所採用的樣本都是一樣，這種研究就是趨勢分析（trend analysis）。縱斷面研究的資料亦可能由不同的研究者在不同的時點來提供。UCINET中的個體網（ego network）分析提供了相當豐富的縱斷面分析程序（圖6-26），例如可以分析在二個時間點個人間喪失關係的情形。

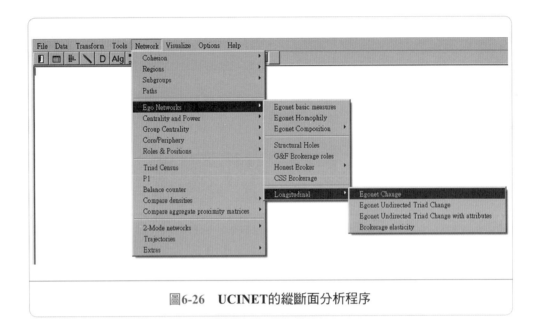

圖6-26　**UCINET**的縱斷面分析程序

一、個體網變化

按〔Network〕〔Ego Networks〕〔Longitudinal〕〔Egonet Change〕，在「Egonet Change」視窗中，點擊「Input dataset」右側的「三點按鈕」圖示，並在資料夾中選擇「davis-AffGE4-Two Time Periods.##h」此資料集；其他維持預設值；交代輸出檔案名稱（如不交代，利用其預設文字亦可），情形如圖6-27所示。

值得一提的是，davis-AffGE4-Two Time Periods.##h這個資料集檔案，在此檔案中要建立兩個時間點的資料，分別稱為T1、T2，如圖6-28所示。在UCINET Spreadsheet內，要建立工作表，按〔Edit〕〔Insert sheet〕；要更改工作表名稱，按〔Edit〕〔Rename sheet〕。

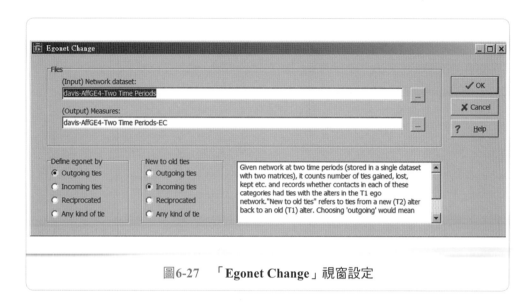

圖6-27　「Egonet Change」視窗設定

　　輸出結果如圖6-29所示。輸出報表中：「T1與T2時間點關係變化彙總表」
（Summary of changes between T1 and T2）顯示每個個體在T1與T2這兩個時間點
關係的變化，例如EVELYN在T1有5個關係，在T2只有4個關係，喪失了1個關係
（EVELYN喪失了與LAURA的關係），　仍維持3個關係（4-1=3，表示LAURA
也與EVELYN喪失了關係）。在與17個人互動過程中，未曾與13人建立關係。
「Stats on NEW ties present in T2 but not in T1」是指在T1時間點沒有出現，但在
T2時間點出現的新關係。

　　在圖6-30所顯示的報表中，「Stats on LOST ties present in T1 but not in T2」
是指在T1時間點出現，但在T2時間點沒有出現的喪失關係。「Stats on KEPT ties
present in both time periods」是指在T1、T2這兩個時間點都保持的關係。第2欄的
「NumF0Fa」是指「Number of Never alters with T1 ties to T1 alters」，也就是在
T1時間點，自我（某個體，例如 EVELYN）與他人（Alter）建立的關係（5），
減去喪失的兩向關係(2)。

(a) T1 Dataset

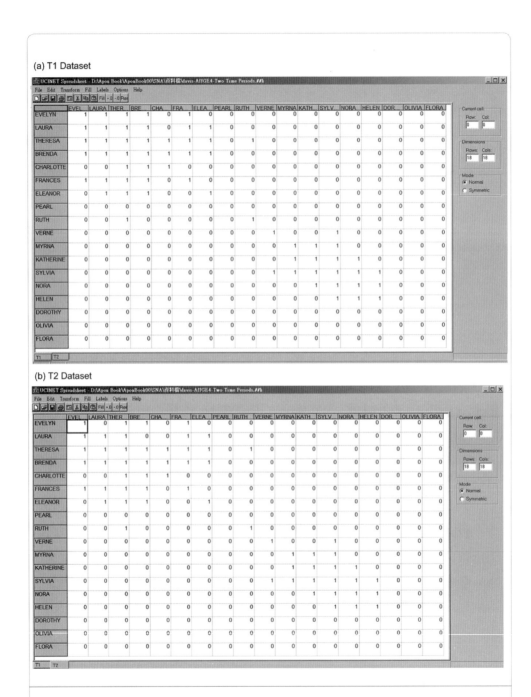

(b) T2 Dataset

圖6-28　**davis-AffGE4-Two Time Periods.##h資料集**

圖6-29　個體變化分析結果之一

　　在圖6-31所顯示的報表中，「Stats on ties ABSENT in both time periods」
是指在T1、T2這兩個時間點都不存在的關係。例如，EVELYN未曾與13人建
立關係（NumNever），第2欄的「NumF0Fa」是3（請看上述說明），第3欄是
3/13=0.23。第4欄是「NumFoFt」（Number of T1 ties between Never nodes and T1
alters）是指在T1時間點未曾與人建立關係（即13）減去原來的關係（即5）再減
去喪失的兩向關係（即2）。第5欄「DenFoFt」是將第4欄除以原來的關係（即
5）再除以未曾建立的關係（即13）；EVELYN為例，其值為6/(5x13)=0.09。

```
Davis-AffGE4-Two Time Periods_Egonet Change_OUTPUT - 記事本
檔案(F)  編輯(E)  格式(O)  檢視(V)  說明(H)
```

Stats on LOST ties present in T1 but not in T2

	1 NumLost	2 NumFoFa	3 FoFa/Los	4 NumFoFt	5 DenFoFt
EVELYN	1.000	1.000	1.000	4.000	0.800
LAURA	1.000	1.000	1.000	5.000	0.833
THERESA	0.000	0.000	0.000	0.000	0.000
BRENDA	0.000	0.000	0.000	0.000	0.000
CHARLOTTE	0.000	0.000	0.000	0.000	0.000
FRANCES	0.000	0.000	0.000	0.000	0.000
ELEANOR	0.000	0.000	0.000	0.000	0.000
PEARL	0.000	0.000	0.000	0.000	0.000
RUTH	0.000	0.000	0.000	0.000	0.000
VERNE	0.000	0.000	0.000	0.000	0.000
MYRNA	0.000	0.000	0.000	0.000	0.000
KATHERINE	0.000	0.000	0.000	0.000	0.000
SYLVIA	0.000	0.000	0.000	0.000	0.000
NORA	0.000	0.000	0.000	0.000	0.000
HELEN	0.000	0.000	0.000	0.000	0.000
DOROTHY	0.000	0.000	0.000	0.000	0.000
OLIVIA	0.000	0.000	0.000	0.000	0.000
FLORA	0.000	0.000	0.000	0.000	0.000

NumLost = Number of ties of Lost type.
NumFoFa = Number of Lost alters with T1 ties to T1 alters.
FoFa/Lost = NumFoFa divided by number NumLost
NumFoFt = Number of T1 ties between Lost nodes and T1 alters.
DenFoFt = NumFoFt divided by max possible (NumT1*NumLost)

Stats on KEPT ties present in both time periods

	1 NumKept	2 NumFoFa	3 FoFa/Kep	4 NumFoFt	5 DenFoFt
EVELYN	3.000	3.000	1.000	12.000	0.800
LAURA	4.000	4.000	1.000	16.000	0.667
THERESA	7.000	7.000	1.000	25.000	0.446
BRENDA	6.000	6.000	1.000	24.000	0.571
CHARLOTTE	2.000	2.000	1.000	4.000	0.667
FRANCES	4.000	4.000	1.000	16.000	0.800
ELEANOR	3.000	3.000	1.000	9.000	0.750
PEARL	0.000	0.000	0.000	0.000	0.000
RUTH	1.000	1.000	1.000	1.000	0.500
VERNE	1.000	1.000	1.000	1.000	0.500
MYRNA	2.000	2.000	1.000	4.000	0.667
KATHERINE	3.000	3.000	1.000	7.000	0.583
SYLVIA	5.000	5.000	1.000	11.000	0.367
NORA	3.000	3.000	1.000	7.000	0.583
HELEN	2.000	2.000	1.000	4.000	0.667
DOROTHY	0.000	0.000	0.000	0.000	0.000
OLIVIA	0.000	0.000	0.000	0.000	0.000
FLORA	0.000	0.000	0.000	0.000	0.000

NumKept = Number of ties of Kept type.
NumFoFa = Number of Kept alters with T1 ties to T1 alters.
FoFa/Kept = NumFoFa divided by number NumKept
NumFoFt = Number of T1 ties between Kept nodes and T1 alters.
DenFoFt = NumFoFt divided by max possible (NumT1*NumKept)

圖6-30　個體變化分析結果之二

Stats on ties ABSENT in both time periods

	1 NumNever	2 NumFoFa	3 FoFa/Nev	4 NumFoFt	5 DenFoFt
	--------	--------	--------	--------	--------
EVELYN	13.000	3.000	0.231	6.000	0.092
LAURA	12.000	2.000	0.167	3.000	0.042
THERESA	10.000	0.000	0.000	0.000	0.000
BRENDA	11.000	1.000	0.091	1.000	0.013
CHARLOTTE	15.000	5.000	0.333	9.000	0.200
FRANCES	13.000	3.000	0.231	6.000	0.092
ELEANOR	14.000	4.000	0.286	9.000	0.161
PEARL	17.000	0.000	0.000	0.000	0.000
RUTH	16.000	6.000	0.375	6.000	0.188
VERNE	16.000	4.000	0.250	4.000	0.125
MYRNA	15.000	3.000	0.200	4.000	0.089
KATHERINE	14.000	2.000	0.143	3.000	0.054
SYLVIA	12.000	0.000	0.000	0.000	0.000
NORA	14.000	2.000	0.143	3.000	0.054
HELEN	15.000	3.000	0.200	4.000	0.089
DOROTHY	17.000	0.000	0.000	0.000	0.000
OLIVIA	17.000	0.000	0.000	0.000	0.000
FLORA	17.000	0.000	0.000	0.000	0.000

NumNever = Number of ties of Never type.
NumFoFa = Number of Never alters with T1 ties to T1 alters.
FoFa/Never = NumFoFa divided by number NumNever
NumFoFt = Number of T1 ties between Never nodes and T1 alters.
DenFoFt = NumFoFt divided by max possible (NumT1*NumNever)

Overall stats saved as as dataset davis-AffGE4-Two Time Periods-EC
Stats on NEW ties saved as dataset davis-AffGE4-Two Time Periods-ECNew
Stats on LOST ties saved as dataset davis-AffGE4-Two Time Periods-ECLost
Stats on KEPT ties saved as dataset davis-AffGE4-Two Time Periods-ECKept
Stats on NEVER ties saved as dataset davis-AffGE4-Two Time Periods-ECNever

圖6-31　個體變化分析結果之三

二、個體網三點關係變化

在個體網內3個個體之間變化的情形，用〔Network〕〔Ego Networks〕〔Longitudinal〕〔Egonet Undirected Triad Change〕程序，在「Egonet Undirected Triad Change」視窗中，點擊「Input dataset」右側的「三點按鈕」圖示，並在資料夾中選擇「davis-AffGE4-Two Time Periods.##h」此資料集；其他維持預設值；交代輸出檔案名稱（如不交代，利用其預設文字亦可），情形如圖6-32所示。

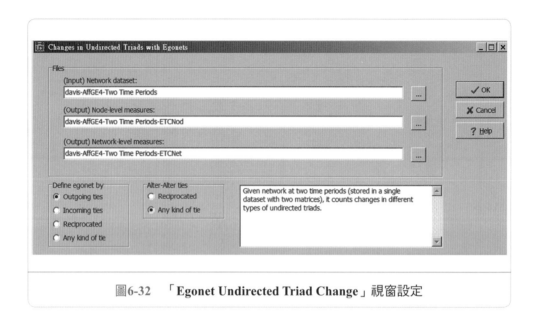

　　輸出結果如圖6-33所示。輸出報表顯示了「Node-Level Changes in Triad types from T1 to T2 (rows are T1, cols are T2)」〔從T1到T2時間點，「三點關係」類型點層次的變化（列是T1，欄是T2）〕

　　此表並提供了6個指標：

　　E0A0 = Null triads (no ties)（虛無三點關係；無關係）

　　E0A1 = Ego has not ties but the two potential alters are tied.（自我沒有關係，但二個潛在他人之間有關係）

　　E1A0 = Ego has tie to one alter; other potential alter is isolate.（自我和一個他人有關係，其他他人則被孤立）

　　E1A1 = Ego has tie to one alter, who is tied to the other potential alter.（自我和某一個他人，也就是中間人有關係，而此中間人與其他潛在他人有關係）

　　E2A0 = (Brokerage) Ego has ties to both alters, who are not tied to each other.（E2A0表示中間人，自我和二個他人有關係，而此二個他人彼此之間無關係）

　　E2A1 = (No brokerage) Ego has ties to both alters, who are tied to each other.（E2A1表示無中間人，自我和二個他人有關係，而此二個他人彼此之間有關係）

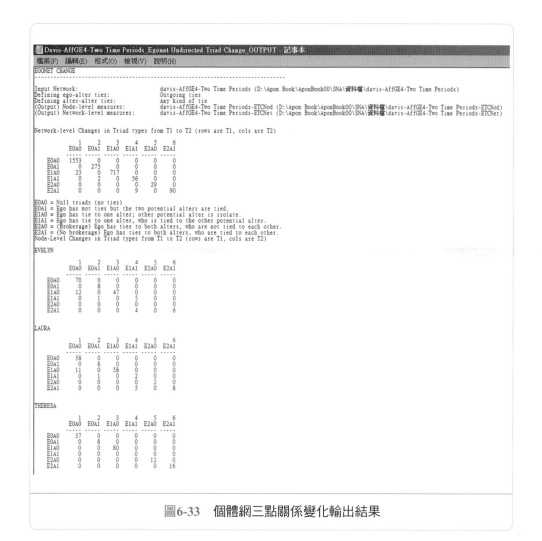

圖6-33　個體網三點關係變化輸出結果

三、個體網三點關係（加屬性）變化

在個體網內3個個體之間（加屬性）變化的情形，用〔Network〕〔Ego Networks〕〔Longitudinal〕〔Egonet Undirected Triad Change with attributes〕程序，在「Changes in Triad Over Time, with Categorical Attribute」視窗中，點擊「Input dataset」右側的「三點按鈕」圖示，並在資料夾中選擇「davis-Attr (Party).##h」此資料集；其他維持預設值；交代輸出檔案名稱（如不交代，利用其預設文字亦可），情形如圖6-34所示。

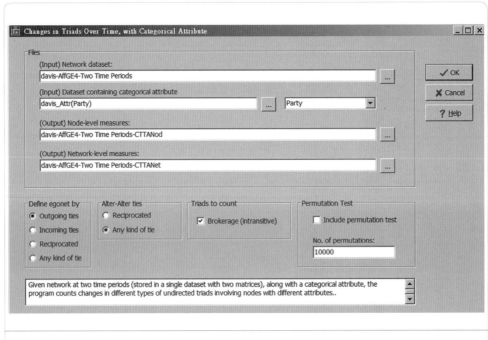

圖6-34 「**Changes in Triad Over Time, with Categorical Attribute**」視窗設定

　　輸出結果如圖6-35所示。輸出報表顯示了「Node-Level Changes in Triad types from T1 to T2 (rows are T1, cols are T2)」〔從T1到T2時間點，「三點關係」類型點層次的變化（列是T1，欄是T2）〕

　　此表並提供了6個指標：

　　E0A0 = Null triads (no ties)（虛無三點關係；無關係）

　　E0A1 = Ego has not ties but the two potential alters are tied.（自我沒有關係，但二個潛在他人之間有關係）

　　E1A0 = Ego has tie to one alter; other potential alter is isolate.（自我和一個他人有關係，其他他人則被孤立）

　　E1A1 = Ego has tie to one alter, who is tied to the other potential alter.（自我和某一個他人，也就是中間人有關係，而此中間人與其他潛在他人有關係）

　　x-y-z = (E2A0. i.e., brokerage) Ego has ties to both alters, who are not tied to each other.（E2A0表示中間人，自我和二個他人有關係，而此二個他人彼此之間無關係）

x is attribute value of first alter（x是第一位他人的屬性值）

y is attribute value of ego (the broker)（y是自我，也就是中間人的屬性值）

z is attribute value of second alter（z是第二位他人的屬性值）

在本例中，屬性值1代表共和黨，屬性值2代表民主黨，

E2A1 = (No brokerage) Ego has ties to both alters, who are tied to each other.（E2A1表示無中間人，自我和二個他人有關係，而此二個他人彼此之間有關係）

圖6-35　個體網三點關係（加屬性）變化輸出結果

四、中間人彈性

按〔Network〕〔Ego Networks〕〔Longitudinal〕〔Brokerage Elasticity〕，在「Brokerage Elasticity」視窗中，點擊「Input dataset」右側的「三點按鈕」圖示，並在資料夾中選擇「davis-AffGE4-Two Time Periods.##h」此資料集；其他維持預設值；交代輸出檔案名稱（如不交代，利用其預設文字亦可），情形如圖6-36所示。

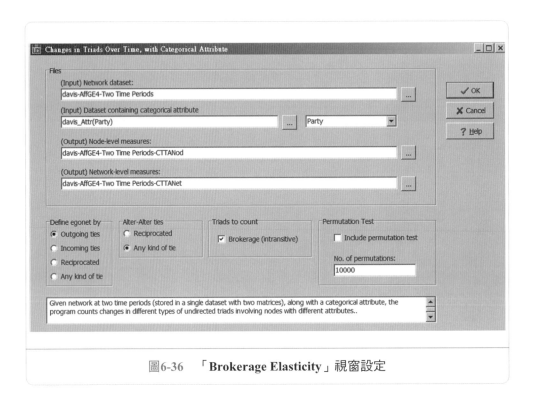

圖6-36 「**Brokerage Elasticity**」視窗設定

輸出結果如圖6-37所示。

ADD Matrix: Changes in row node's brokerage as a function of adding col node to ego network〔增加矩陣：將欄點（欄的行動者）增加到個體網後，對列點（列的行動者）作為中間人所造成的改變〕

DROP Matrix: Changes in row node's brokerage as a function of removing col node to ego network〔減少矩陣：將欄點（欄的行動者）從個體網移除後，對列點（列的行動者）作為中間人所造成的改變〕

此外，輸出報表（Changes in brokerage as a result of adding or removing moving nodes from ego network）提供了6個指標：

HolesADDED = Total increase in structural holes due to adding ties in T2（在T2時間點，由於關係的增加對整體結構洞所造成的增加）

HolesREMOVED = Total loss in structural holes due to dropping ties in T2（在T2時間點，由於關係的減少對整體結構洞所造成的喪失）

NodesADDED　= No. of ties added in T2（在T2時間點，增加的關係數）

NodesREMOVED = No. of ties dropped in T2（在T2時間點，喪失的關係數）

AvgADDED　　= Average change in brokerage incurred adding ties in T2（在T2時間點，由於關係數的增加所造成中間人的平均改變）

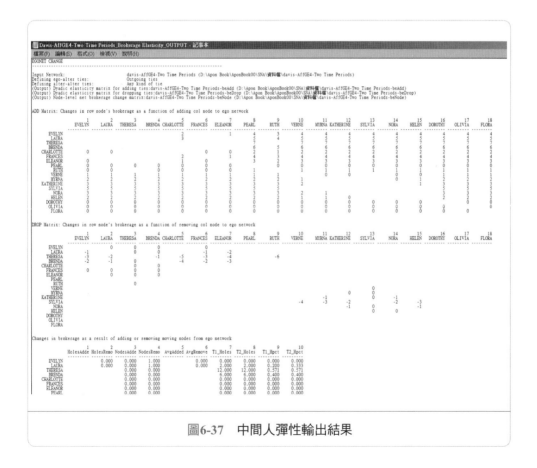

圖6-37　中間人彈性輸出結果

AvgREMOVED　= Average change in brokerage incurred dropping ties in T2
（在T2時間點，由於關係數的減少所造成中間人的平均改變）

此外：中間人彈性的輸出也會產生以下資料集：

<u>Node by node Add matrix</u> saved as dataset： davis-AffGE4-Two Time Periods-beAdd

<u>Node by node Drop matrix</u> saved as dataset： davis-AffGE4-Two Time Periods-beDrop

<u>Net node-level changes</u> saved as dataset： davis-AffGE4-Two Time Periods-beNode

Chapter

07

2-模網絡分析

7-1　二部「1-模」陣的圖形表示

　　我們在第3章3-8節曾經說明過二部「1-模」陣的產生。在利用圖來表達二部「1-模」陣資料時，行動者與事件都被看成是點，而線用來表達行動者與事件的關係。請注意：在二部「1-模」陣資料中，行動者與行動者之間，或事件與事件之間不存在關係。按〔Visualize〕〔Netdraw〕，在「Netdraw」視窗中按〔File〕〔Open〕〔Ucinet dataset〕〔Network〕即會出現此「Open Data File」視窗，在此視窗內點擊「Name of file to open」右側的「三點按鈕」圖示，並在資料夾中選擇「Davis-Bip.##h」此資料集，如圖7-1所示。

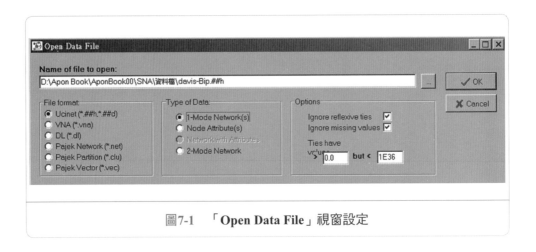

圖7-1　「Open Data File」視窗設定

　　所產生的圖如圖7-2所示。圖中顯示，EVELYN、LAURA、THERESA、RUTH在距離上比較接近，說明她們四人有比較大的相似性。同時，MYRNA、HELEN、NORA、KATHRINE、SYLVIA、VERNE在距離上也比較接近。

　　按〔Layout〕〔Graph-Theoretic layout〕〔MDS〕，即可產生多元尺度空間圖（MultiDimensional Scaling），如圖7-3所示。

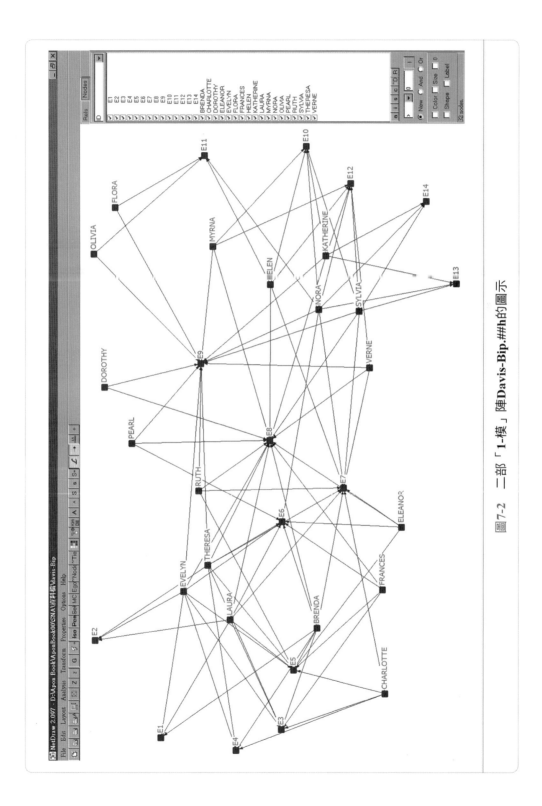

圖7-2　二部「1-模」陣**Davis-Bip.##h**的圖示

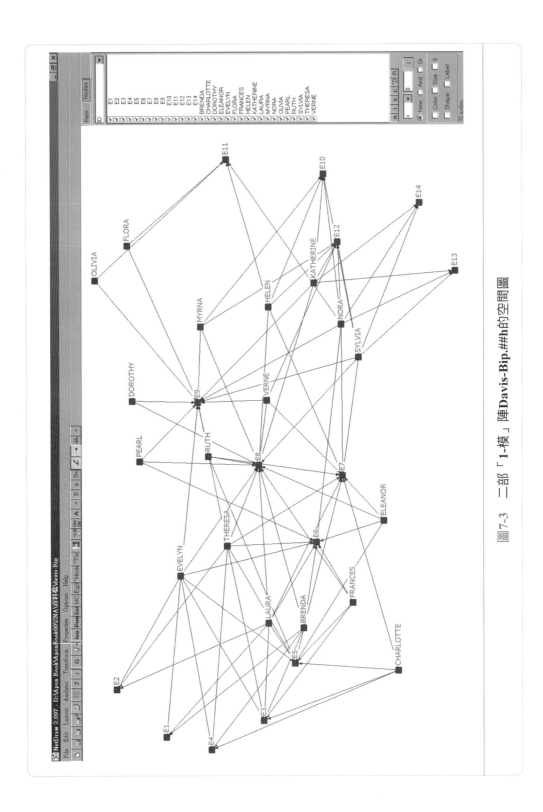

圖7-3 二部「1-模」陣 **Davis-Bip.##h**的空間圖

7-2　2-模資料集的中心度分析

　　我們將以UCINET所提供的範例資料集Galask.##h來說明2-模資料集的中心度分析。此資料集是由管理學家J. Galaskiewicz在1978～1981年間所蒐集的，記載了26位高級主管參與15家俱樂部的情況，如圖7-4所示。

UCINET Spreadsheet - D:\Apon Book\AponBook00\SNA\資料檔\Galask.##h

File　Edit　Transform　Fill　Labels　Options　Help

	1	2	3	4	5	6	7	8	9	10	11	12	13	14	15
1	0	0	1	1	0	0	0	0	1	0	0	0	0	0	0
2	0	0	1	0	1	0	1	0	0	0	0	0	0	0	0
3	0	0	1	0	0	0	0	0	0	0	0	1	0	0	0
4	0	1	1	0	0	0	0	0	0	0	0	0	0	0	1
5	0	0	1	0	0	0	0	0	0	0	0	0	1	1	0
6	0	1	1	0	0	0	0	0	0	0	0	0	0	1	0
7	0	0	1	1	0	0	0	0	0	1	1	0	0	0	0
8	0	0	0	1	0	0	1	0	0	1	0	0	0	0	0
9	1	0	1	0	0	0	0	1	0	1	0	0	0	0	0
10	0	0	1	0	0	0	0	0	1	0	0	0	0	0	0
11	0	1	1	0	0	0	0	0	0	1	0	0	0	0	0
12	0	0	0	1	0	0	1	0	0	0	0	0	0	0	0
13	0	0	1	1	1	0	0	0	0	1	0	0	0	0	0
14	0	1	1	1	0	0	0	0	0	0	1	1	1	0	1
15	0	1	1	0	0	1	0	0	0	0	0	0	1	0	1
16	0	1	1	0	0	1	0	1	0	0	0	0	0	1	0
17	0	1	1	0	1	0	0	0	0	0	1	1	0	0	1
18	0	0	0	1	0	0	0	0	1	0	0	1	1	0	0
19	1	0	1	0	0	0	1	0	1	0	0	0	0	0	0
20	0	1	1	1	0	0	0	0	0	0	1	0	0	0	1
21	0	0	1	1	0	0	0	0	1	0	0	0	0	0	0
22	0	0	1	1	0	0	0	0	1	0	0	0	0	0	0
23	0	1	1	0	0	1	0	0	0	0	0	0	0	0	1
24	1	0	1	1	0	1	0	0	0	0	0	0	0	0	1
25	0	1	1	0	0	0	0	0	0	0	0	0	1	0	0
26	0	1	1	0	0	0	0	0	0	0	0	1	0	0	0

圖7-4　Galask.##h

　　在UCINET中，按〔Network〕〔Centrality and Power〕〔2-Mode Centrality〕，在「2-Mode Centrality」視窗中，點擊「Input 2-mode matrix」右側的「三點按鈕」圖示，並在資料夾中選擇「Galask.##h」此資料集，如圖7-5所示。

圖7-5 「**2-Mode Centrality**」視窗設定

在說明輸出報表之前，可先複習一下第3章有關1-模資料中心度等有關觀念的說明。2-模資料的中心度分析比較複雜。[1]對於2-模資料的中心度分析，UCINET首先會將這個隸屬資料（2-模資料）轉換成二部「1-模」陣，然後再分析各種中心度指數。

一、度數

度數（degree）亦稱度數中心度。一個點的度數是該點隸屬的事件數，而一個事件的度數是該事件所擁有的行動者數目。這些量也等於行動者矩陣中對角線上的值（即隸屬矩陣列總和），或者事件矩陣中對角線上的值（即隸屬矩陣欄總和）。

二、接近度

對於1-模資料的一個行動者而言，該點到其他點距離之和便是其接近度（closeness）。對於2-模資料的一個行動者而言，這個距離之和等於該點與其他點的距離之和，再加上該點到所有事件的距離之和。由於此隸屬網絡是二部「1-

---

[1] 劉軍，《整體網分析講義—UCINET軟件實用指南》（上海：人民出版社，2009），頁233-234。

模」陣,行動者僅僅與事件有所關連,所以從一點出發的途徑必須要經過該行動者所隸屬的各事件;同樣地,由於事件僅僅與行動者有所關連,所以從事件出發的途徑必須要經過該事件所包含的各行動者。

三、中間度

在1-模資料,中間度(betweenness)關注的是一個行動者在多大程度上居於網絡中間。在隸屬網絡(二部「1-模」陣)中,由於每對行動者之間的聯絡都要通過行動者參與各種事件來完成,因此事件總是處於行動者之間的捷徑上。同樣地,各對事件之間的聯絡都要通過行動者來完成,因此行動者總是處於事件之間的捷徑上。

輸出結果如圖7-6所示。輸出報表中,第一欄為度數,度數中心度最高者為第14位高級主管,其值為0.467;度數中心度最低者為第3、第10以及第12位高級主管,她們的度數中心度值都是0.133。輸出報表也顯示,度數最高的第14位高級主管,其接近度(0.802)、中間度(0.067)也最高,這說明他是網絡的核心人物。度數最低的第3、第10以及第12位高級主管,只有第12位高級主管的接近度(0.546)、中間度(0.004)也最低,可見他是網絡的邊緣人士。

輸出報表的下方是15個俱樂部的中心度分析結果。第三號俱樂部的度數(0.846)、接近度(0.871)和中間度(0.488)都最高,因此它是隸屬網絡事件的核心。第14號俱樂部的度數(0.115)、接近度(0.443)和中間度(0.003)都最低,因此它是隸屬網絡事件的邊緣。

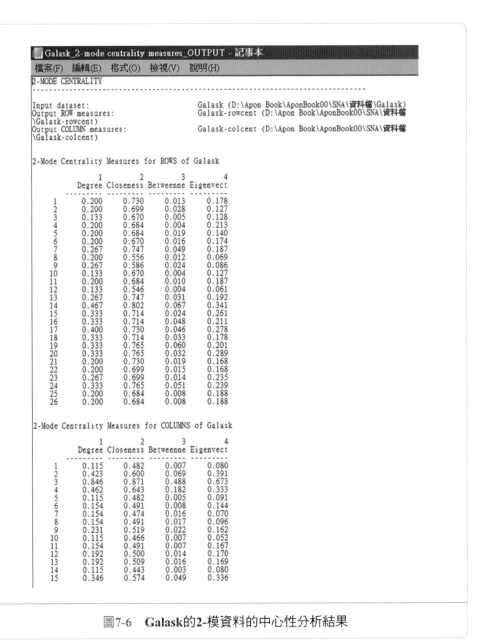

圖7-6　**Galask的2-模資料的中心性分析結果**

　　按〔Visualize〕〔Netdraw〕，在「Netdraw」視窗中按〔File〕〔Open〕
〔Ucinet dataset〕〔Network〕即會出現此「Open Data File」視窗，在此視窗
內點擊「Name of file to open」右側的「三點按鈕」圖示，並在資料夾中選擇
「Galask.##h」此資料集，所產生的圖形如圖7-7所示。

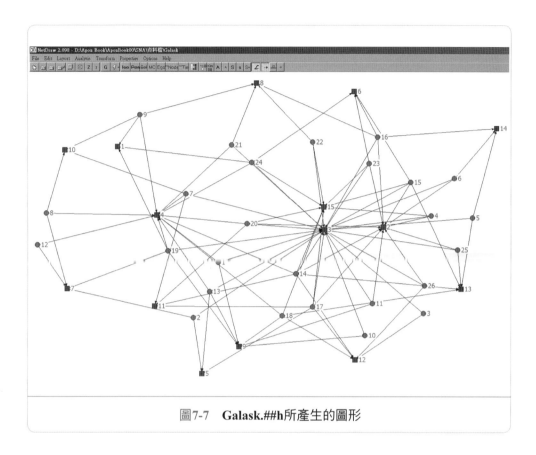

圖7-7　　Galask.##h所產生的圖形

　　按〔Analysis〕〔Centrality Measures〕，在出現的「Node Centrality Measures」視窗中，共有6個可供選擇的中心度指數，在「Set Node Sizes by」（點的形狀愈大表示什麼愈大）下拉式清單中，可選「Betweenness」（中間度），情形如圖7-8所示。

　　按〔OK〕後產生的圖形如圖7-9所示。可看到行動者3的點最大，這說明就「中間度」這個指標而言，他位於網絡的核心。這個將行動者與事件同時呈現在一個空間圖中的圖形展示，可讓我們了解：哪些行動者在參與事件這個問題上是相似的，哪些事件在有行動者參與這個問題上是相似的，哪些行動者和事件在位置上相互接近。如果事件是「品牌」，這不是典型的產品空間圖（product space map）嗎？

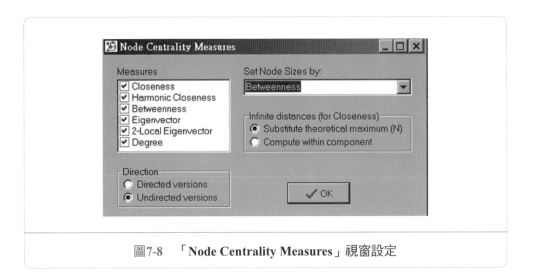

圖7-8 「**Node Centrality Measures**」視窗設定

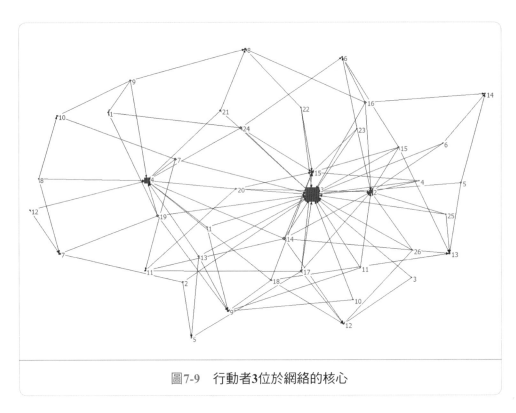

圖7-9 行動者**3**位於網絡的核心

7-3 奇異值分解法

奇異值分解法（singular value decomposition, SVD）的目的，在於減低列、欄的維度，以便找出其背後的共同因子。研究者有興趣發現：促銷活動之間的相似性，以作為聯合促銷策略的參考。這種「聯合」（association）發掘就是資料採礦的一種應用。我們了解：高級的資料採礦（data mining）軟體工具可從許多資料中找出軌跡（型式），並做推論。這些軌跡及推論可被用來引導決策及預測決策的效應。例如，有關在超級市場購買的採礦資料可顯示，當顧客購買馬鈴薯片時，有65% 的機率會購買可樂。在促銷期間，當顧客購買馬鈴薯片時，有85%的機率會購買可樂。這樣的資訊可使企業做更好的促銷規劃或商品佈置。

按〔Tools〕〔Scaling/Decomposition〕〔SVD〕，在出現的「SVD」視窗內，點擊「Input 2-mode matrix」右側的「三點按鈕」圖示，並在資料夾中選擇「美妝促銷活動-發生陣.##h」此資料集；需保存的因子個數（No of factors to save）維持其預設值3，如圖7-10所示。

美妝促銷活動-發生陣的欄標籤分別為：超市（SM）、量販店（HM）、百貨公司（DE）、美妝展（BE）、藥妝店（DS）。

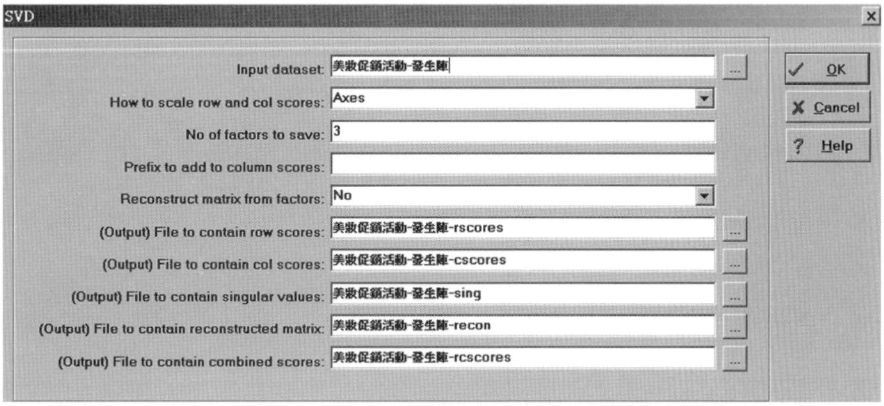

圖7-10 「SVD」視窗設定

值得注意的是，資料集的列數不得少於欄數，否則系統就會發出如圖7-11

的警告。一般要求列數遠大於欄數，例如在我們的例子中，列數為255，欄數為5，因此不會碰到這個問題。

圖7-11　當資料集的列數少於欄數時，系統所發出的警告

產生的輸出報表如圖7-12所示。除了文字文件（記事本）之外，UCINET還提供了rscores（列值）、cscores（欄值）、sing（奇異值，也就是特徵向量值）、recon（重構的矩陣值）、rcscores（列值與欄值聯合在一起）這些資料集。

促銷活動的秩（rank）為5，因此出現5個奇異值。第一個奇異值是15.006，佔總體的43.1%；第2個奇異值是7.016，佔總體的20.1%；第3個奇異值是4.977，佔總體的14.3%。這三個因子可解釋資料中變異的77.5%，因此因子數為3是比較妥當的。一般而言，選取的因子數目應該使得對累積變異的解釋達到70%～80%。

參考欄分數（Column Scores，圖7-12）與散布圖（Scatter plot，圖7-13），我們可將促銷活動分成三類：

- 超市（SM）、美妝展（BE）、藥妝店（DS）
- 量販店（HM）
- 百貨公司（DE）

列分數（Row Scores）說明了每位行動者（本例為學生）在這三類促銷活動上的「參與」或投入情形，以第一位學生為例，她對第一類促銷活動〔超市（SM）、藥妝店（DS）、美妝展（BE）〕的參與程度較高。

```
▓ 美妝促銷活動-發生陣_SVD分析_OUTPUT - 記事本
檔案(F)  編輯(E)  格式(O)  檢視(V)  說明(H)
SINGULAR VALUE DECOMPOSITION
----------------------------------------------------------------

Input dataset:                    美妝促銷活動-發生陣 (D:\Apon Book\AponBook00\SNA\資料檔\美妝促銷活動-發生陣)
Row Scores Matrix:                D:\Apon Book\AponBook00\SNA\輸出檔\美妝促銷活動-發生陣-rscores
Col Scores Matrix:                D:\Apon Book\AponBook00\SNA\輸出檔\美妝促銷活動-發生陣-cscores
Singular Values Matrix:           D:\Apon Book\AponBook00\SNA\輸出檔\美妝促銷活動-發生陣-sing
Reconstructed Matrix:             D:\Apon Book\AponBook00\SNA\輸出檔\美妝促銷活動-發生陣-recon
Combined Scores Matrix:           D:\Apon Book\AponBook00\SNA\輸出檔\美妝促銷活動-發生陣-rcscores

Method:                           Principal Axes (vectors not rescaled at all)

Matrix rank is 5

SINGULAR VALUES

   FACTOR   VALUE  PERCENT   CUM %   RATIO      PRE  CUM PRE
   ------  ------  -------  ------  ------    -----  -------
      1:   15.006    43.1    43.1   2.140    0.551    0.551
      2:    7.013    20.1    63.2   1.409    0.211    0.762
      3:    4.977    14.3    77.5   1.248    0.106    0.868
      4:    3.987    11.4    88.9   1.031    0.058    0.936
      5:    3.867    11.1   100.0            0.064    1.000
   ======  ======  =======  ======  ======
           34.851   100.0


Row Scores

                    1       2       3
                 ------  ------  ------
     1  Student1   0.062  -0.048  -0.023
     2  Student2   0.007  -0.007   0.199
     3  Student3   0.062  -0.048  -0.023
     4  Student4   0.062  -0.048  -0.023
     5  Student5   0.062  -0.048  -0.023
     6  Student6   0.062  -0.048  -0.023
     7  Student7   0.067  -0.043  -0.033
     8  Student8   0.062  -0.048  -0.023
     9  Student9   0.062  -0.048  -0.023
    10  Student10  0.062  -0.048  -0.023
（共有225個學生資料，以下略）

Column Scores

                1       2       3
             ------  ------  ------
   1 SM       0.072  -0.002   0.047
   2 HM       0.337   0.940   0.011
   3 DE       0.930  -0.337  -0.116
   4 BE       0.068   0.036  -0.046
   5 DS       0.105  -0.048   0.991

Row scores saved as dataset D:\Apon Book\AponBook00\SNA\輸出檔\美妝促銷活動-發生陣-rscores
Column scores saved as dataset D:\Apon Book\AponBook00\SNA\輸出檔\美妝促銷活動-發生陣-cscores
Combined row and column scores saved as dataset D:\Apon Book\AponBook00\SNA\輸出檔\美妝促銷活動-發生陣-rcscores
Singular values saved as dataset D:\Apon Book\AponBook00\SNA\輸出檔\美妝促銷活動-發生陣-sing
```

圖7-12　美妝促銷活動-發生陣的SVD分析結果

圖7-13　美妝促銷活動-發生陣的**SVD**分析散布圖

讀者可開啟「美妝網路討論平台-發生陣」，利用SVD來分析。其欄標籤分別為：Pixnet、PTT實業坊、BLOG、UrCosme、FashionGuide。

7-4　因子分析

因子分析最初為Spearman, Thomson and Burt 等心理學家所發展出的一種統計方法。因子分析在早期主要用於心理學領域，後來則廣泛的應用在醫學、生物學、經濟學、教育學及其他行為科學領域方面。經過多年的發展，因子分析包含許多縮減空間（或維度）的技術，其主要目的在以較少的維數（number of dimensions）來表示原先的資料結構，也就是簡化資料，而又能保留住原有資料所提供的大部分資訊。

一、EFA與CFA

以UCINET或SPSS進行因子分析，是一種探索性因子分析（exploratory factor analysis），易言之，我們是對一個變數探索其所具有的因子。而Amos的構成原理是屬於驗證性因子分析（confirmatory factor analysis），也就是先以因子（預測變數）為建構基礎，來驗證是否能代表一個變數（潛在變數）。我們可以

說Amos是結合因子分析（驗證性因子分析）與路徑分析的有力工具。[2]

傳統上，研究者在進行因子分析之前，對於變數的因子結構（此變數是由哪些因子構成）並沒有預設立場，而藉由SPSS進行因子分析之後，以因子負荷量來萃取因子，並對因子加以命名。這種因子分析帶有「探索」的意味，因此稱為探索性因子分析（exploratory factor analysis, EFA）。

但是有時候研究者在研究開始時，對於某個變數已經了解其結構關係，或者對於其結構關係具有相當的理論及推論基礎。例如，某個變數的測量是由若干個不同的子量表所組成，此時研究者所進行的因子分析，可以被用來驗證或確認這些因子是否可代表此變數。這種因子分析帶有「驗證」的意味，因此稱為驗證性因子分析（confirmatory factor analysis, CFA）。Amos所處理的是CFA。[3]以下我們將探索性因子分析簡稱為因子分析。

二、目的

因子分析的主要目的是：減少變數數目、確認資料的基本結構及尺度。

（一）減少變數數目

在行銷研究中，研究者所遇到的問題之一，就是變數太多。變數太多的結果會使得在分析上顯得笨拙（例如，有100個變數的多元迴歸），而且變數之間的關連性可能很高，而產生複共線性的問題。進行因子分析可以減少變數的數目，使我們在運用其他的多變量分析技術時，能夠得心應手，而且又不失去對原始資料的代表性。

在進行調查研究中，我們在進行問卷的預試時，對所蒐集的資料可以做因子分析，以精簡問卷中的題數，使得所用的變數能夠真正的分辨出受測者的差異。精簡、有效的問卷可以節省我們的時間及金錢、便於管理、增加問卷的回收率。

2　詳細的說明，可參考：榮泰生，《SPSS與研究方法》，二版（台北：五南書局，2009），第8章。

3　詳細的說明，可參考：榮泰生，《AMOS與研究方法》，四版（台北：五南書局，2011），第1章。

（二）確認資料的基本結構及尺度

在我們的研究中，常常碰到這樣的問題：雖然我們有50個變數，但是所衡量的只是受測者的五個基本特性。例如，在針對家計單位做研究的例子中，像房間數目、車庫大小、浴室數目、居住人數、每年的水電費等這些變數可能只是反映一個基本的結構或尺度，那就是家庭大小。

（三）基本原理

因子分析是從建立一個相關矩陣（correlation matrix）開始，企圖產生「新的」變數，而每一個新的變數是原始變數的線性組合（linear combination）。這些新的變數稱為因子（factor），而每一個線性組合的係數稱為因子負荷量（factor loading）。

因子是變數的線性組合，亦即：

$$F_{1j} = a_{1j}X_1 + a_{2j}X_2 + a_{3j}X_3 + \cdots\cdots + + a_{nj}Xn$$

其中：

F_j = 第 j 個因子

三、R-型因子分析與Q-型因子分析

R-型因子分析（R-Type factor analysis）是對變量（或事件、隸屬項）進行因子分析，所研究的是變量（或事件、隸屬項）之間的相互關係，也就是各欄之間的關係。Q-型因子分析（Q-Type factor analysis）是對行動者（或個案）進行因子分析，所研究的是行動者（或個案）之間的相互關係，也就是各列之間的關係。因子分析的結果可以分別看出變量（或事件、隸屬項）與變量（或事件、隸屬項）間、行動者（或個案）與行動者（或個案）間的接近程度。

（一）R-型因子分析

按〔Tools〕〔Scaling/Decomposition〕〔Factor Analysis〕，在「Factor Analysis」內，點擊「Input dataset」右側的「三點按鈕」圖示，並在資料夾中選擇「美妝促銷活動-發生陣.##h」此資料集；「Type of Data」（資料類型）維持其預設的「2-mode raw data matrix」（2-模原始資料矩陣）；「Method of factor analysis」（因子分析方法）維持預設的「PRINCIPAL COMPONENTS」（主成分分析法）；「Method of factor rotation」（因子轉軸方法）維持其預設

的「VARIMAX」；「Minimum Eigenvalue」（最小的特徵值）維持預設的值1.000；因子個數（Number of factors）維持其預設值10，情形如圖7-14所示。

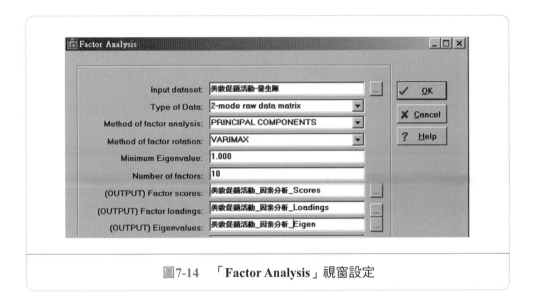

圖7-14 「Factor Analysis」視窗設定

在「因子分析」（Factor Analysis）視窗中，「Method of factor analysis」（因子分析方法）中我們選擇的是預設的主成分（Principal components）。嚴格的說，其他的方法還有：未加權最小平方法（Unweighted least squares）、概化最小平方法（Generalized least square）、最大概似法（Maximum likelihood）、主軸因子（Principal-axis factoring）、Alpha因子萃取法（Alpha factoting）、映像因子萃取法（Image factoring）。這些萃取方法各有特色，限於篇幅不加以說明。

主成份分析（principal component analysis）是因子分析中運用得最為廣泛的分析方式。這個方式是發展出一組毫無相關的因子，也就是說，它們的軸是互相垂直的。所選擇的第一個因子是能夠使得資料散布得最開的因子，同時也是最能解釋資料的變異情況的因子。所選擇的第二個因子（與第一個垂直的因子）將是最能夠解釋剩下來的資料變異的因子。剩下來的因子（每一個都與前一個垂直）將陸續的被挑選，一直到剩下的未解釋變異低於某一個可接受的水準時為止。

在「Factor Analysis」視窗中，因子分析的轉軸方式有：最大變異法（Varimax）、四次方最大值轉軸法（Quartimax）。嚴格的說，還有Equamax轉軸法，或稱相等最大值法（Equamax）、直接斜交法（Direct Oblimin）、Promax轉軸法（Promax）。前三者屬於直交轉軸法（orthogonal rotations），後二者屬於斜交轉軸法（oblique rotations）。這些方法的扼要說明見表7-1。

表7-1　因子分析的轉軸方式

直交轉軸法（orthogonal rotations）	最大變異法（Varimax）	因子與因子之間沒有相關（相關為0），因子軸之間的夾角等於90度
	四次方最大值轉軸法（Quartimax）	
	Equamax轉軸法，或稱相等最大值法（Equamax）	
斜交轉軸法（oblique rotations）	直接斜交法（Direct Oblimin）	因子與因子之間有某種程度的相關（相關不為0），因子軸之間的夾角不是90度
	Promax轉軸法（Promax）	

　　簡言之，轉軸的目的在於凸顯資料值在座標上的位置，使得原來「不大不小」的值，變得「特別大」或「特別小」。我們可以從圖7-15中了解直交轉軸法的情形。

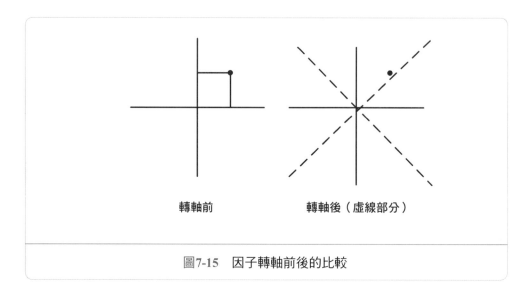

轉軸前　　　　　　　轉軸後（虛線部分）

圖7-15　因子轉軸前後的比較

　　在「Minimum Eigenvalue」（最小的特徵值）方面，我們維持預設的值

1.000，這個意思是說：特徵值大於多少才是我們要選取因子的條件。預設值為1，表示因子抽取時，只抽取特徵值大於1的。

文字輸出結果如圖7-16所示。促銷活動的秩（rank）為5，因此出現5個特徵值。第一個特徵值是1.264，佔總體的25.3%；第2個特徵值是1.102，佔總體的22.0%；第3個特徵值是1.001，佔總體的20.0%。這三個因子可解釋資料中變異的67.3%，因此因子數為3是差強人意的。一般而言，選取的因子數目應該使得對累積變異的解釋達到70%～80%。

參考轉軸後因子負荷量（Rotated Factor Loadings），我們可將促銷活動分成三類：

```
■ 美妝促銷活動_發生陣_R-型因子分析_OUTPUT - 記事本

檔案(F)  編輯(E)  格式(O)  檢視(V)  說明(H)

FACTOR ANALYSIS
----------------------------------------------------------------

Method of extraction:              PRINCIPAL COMPONENTS
Method of rotation:                VARIMAX
Minimum eigenvalue to retain:      1
Data type:                         2-mode raw data matrix
Input dataset:                     美妝促銷活動-發生陣 (D:\Apon Book\AponBook00\SNA\資料檔\美妝促銷活動-發生陣)

EIGENVALUES

  FACTOR  VALUE PERCENT   CUM %   RATIO
  ------  ----- -------   -----   -----
     1:   1.264   25.3     25.3   1.147
     2:   1.102   22.0     47.3   1.101
     3:   1.001   20.0     67.3   1.042
     4:   0.961   19.2     86.6   1.430
     5:   0.672   13.4    100.0
  ======  ===== =======  ======  ======
          5.000   100.0


Unrotated Factor Loadings

              1        2        3
           ------   ------   ------
  1 SM      0.171   -0.159    0.944
  2 HM      0.588    0.488    0.015
  3 DE     -0.830    0.112    0.028
  4 BE      0.240    0.501   -0.158
  5 DS      0.378   -0.759   -0.289


Rotated Factor Loadings

              1        2        3
           ------   ------   ------
  1 SM     -0.013   -0.050    0.971
  2 HM      0.056    0.758    0.078
  3 DE     -0.646   -0.506   -0.172
  4 BE     -0.144    0.533   -0.168
  5 DS      0.853   -0.255   -0.092
```

圖7-16　R-型因子分析文字輸出結果

- 量販店（HM）、百貨公司（DE）
- 美妝展（BE）、藥妝店（DS）
- 超市（SM）

（二）Q-型因子分析

　　Q-型因子分析類似SPSS的集群分析。[4]如前述，Q-型因子分析是對行動者（或個案）進行因子分析，所研究的是行動者（或個案）之間的相互關係，也就是各列之間的關係。因此，在進行Q-型因子分析前，必須利用〔Transform〕〔Transpose〕，將「美妝促銷活動-發生陣.##h」資料集的列、欄位置加以轉換，成為「美妝促銷活動-發生陣-Transp.##h」資料集。

　　操作方式同R-型因子分析，也就是按〔Tools〕〔Scaling/Decomposition〕〔Factor Analysis〕，在「Factor Analysis」內，點擊「Input dataset」右側的「三點按鈕」圖示，並在資料夾中選擇「美妝促銷活動-發生陣-Transp.##h」此資料集；「Type of Data」（資料類型）維持其預設的「2-mode raw data matrix」（2-模原始資料矩陣）；「Method of factor analysis」（因子分析方法）維持預設的「PRINCIPAL COMPONENTS」（主成分分析法）；「Method of factor rotation」（因子轉軸方法）維持其預設的「VARIMAX」；「Minimum Eigenvalue」（最小的特徵值）維持預設值1.000；因子個數（No of factors）維持其預設值10。

　　文字輸出結果如圖7-17所示。出現4個特徵值。這四個因子可解釋資料中變異的100%，因此因子數為4是適當意的。我們可參考轉軸後因子負荷量（Rotated Factor Loadings），將學生們分成四群。如果我們知道學生們的基本資料（如系別），便可將學生們分成四個系，例如企管系、國貿系、資管系、統計系。

---

[4] 詳細的說明，可參考：榮泰生，《SPSS與研究方法》，二版（台北：五南書局，2009），第9章。

圖7-17 Q-型因子分析文字輸出結果

7-5 對應分析

對應分析（correspondence analysis）是將R-型因子分析與Q-型因子分析整合
起來的多變量統計分析方法。嚴格的說，奇異值分解法、因子分析比較適合用多
值料，而對應分析適合用二值資料。對應分析是透過對二維交叉表的頻率分布來
確定「行動者」和「事件」及其類別之間的關係，並把這種關係反映到二維或三
維的分布圖中。

按〔Tools〕〔Scaling/Decomposition〕〔Correspondence〕，在出現的「Correspondence」視窗內，點擊「Input dataset」右側的「三點按鈕」圖示，並在資料夾中選擇「美妝促銷活動-發生陣.##h」此資料集；需保存的因子個數（No of factors to save）維持其預設值3，如圖7-18所示。

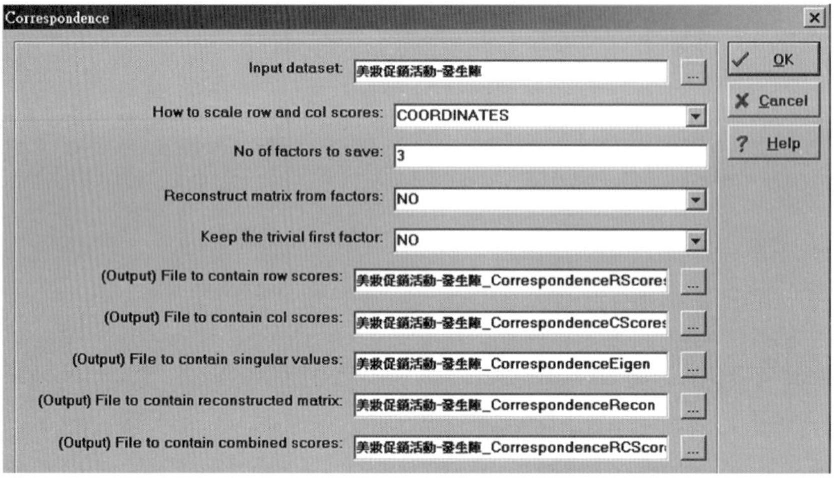

圖7-18　「Correspondence」視窗設定

輸出結果如圖7-19所示。出現4個奇異值：第一個奇異值是0.728，佔總體的26.7%；第2個奇異值是0.684，佔總體的25.1%；第3個奇異值是0.672，佔總體的24.6%。這三個因子可解釋資料中變異的74.4%，因此因子數為3是比較妥當的。一般而言，選取的因子數目應該使得對累積變異的解釋達到70%～80%。

參考欄分數（Column Scores），我們可將促銷活動分成三類：

- 藥妝店（DS）
- 超市（SM）
- 量販店（HM）、百貨公司（DE）、美妝展（BE）

列分數（Row Scores）說明了每位行動者（本例為學生）在這三類促銷活動上的「參與」或投入情形，以第二位學生為例，她對第一類促銷活動〔藥妝店

（DS）〕的參與程度較高。

圖7-19　對應分析文字輸出結果

　　我們可將上述的三種方法（奇異值分解法、因子分析、對應分析）整理一下，看各個促銷活動的集結情形，表7-2顯示：奇異值分解法將超市（SM）分為第一類、因子分析將超市（SM）分為第三類、對應分析將超市（SM）分為第二類。每種方法對促銷活動的分類（或集結）結果差異很大，難道是「一人一把號，各吹各的調」？顯然這些方法的背後邏輯（統計方法）有所不同，或者是因

為奇異值分解法、因子分析較適合多值資料，而對應分析適合二值資料。

表7-2 奇異值分解法、因子分析、對應分析的結果比較

	奇異值分解法	因子分析	對應分析
超市（SM）	1	3	2
量販店（HM）	2	1	3
百貨公司（DE）	3	1	3
美妝展（BE）	1	2	3
藥妝店（DS）	1	2	1

7-6 2-模資料的塊模型法分析

2-模資料的塊模型法（block modeling）分析是直接針對二值發生陣進行分析，它會對列、欄進行置換，並找到盡可能與理想的像（idealized image）接近的結果。有關「塊」的觀念，可參考第3章的說明。塊模型法分析可分核心—邊緣分析、分派分析。

一、核心—邊緣分析

「核心」（core）是一個類聚，是「共同出現」（co-occurring）的行動者和事件的類聚。「核心」是由一系列行動者的分區構成的，這些行動者的分區與核心分區中的每一個事件緊密聯繫在一起；同時，事件的分區也與核心分區中的行動者緊密聯繫在一起。「邊緣」（periphery）一方面是由一系列的行動者所構成的分區構成，而這些行動者在同樣一些事情上不「共同出現」；另一方面，它是由一系列事件的分區構成，而這些事件相互沒有聯絡，因為它們不共同擁有一些行動者。[5]

按〔Network〕〔2-Mode〕〔Categorical Core/Periphery〕，在「2-Mode Cat-

---

5 劉軍，《整體網分析講義—UCINET軟件實用指南》（上海：人民出版社，2009），頁254。

egorical Core/Periphery Model」中，點擊「Input Dataset」右側的「三點按鈕」圖示，並在資料夾中選擇「學者參與學術活動_發生陣.##h」此資料集；交代輸出檔案名稱（如不交代，利用其預設文字亦可），情形如圖7-20所示。

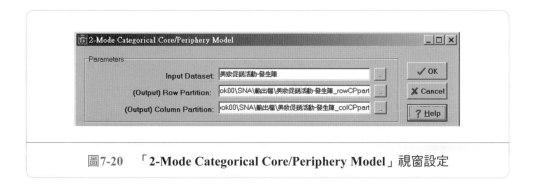

圖7-20　「**2-Mode Categorical Core/Periphery Model**」視窗設定

　　所產生的文字輸出如圖7-21所示。核心—邊緣結構是一個理想的結構模式，它把列、欄都分為兩類，在主對角線的塊（block）是核心，主對角線的另外一塊就是邊緣。在「塊鄰接陣」（Blocked Adjacency Matrix）報表中，行動者（學者）1、2、6與事件（學術活動）E4、E5、E3所構成的塊是核心；行動者（學者）4、5、3與事件（學術活動）E1、E2、E6、E7所構成的塊是邊緣。此模型不太關注非對角線上的塊的關係密度。

　　行動者與事件的分區，如果愈接近理想的像，則配適度（fitness）愈接近1；如果愈不接近理想的像，則配適度愈接近0。在輸出報表中，呈現兩個配適度，初始值為0.481，最終值為0.548，可見經過演算，配適度提昇了0.067。

　　在密度方面，我們可以用密度矩陣來判斷所產生的塊模型與理想模型的配適度。如果塊模型與理想模型完全配適，那麼核心（左上角）的塊的密度將是1，邊緣（右下角）的塊的密度將是0。本例中，核心的密度是1.0，邊緣的密度是0.5。

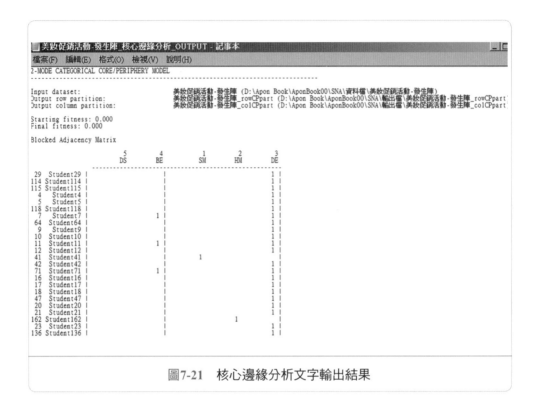

圖7-21　核心邊緣分析文字輸出結果

二、分派分析

2-模資料分派分析（faction analysis）的目的就是同時考慮網絡中的行動者與事件，並根據關係多寡（某行動者與事件以及其他某行動者與事件之間的關係）對進行分組，使群體內部的密度高，群體之間的密度低。換句話說，群體之間盡可能互斥。原則上來說，分派數量可能高於2個，但UCINET只提供2組。

按〔Network〕〔2-Mode〕〔2-Mode Factions〕，在「2-Mode Factions」視窗中，點擊「Input Dataset」右側的「三點按鈕」圖示，並在資料夾中選擇「學者參與學術活動_發生陣.##h」此資料集；交代輸出檔案名稱（如不交代，利用其預設文字亦可），情形如圖7-22所示。

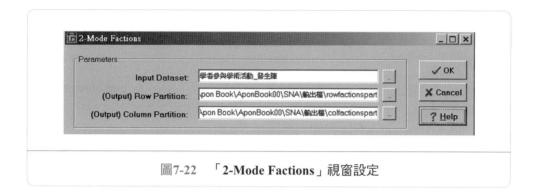

圖7-22　「2-Mode Factions」視窗設定

　　所產生的文字輸出如圖7-23所示。核心—邊緣結構是一個理想的結構模式，它把列、欄都分為兩類，在主對角線的塊（block）是核心，土對角線的另外一塊就是邊緣。在「塊鄰接陣」（Blocked Adjacency Matrix）報表中，行動者（學者）1、6、4與事件（學術活動）E1、E5、E3所構成的塊是核心；行動者（學者）2、5、3與事件（學術活動）E4、E2、E6、E7所構成的塊是邊緣。此模型不太關注非對角線上的塊的關係密度。我們可以發現，這個結果與上述的「核心—邊緣分析」頗為類似。

　　行動者與事件的分區，如果愈接近理想的像（idealized image），則配適度（fitness）愈接近1；如果愈不接近理想的像，則配適度愈接近0。在輸出報表中，呈現兩個配適度，初始值為0.049，最終值為0.437，可見經過演算，配適度提昇了0.428（上述的「核心—邊緣分析」配適度提昇幅度是0.067）。實際的塊模型與理想模型的相關係數是0.437，屬於中度相關。

　　在密度方面，我們可以用密度矩陣來判斷所產生的塊模型與理想模型的配適度。如果塊模型與理想模型完全配適，那麼核心（左上角）的塊的密度將是1，邊緣（右下角）的塊的密度將是0。本例中，核心的密度是0.875，邊緣的密度是0.727。

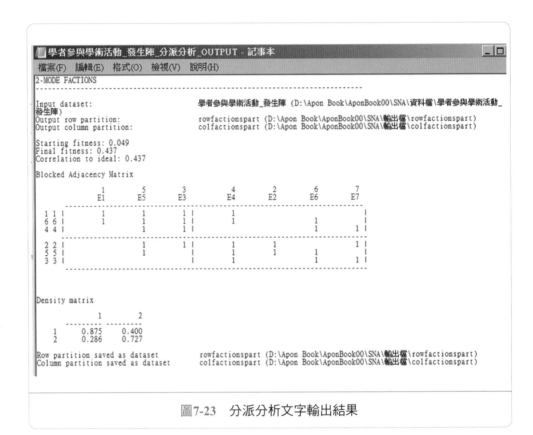

圖7-23　分派分析文字輸出結果

Chapter

08

UCINET假說檢定

8-1　假說檢定種類

UCINET提供的假說檢驗分為三大類，如圖8-1所示：

一、點的屬性層次（Node-level）

點的屬性層次（Node-level）分析包括：(1)迴歸分析（Regression）；(2)T檢定（T-Test），例如二群體的中心度平均數假設檢定（例如，政府組織的中心度平均數是否低於非政府組織）；(3)變異數分析（ANOVA），例如多群體的中心度平均數檢定（例如，將學者的專長類別分為「金融」、「國貿」、「一般管理」這三種類型，對這三類學者的特徵向量中心度進行檢定）。

二、點─關係混合層次（Mixed Dyadic/nodal）

點─關係混合層次（Mixed Dyadic/nodal）包括：(1)類別屬性（Categorical attributes），也就是檢定「點的離散性數據」與「點與點之間『關係』數據」之間的關係；(2)連續屬性（Continuous attributes），也就是檢定「點的連續性數據」與「點與點之間『關係』數據」之間的關係。

三、關係─關係層次〔Dyadic(QAP)〕

QAP（Quadratic Assignment Procedure, 二次指派程序）是對兩個方陣中各個格值的相似性進行比較的方法。關係─關係層次〔Dyadic(QAP)〕包括：(1)QAP相關分析（QAP Correlation），也就是對「兩種關係數據」之間的關係進行檢定；(2)QAP關係列聯表分析（QAP Relational CrossTabs）；(3)QAP迴歸分析（QAP Regression）。

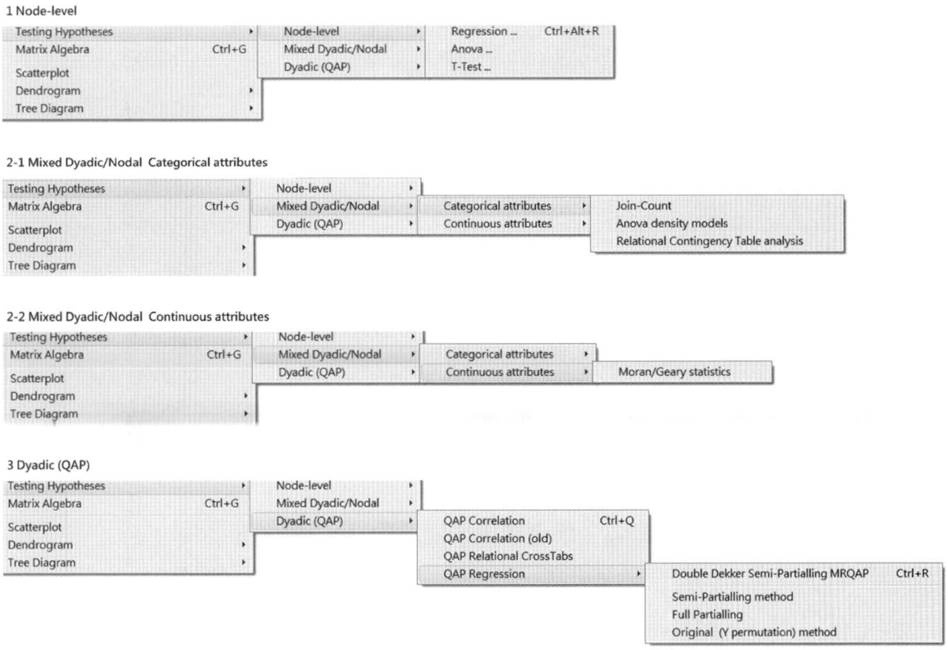

圖8-1　UCINET提供的三大類假說檢定

8-2　點的屬性層次（Node-level）

一、迴歸分析（Regression ）

　　研究者有興趣發現：專業互動（依變數）與學術專長（自變數）、年資（自變數）之間的因果關係。易言之，他想要探討的主題是：學術專長相同者是否互動較多；年資愈久的學者是否互動較多。

　　這次一個多元迴歸的問題，首先我們先說明依變數。在專業互動的資料檔中（圖8-2），1代表互動，0代表不互動。我們可以將互動視為學者之間的學術聯繫、交流、互相幫助等。

圖8-2 學者參與學術活動_發生陣.##h

按〔Data〕〔Affiliation(2-mode to 1-mode)〕，將此發生陣轉換為鄰接陣（檔名為：「學者參與學術活動_學者鄰接陣.##h」），如圖8-3所示。

圖8-3 學者參與學術活動_學者鄰接陣.##h

　　按〔Network〕〔Centrality and Power〕〔Eigenvector...〕，在「Bonacich Eigenvector Centrality」視窗內，點擊Input Dataset右側的「三點按鈕」圖示，並在資料夾中選擇「學者參與學術活動_學者鄰接陣-Aff.##h」此資料集；設定好輸出資料集名稱（學者參與學術活動_學者鄰接陣_EigenvectorCentrality.##h），如圖8-4(a)所示，按〔OK〕後所產生的資料集經開啟後，如圖8-4(b)所示。本例中，特徵向量中心度（Eigenvector Centrality）可解釋為：參與學術活動的一致性程度。

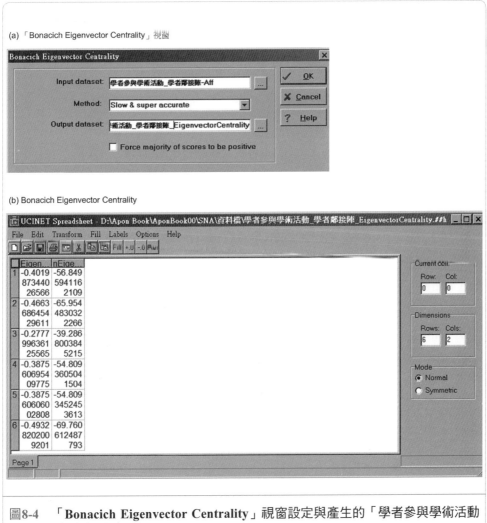

(a)「Bonacich Eigenvector Centrality」視窗

(b) Bonacich Eigenvector Centrality

圖8-4　「Bonacich Eigenvector Centrality」視窗設定與產生的「學者參與學術活動_學者鄰接陣_EigenvectorCentrality.##h」

接著我們來說明兩個自變數，第一個自變數「學術專長」是類別尺度，並以虛擬變數來表示學術專長，共有3個學術專長：國企、一般管理、金融。記錄方式如圖8-5所示。第二個自變數是「年資」（seniority）。

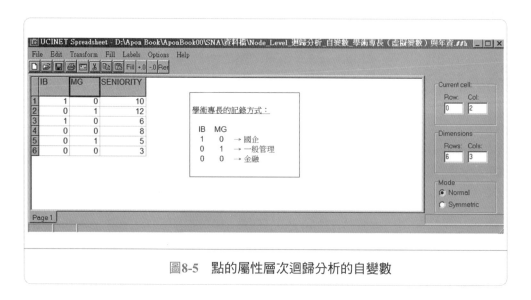

圖8-5　點的屬性層次迴歸分析的自變數

按〔Tools〕〔Testing Hypotheses〕〔Node-level〕〔Regression〕，在「Regression」視窗中，點擊Dependent Dataset（依變數資料集）右側的「三點按鈕」圖示，並在資料夾中選擇「學者參與學術活動_學者鄰接陣_EigenvectorCentrality.##h」此資料集；在「Dependent column #」維持預設值1；點擊Independent Dataset（自變數資料集）右側的「三點按鈕」圖示，並在資料夾中選擇「Node_Level_迴歸分析_自變數_學術專長（虛擬變數）與年資.##h」此資料集，結果如圖8-6所示。

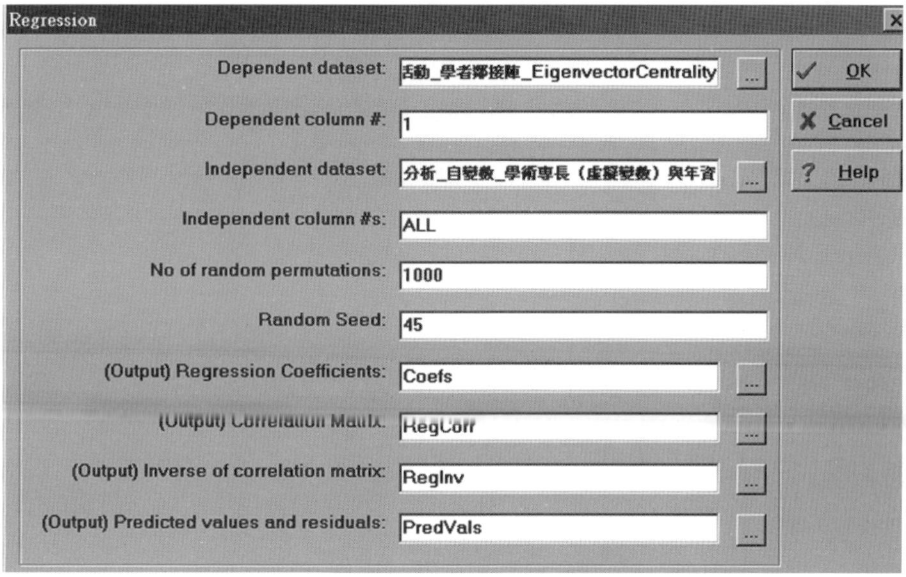

圖8-6 「**Regression**」視窗設定

　按〔OK〕所產生的輸出報表如圖8-7所示。從相關矩陣可以看出，國企專長者與學術互動的相關程度相對高。R-square值47.4%，置換檢驗的結果並不顯著（$p = 0.648 > 0.05$）。

　迴歸係數顯示，國企專長者對學術互動的影響程度相對高（標準化係數0.789），但不顯著（$p = 0.519 > 0.05$）。其他變數對學術互動的影響程度均未達顯著水準。參照群體是「金融專長者」，它構成了迴歸分析的截距項。

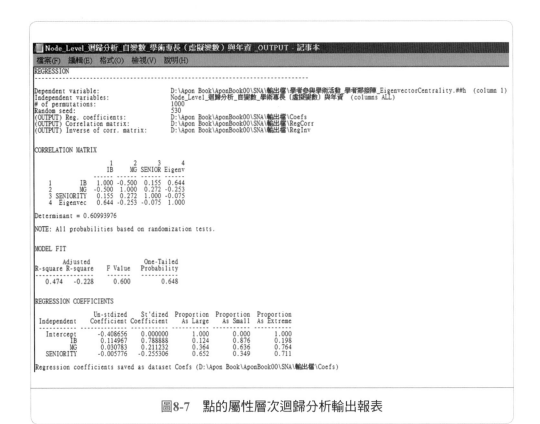

圖8-7　點的屬性層次迴歸分析輸出報表

二、T檢定（T-Test）

（一）例一：專業互動與學術專長之間的關係

　　研究者有興趣發現：專業互動與學術專長之間的關係。易言之，他想要探討的主題是：學術專長相同者是否互動較多。

　　按〔Network〕〔Centrality and Power〕〔Degree〕，在「Degree」視窗中，點擊Input Dataset右側的「三點按鈕」圖示，並在資料夾中選擇「學者參與學術活動_學者鄰接陣-Aff.##h」此資料集；設定好輸出資料集名稱（FreemanDegree.##h），如圖8-8所示。

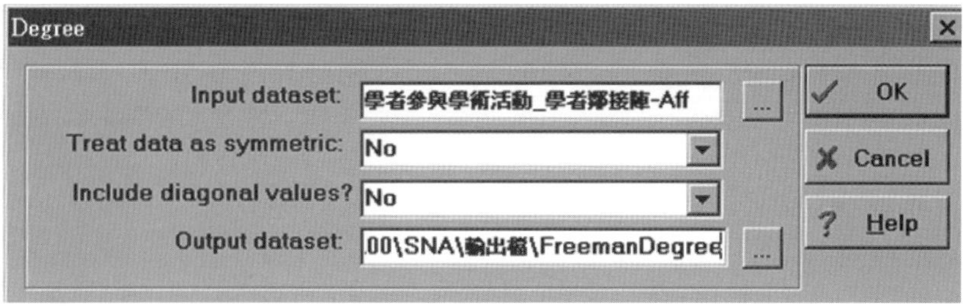

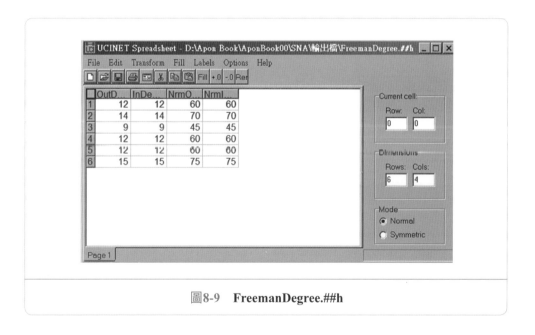

圖8-8　在「**Degree**」視窗中產生**FreemanDegree.##h**

　　所產生的FreemanDegree.##h如圖8-9所示。第1欄為點出度（Out Degree）、第2欄為點入度（In Degree）。點出度可解釋為：主動影響別人、主動與別人交流互動。

圖8-9　**FreemanDegree.##h**

　　在「專業領域.##h」資料檔中（圖8-10），6名行動者（教師）的專業領域分別是1、0、1、1、0、0。1代表國企，0代表金融。圖中顯示：第一位教師的專業領域是國企，第二位教師的專業領域是金融。

圖8-10　專業領域.##h

　　按〔Tools〕〔Testing Hypotheses〕〔Node-level〕〔T-Test〕，在「T-Test」視窗中，點擊Dependent(Y)Variable（依變數）右側的「三點按鈕」圖示，並在資料夾中選擇「FreemanDegree.##h」此資料集；點擊Dependent(X)Variable（自變數）右側的「三點按鈕」圖示，並在資料夾中選擇「專業領域.##h」此資料集，結果如圖8-11所示。

圖8-11　「T-Test」視窗設定（例一）

　　按〔OK〕後所產生的文字輸出檔如圖8-12所示。本例是執行10000次隨機置

換，根據兩個均值之差的抽樣分布（permutation-based sampling distribution），算出顯著性水準。資料檔中，1代表國企，0代表金融；經過UCINET轉換後，Group 2代表國企，Group 1代表金融。結果顯示，Group 2（國企）比Group 1（金融）的中心度（點出中心度）低2.667，但此差異不顯著（p = 0.31 > 0.05）。在10000次隨機置換檢驗中，大約有15%的情況Group 2大於Group 1（差異為2.667）。

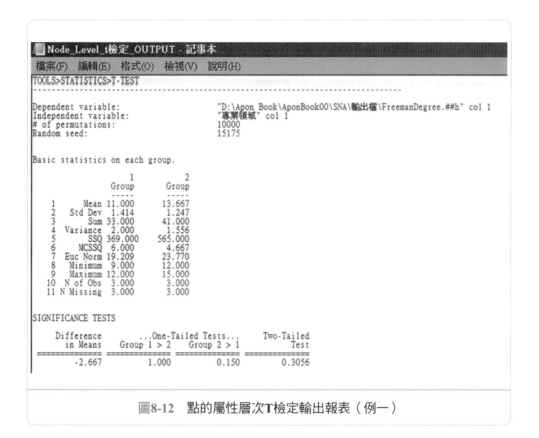

圖8-12　點的屬性層次T檢定輸出報表（例一）

（二）例二：訊息交換與組織類型的關係

　　研究者有興趣研究：訊息交換與組織類型的關係。我們利用UCINET所提供的資料集KNOKI.##h。這個資料集並不是單獨存在，而是包含在KNOKBUR.##h資料集內，因此我們要按〔Data〕〔Unpack〕來「開包」（unpack）KNOKBUR.##h資料集。

　　然後資料處理程序與例一相同。按〔Network〕〔Centrality and Power〕〔Degree〕，在「Degree」視窗中，點擊Input Dataset右側的「三點按鈕」圖示，並在資料夾中選擇「KNOKI.##h」此資料集；設定好輸出資料集名稱（KNOKI_FreemanDegree.##h）。所產生的KNOKI_FreemanDegree.##h，第1欄為點出度（Out Degree）、第2欄為點入度（In Degree）。點出度可解釋為：主動向其他組織提供資訊。

　　在「組織類型.##h」資料集中，10個組織類型分別是1、1、1、1、2、2、2、2、2、2。1代表政府組織，2代表非政府組織。

　　按〔Tools〕〔Testing Hypotheses〕〔Node-level〕〔T-Test〕，在「T-Test」視窗中，點擊Dependent(Y)Variable（依變數）右側的「三點按鈕」圖示，並在資料夾中選擇「KNOKI_FreemanDegree.##h」此資料集；點擊Dependent(X)Variable（自變數）右側的「三點按鈕」圖示，並在資料夾中選擇「組織類型.##h」此資料集，結果如圖8-13所示。

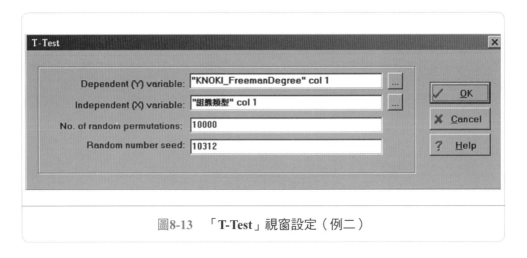

圖8-13　「T-Test」視窗設定（例二）

　　按〔OK〕後所產生的文字輸出檔如圖8-14所示。本例是執行10000次隨機置換，根據兩個均值之差的抽樣分布（permutation-based sampling distribution），算出顯著性水準。資料檔中，1代表政府組織，2代表非政府組織。結果顯示，Group 2（非政府組織）比Group 1（政府組織）的中心度（點出中心度）低0.583，但此差異不顯著（p = 0.74 > 0.05）。在10000次隨機置換檢驗中，大約有38.3%的情況Group 1大於Group 2（差異為0.583）；大約有74.6%的情況Group 2

大於Group 1（差異為0.583）。

```
Node_Level_t檢定_例二_OUTPUTOUTPUT.LOG1 - 記事本

檔案(F)  編輯(E)  格式(O)  檢視(V)  說明(H)

TOOLS>STATISTICS>T-TEST
- - - - - - - - - - - - - - - - - - - - - - - - - - - - - - -

Dependent variable:              "KNOKI_FreemanDegree" col 1
Independent variable:            "組織類型" col 1
# of permutations:               10000
Random seed:                     16535


Basic statistics on each group.

                      1       2
                   Group 1 Group 2
                   ------- -------
 1      Mean        5.250   4.667
 2     Std Dev      1.299   1.886
 3       Sum       21.000  28.000
 4    Variance      1.688   3.556
 5       SSQ      117.000 152.000
 6      MCSSQ       6.750  21.333
 7    Euc Norm     10.817  12.329
 8     Minimum      4.000   3.000
 9     Maximum      7.000   8.000
10    N of Obs      4.000   6.000
11   N Missing      6.000   4.000


SIGNIFICANCE TESTS

    Difference      ...One-Tailed Tests...     Two-Tailed
     in Means     Group 1 > 2   Group 2 > 1       Test
   ============== ============= =============  ==============
       0.583         0.383         0.746          0.7366
```

圖8-14　點的屬性層次T檢定輸出報表（例二）

三、變異數分析（ANOVA）

　　研究者有興趣發現：專業互動（依變數）與學術專長（自變數）之間的關係。易言之，他想要探討的主題是：學術專長相同者是否互動較多。

在專業互動的資料檔中（學者參與學術活動_發生陣.##h），1代表互動，0代表不互動。我們可以將互動視為學者之間的學術聯繫、交流、互相幫助等。按〔Data〕〔Affiliation(2-mode to 1-mode)〕，將此發生陣轉換為鄰接陣（檔名為：「學者參與學術活動_學者臨接陣.##h」）。

按〔Network〕〔Centrality and Power〕〔Eigenvector...〕，在「Bonacich Eigenvector Centrality」視窗內，點擊Input Dataset右側的「三點按鈕」圖示，並在資料夾中選擇「學者參與學術活動_學者鄰接陣-Aff.##h」此資料集；設定好輸出資料集名稱（學者參與學術活動_學者鄰接陣_EigenvectorCentrality.##h）。特徵向量中心度（Eigenvector Centrality）可解釋為：參與學術活動的一致性程度。

在本例中，專任老師的專長類別分為：0（金融）、1（國企）、2（一般管理）這三個領域，所建立的檔案（檔名：專長類別.##h）如圖8-15所示。

圖8-15　專長類別.##h

按〔Tools〕〔Testing Hypotheses〕〔Node-level〕〔Anova〕，在「Anova」視窗中，點擊Dependent(Y)Variable（依變數）右側的「三點按鈕」圖示，並在資料夾中選擇「學者參與學術活動_學者鄰接陣_EigenvectorCentrality.##h」此資料集；點擊Dependent(X)Variable（自變數）右側的「三點按鈕」圖示，並在資

料夾中選擇「專長類別.##h」此資料集，結果如圖8-16所示。

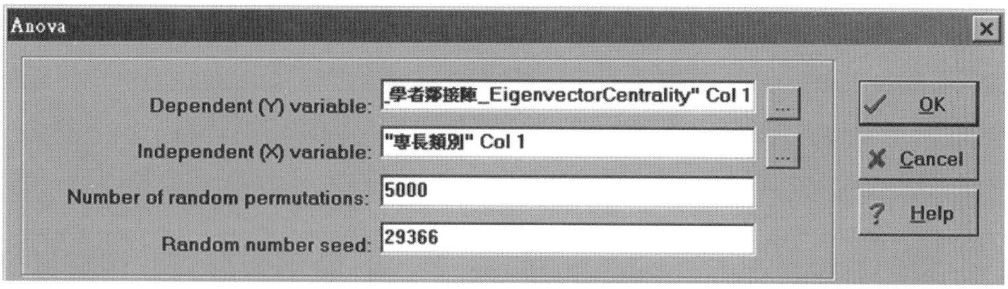

圖8-16 「Anova」視窗設定

按〔OK〕後所產生的文字輸出檔如圖8-17所示。結果顯示，三組專長學者的特徵向量中心度均值之差並不顯著（p=0.197>0.05）。經過計算，一般管理、國企、金融的特徵向量中心度均值分別為：-0.3875、-0.3398、-0.4798。計算方式為：按〔Transform〕〔Matrix Operations〕〔Within dataset〕〔Aggregations〕，當然在這之前，要將專長類別.##h依照專長分成三個檔案。

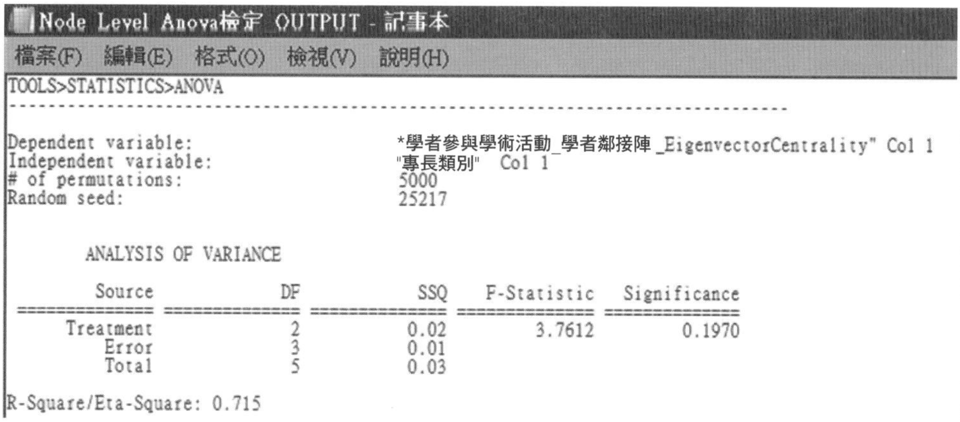

圖8-17 點的屬性層次變異數分析輸出報表

8-3 點—關係混合層次（Mixed Dyadic/Nodal）

所謂點—關係混合層次（Mixed Dyadic/Nodal）的假說檢定，是指涉及到「點的屬性」與「點與點之間的關係」的假說檢定。「點的屬性」又包括：點的資料是離散性的，還是連續性的，因此這類假說檢定分為二類：(1)檢定「點的離散性資料」與「關係」之間的關係；(2)檢定「點的連續性資料」與「關係」之間的關係。

一、類別屬性（Categorical attributes）——類別變量與關係變量之間關係的檢定

（一）對兩群體內外關係模式的檢定

某研究者對於「物以類聚、人以群分」的社會現象感到興趣，因此他進行的一項研究，試圖發現：專業相同的人是否容易互動？換句話說，對於一個二元關係（如專業互動）的鄰接陣而言，它與一個單一變量（如專業領域）之間是否相關？例如，輔大金融與國際企業學系的師資是由國企專長、金融專長的教授們所組成。我們有興趣發現：專業互動是否與專業領域有關？或者說專業互動是否根據專業領域的不同而不同？也就是說，專長為國企的老師傾向與專長為國企的老師互動，而專長為金融的老師傾向與專長為金融的老師互動？在這個範例中，所謂「內關係」是指專業領域相同的老師之間的互動，而「外關係」是指專業領域不同的老師之間的互動。以上的研究問題可用兩種方法來檢定。

    1. 利用Joint-Count Statistics(autocorrelation with categorical attribute)

在「專業領域.##h」資料檔中（圖8-18），6名行動者（教師）的專業領域分別是1、0、1、1、0、0。1代表國企，0代表金融。圖中顯示：第一位教師的專業領域是國企，第二位教師的專業領域是金融。

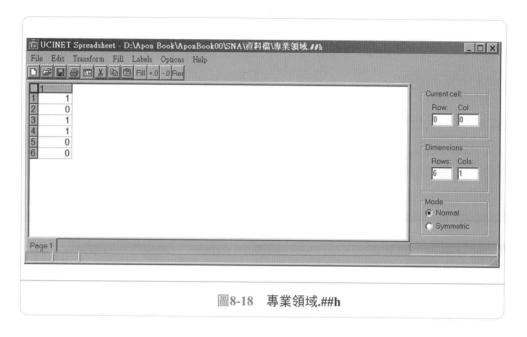

圖8-18　專業領域.##h

　　在專業互動的資料檔中（圖8-19），1代表互動，0代表不互動。我們可以將互動視為學術聯繫、交流、互相幫助等。

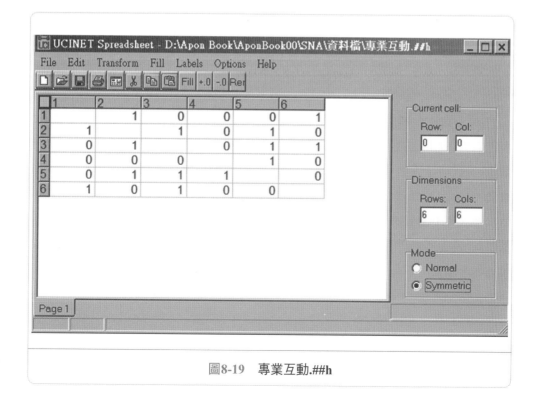

圖8-19　專業互動.##h

　　按〔Tools〕〔Testing Hypotheses〕〔Mixed Dyadic/Nodal〕〔Categorical Attributes〕〔Joint-Count〕，在出現的「Joint-Count Statistics(autocorrelation with categorical attribute)」視窗中，點擊Input Dataset右側的「三點按鈕」圖示，並在資料夾中選擇「專業互動」此資料集；點擊Partition Vector右側的「三點按鈕」圖示，並在資料夾中選擇「專業領域」此檔案，結果如圖8-20所示。

　　Joint-Count這個程序可以檢驗兩個群體內關係與外關係之間的關係密度是否有別於隨機分布的情形。值得注意的是，此程序只能針對分為二組（如本例的國企組、金融組）的資料進行檢定。

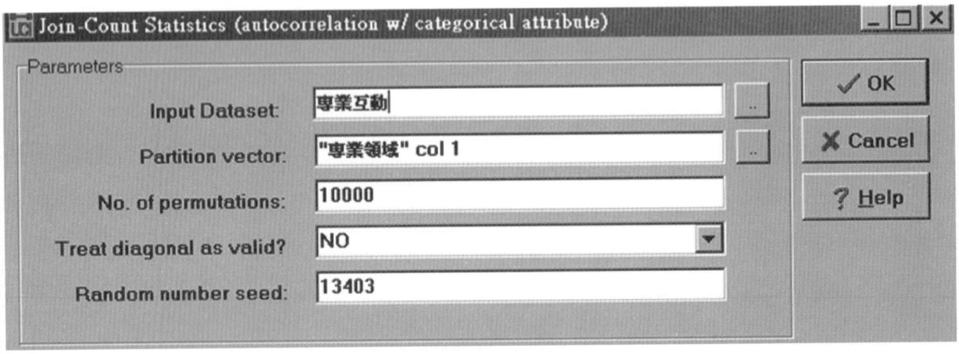

圖8-20　「**Joint-Count Statistics(autocorrelation with categorical attribute)**」視窗設定

　　按〔OK〕，所產生的文字檔輸出如圖8-21所示。在輸出報表中，UCINET首先將舊碼（Old code，即1、0）轉換成新碼（New code，即2、1），此時2代表國企、1代表金融。「1-2」代表金融專長老師與國企專長老師的互動情形，其觀察值（6）大於期望值（理論值，即4.2）的機率是0.203（>0.05），顯示未達顯著水準。從計算結果來看，無論群體1（金融專長的老師們）的內部關係數量，群體2（國企專長的老師們）的內部關係數量，還是群體1與群體2之間的關係數量，均不顯著。

圖8-21　**Joint-Count Statistics文字報表輸出**

2. 利用QAP，但需建構「專業領域」矩陣

　　我們也可透過建立「專業領域」矩陣的方式，來檢視專業領域與專業互動之間的關係。如何建立「專業領域」矩陣？如果行動者1和行動者2的專業領域相同，則在矩陣中對行動者1、行動者2交叉處的值賦予「1」，否則為「0」，結果如圖8-22。

圖8-22 「專業領域」矩陣

在專業互動的資料檔中（圖8-19），1代表互動，0代表不互動。

在UCINET中，按〔Tools〕〔Testing Hypotheses〕〔Dyadic (QAP)〕〔QAP Correlation〕，在「QAP Correlation」視窗內的「matrices to Complete」方格下方，按〔Browse〕選擇「專業領域矩陣」、「專業互動」這二個資料檔，並交代輸出的檔案名稱（專業領域矩陣 專業互動_QAP Correlation Results），如圖8-23所示。

按〔OK〕，所產生的文字檔輸出如圖8-24所示。輸出結果顯示，此二矩陣的相關係數為-0.491，而p = 0.206 > 0.05，故此二矩陣的相關並不顯著。就實際意義而言，專長相同的老師與參與專長互動這二者之間呈現相反的關係，而這種關係並不顯著。

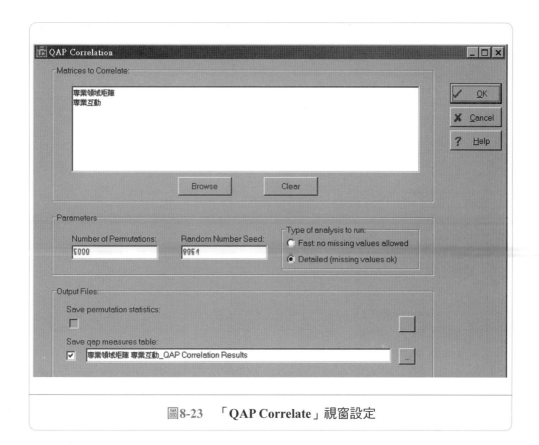

圖8-23 「**QAP Correlate**」視窗設定

（二）對多群體內外關係模式的檢定：關係列聯表分析

　　以上的說明是針對兩個群體，如果群體數目超過兩個，就要利用到「關係列聯表分析」。在本例中，專任老師的專長類別分為：0（金融）、1（國企）、2（一般管理）這三個領域，所建立的檔案（檔名：專長類別.##h）如圖8-25所示。

　　在專業互動的資料檔中（圖8-19），1代表互動，0代表不互動。

　　按〔Tools〕〔Testing Hypotheses〕〔Mixed Dyadic/Nodal〕〔Categorical Attributes〕〔Relational Contingency Table analysis〕，在出現的「Categorical Autocorrelation - Frequency Model - 1 Attribute」視窗中，點擊Input Dataset右側的「三點按鈕」圖示，並在資料夾中選擇「專業互動」此檔案；點擊Partition Vector右側的「三點按鈕」圖示，並在資料夾中選擇「專長類別」此檔案，並交代好輸出檔案名稱（或不交代，利用其預設名稱亦可），結果如圖8-26所示。

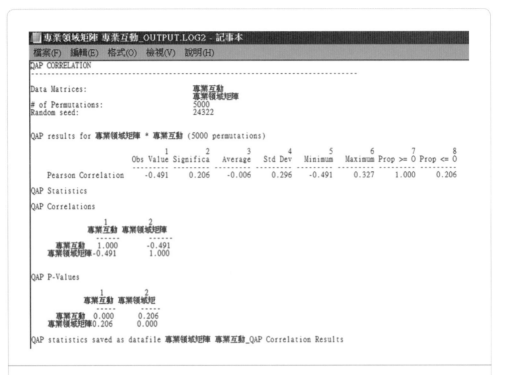

圖8-24　**QAP Correlation**輸出結果

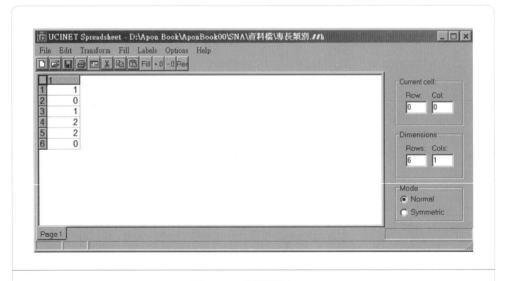

圖8-25　專長類別.##h

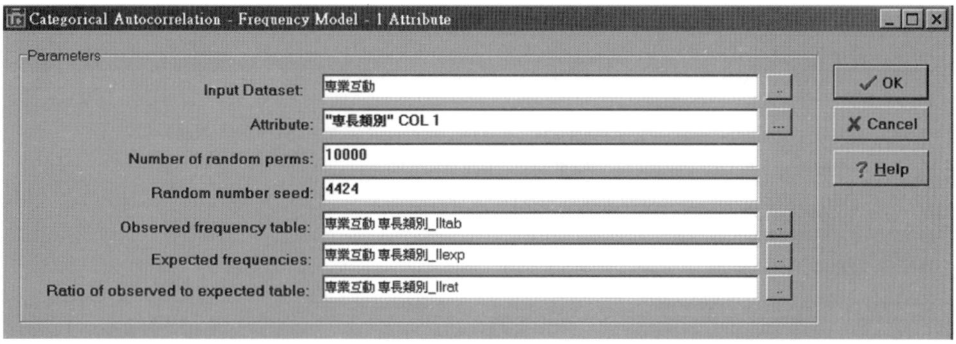

圖8-26　「**Categorical Autocorrelation - Frequency Model - 1 Attribute**」視窗設定

　　按〔OK〕，所產生的文字檔輸出如圖8-27所示。輸出結果顯示，UCINET首先將舊碼（Old code，即2、1、0）轉換成新碼（New code，即3、2、1），此時3代表一般管理、2代表國企、1代表金融。然後依序呈現關係數目（共8個）、三個群體的交叉分類頻率（Cross-classified Frequencies）、期望值、期望值與觀察值之比，這個比值只有第三類的值 > 1，可見只有第三類（一般管理）表現出同類性（homophily）。

　　卡方統計量是7.937，p = 0.42 3> 0.05，顯示此三群體不存在交互關係（不同專長老師之間的互動並不具有顯著關係）。

（三）對多群體內外關係模式的檢定：變異數分析密度模式

　　變異數分析密度模式（ANOVA Density Models）是檢驗「相似性模型」的方法。按〔Tools〕〔Testing Hypotheses〕〔Mixed Dyadic/Nodal〕〔Categorical Attributes〕〔ANOVA Density Models〕，在「ANOVA/ Density - Categorical Autocorrelation」視窗內的「Model」下拉式清單中，呈現出5種模式，如圖8-28所示。

專業互動 專長類別_OUTPUT - 記事本

檔案(F) 編輯(E) 格式(O) 檢視(V) 說明(H)

```
RELATIONAL CONTINGENCY TABLE ANALYSIS -- DIRECTED NETWORKS/UNDIRECTED MODEL
--------------------------------------------------------------------------------

Network dataset:                        專業互動 (D:\Apon Book\AponBook00\SNA\資料檔\專業互動)
Attribute:                              "專長類別" COL 1
# of Permutations:                      10000
Random seed:                            4424

Input data is undirected (symmetric).
Warning: Attribute vector has been recoded.

Here is a translation table:

  Old Code     New Code    Frequency
  ========     ========    =========
      0    =>      1           2
      1    =>      2           2
      2    =>      3           2

Number of ties: 8.000

Cross-classified Frequencies

             1     2     3
             0     1     2
         ----- ----- -----
   1 0       0     4     1
   2 1       4     0     1
   3 2       1     1     2


Expected Values Under Model of Independence

             1     2     3
             0     1     2
         ----- ----- -----
   1 0    0.53  2.13  2.13
   2 1    2.13  0.53  2.13
   3 2    2.13  2.13  0.53


Observed/Expected

             1     2     3
             0     1     2
         ----- ----- -----
   1 0    0.00  1.87  0.47
   2 1    1.87  0.00  0.47
   3 2    0.47  0.47  3.75


Average permutation frequency table

          1     2     3
      ----- ----- -----
   1   0.94  1.87  1.85
   2   1.87  0.94  1.87
   3   1.85  1.87  0.94


Observed chisquare value = 7.937
Significance = 0.422958
Number of iterations = 10000

Cross-classified observed frequencies saved as D:\Apon Book\AponBook00\SNA\輸出檔\專業互動 專長類別_11tab
Expected values saved as D:\Apon Book\AponBook00\SNA\輸出檔\專業互動 專長類別_11exp
Ratio of Observed to Expected values saved as D:\Apon Book\AponBook00\SNA\輸出檔\專業互動 專長類別_11rat
```

圖8-27　對多群體內外關係模式的檢定：關係列聯表分析輸出結果

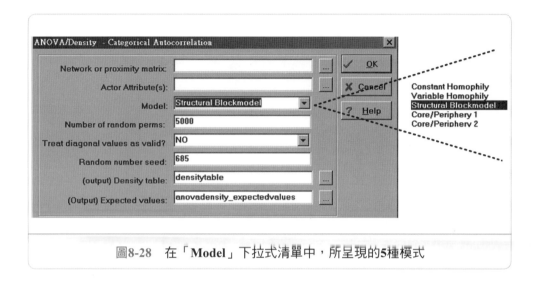

圖8-28　在「**Model**」下拉式清單中，所呈現的**5**種模式

　　這5種模式是：(1) 常量相似法（Constant Homophily），假設行動者所傾向的交往對象與自己的類別相同；(2) 變量相似法（Variable Homophily），假設行動者所傾向的交往對象具有可變的趨勢；(3) 結構塊模型（Structural Blockmodel），所關注的是：不同的群體是否擁有明顯不同的交往模式（例如國企專長者與國企專長者交往，但金融專長者會與國企專長者交往）；(4) 核心—邊緣模型法 1（Core-Periphery 1）；（5）核心—邊緣模型法 2（Core-Periphery 2）。值得一提的是，本例所使用的資料數目很少，目的在示範各種模型以及輸出報表的解釋。

1. 結構塊模型（Structural Blockmodel）

　　本例中，發生陣為「學者參與學術活動_發生陣.##h」，其中記錄了6位學者參與學術活動的情形，透過〔Data〕〔Affiliation (2-mode to 1-mode)〕將此發生陣轉換為鄰接陣（檔名為：「學者參與學術活動_學者臨接陣.##h」），如圖8-29所示。

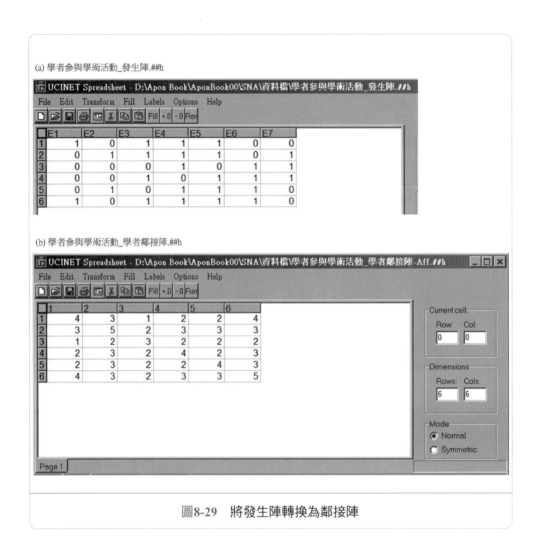

(a) 學者參與學術活動_發生陣.##h

(b) 學者參與學術活動_學者鄰接陣.##h

圖8-29　將發生陣轉換為鄰接陣

　　如果研究者僅對「強聯盟關係」（簡稱強關係）有興趣，他可以這樣界定：兩位行動者（本例為學者）共同參與3項以上的學術活動，則可界定兩者之間的關係為強關係。按〔Transform〕〔Dichotomize〕，在出現的「Dichotomize」視窗中，點擊Input Dataset右側的「三點按鈕」圖示，並在資料夾中選擇「學者參與學術活動_學者鄰接陣-Aff.##h」此資料集；在「Cut-Off Operator」選擇「GE - Greater Than or Equal」；在「Cut-Off Value」右邊將預設值0改為3；將「Diagonal OK?」改為「No」，將輸出資料集名稱設為「學者參與學術活動_學者鄰接陣-AffGE3.##h」，按〔OK〕，即可將多值資料轉換成二值資料，如圖8-30所示。

(a) 「Dichotomize」視窗設定

(b) 轉換成的二值資料

圖8-30　將多值資料轉換成二值資料

　　在UCINET中，按〔Tools〕〔Testing Hypotheses〕〔Mixed Dyadic/Nodal〕〔Categorical Attributes〕〔ANOVA Density Models〕，在「ANOVA/ Density - Categorical Autocorrelation」視窗內，點擊Network or proximity matrix右側的「三點按鈕」圖示，並在資料夾中選擇「學者參與學術活動_學者鄰接陣-AffGE3.##h」此資料集；點擊Actor Attribute(s)右側的「三點按鈕」圖示，並在資料夾中選擇「專長類別.##h」此資料集；「Model」則維持預設的「Structural Blockmodel」，如圖8-31所示。

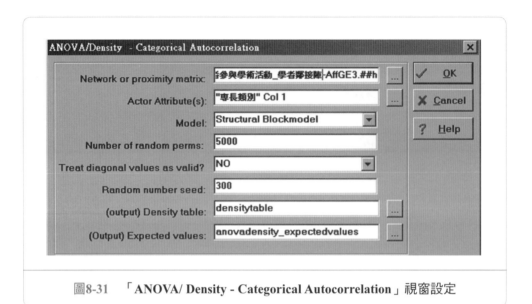

圖8-31　「ANOVA/ Density - Categorical Autocorrelation」視窗設定

　　按〔OK〕，所產生的文字檔輸出如圖8-32所示。輸出結果顯示，UCINET首先將舊碼（Old code，即2、1、0）轉換成新碼（New code，即3、2、1），此時3代表一般管理、2代表國企、1代表金融。「密度表」（Density Table）顯示，金融專長教師自身之間的聯繫為0，其與國企專長教師的聯繫較多（0.500），與一般管理專長教師的聯繫最多（1.000）。

　　塊之間的差異解釋了成對關係變異的73.2%。如果兩名行動者（學者）都具有金融專長（第3-3塊），那麼二者之間存在的概率是0.000（即截距項）；如果兩名行動者具有金融與國企專長（隸屬於金融、國企群體），則二者之間存在關係的概率比0.000多0.5。表中顯示，具有金融與一般管理專長的兩名學者，其間存在關係的概率最高（1.00）。顯著水準顯示，具有金融、一般管理專長的兩名行動者之間，其關係顯著（p = 0.03 < 0.05）。

圖8-32　結構塊模型分析輸出報表

　　以下各模型檢驗，均是在「ANOVA/ Density - Categorical Autocorrelation」視窗內，點擊Network or proximity matrix右側的「三點按鈕」圖示，並在資料夾中選擇「學者參與學術活動_學者鄰接陣-AffGE4.##h」此資料集；點擊Actor Attribute(s)右側的「三點按鈕」圖示，並在資料夾中選擇「專長類別.##h」此資料集；「Model」則在其清單中做適當選擇。

2. 常量相似法（Constant Homophily）

　　此模型假定全部群體都有一種建立群體內關係的傾向，且所有群體的關係強度都相同，其輸出結果如圖8-33所示。截距項（Intercept）顯示，不同群體的兩個行動者之間存在關係的概率是0.500。

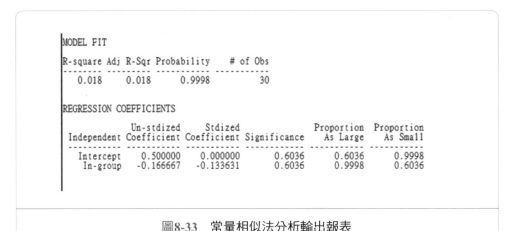

圖8-33　常量相似法分析輸出報表

3. 變量相似法（Variable Homophily）

　　此模型檢驗每個對角線（即每個群體內部的關係）是否有別於對角線外的關係，其輸出結果如圖8-34所示。此模型的配適度（MODEL FIT）為19.6%。截距項（Intercept）顯示，不同群體的兩個行動者之間存在關係的概率是0.500。群體1（金融專長者）中的行動者之間存在關係的概率比0.5002多0.500（差異不顯著，p = 0.47 > 0.05）；群體2（國企專長者）中的行動者之間存在關係的概率比0.500少0.500（差異不顯著，p = 0.40 > 0.05）；群體3（一般管理專長者）中的行動者之間存在關係的概率比0.500少0.500（差異不顯著，p = 0.41 > 0.05）。

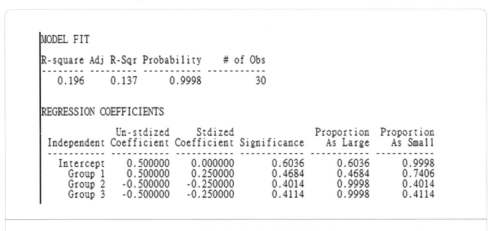

圖8-34　變量相似法分析輸出報表

4. 核心──邊緣模型法（Core-Periphery）

　　核心──邊緣模型有二類：強模型、弱模型。強模型（core-periphery 1）是假定有一個高度結構化的核心存在，而在核心群體內存在有許多關係，但是其他關係（如邊緣群體的成員之間、核心群體與邊緣群體之間）則較少。輸出結果如圖8-35所示。

　　強模型並沒有很好地描述群體內外關係模式，R-square非常低（8.2%），並有46.84%的隨機置換資料會達到R-square如此低的結果。迴歸係數也不顯著，「邊緣」的密度（也就是兩個隨機行動者之間存在關係的概率）是0.429，核心的密度比0.429多0.571。

```
(a) 強模型

MODEL FIT

R-square Adj R-Sqr Probability   # of Obs
-------- --------- -----------   ----------
  0.082     0.082     0.4684        30

REGRESSION COEFFICIENTS

              Un-stdized   Stdized                 Proportion  Proportion
Independent  Coefficient Coefficient Significance   As Large    As Small
-----------  ----------- ----------- ------------  ----------  ----------
  Intercept    0.428571    0.000000      0.9998       0.9998      0.4684
       Core    0.571429    0.285714      0.4684       0.4684      0.9998


(b) 弱模型

MODEL FIT

R-square Adj R-Sqr Probability   # of Obs
-------- --------- -----------   ----------
  0.583     0.583     0.0710        30

REGRESSION COEFFICIENTS

               Un-stdized   Stdized                 Proportion  Proportion
Independent   Coefficient Coefficient Significance   As Large    As Small
------------  ----------- ----------- ------------  ----------  ----------
   Intercept    0.000000    0.000000      0.9998       0.9998      0.0710
Non-Periphery   0.777778    0.763763      0.0710       0.0710      0.9998
```

圖8-35　核心──邊緣模型法分析輸出報表

　　弱模型（core-periphery 2）也是假定有一個高度結構化的核心存在，但是允許核心與邊緣群體成員之間具有關係存在。輸出結果顯示，弱模型比較好地描述

群體內外關係模式，R-square為58.3%，並有7.1%的隨機置換資料會達到R-square 此結果。迴歸係數不顯著，「邊緣」的密度（也就是兩個隨機行動者之間存在關係的概率）是0.00，在非邊緣（Non-Periphery）的密度比0.00多0.78。

二、連續屬性（Continuous attributes）

「連續屬性」程序提供二種指數來檢驗行動者在「連續屬性」（等距尺度）和「二者之間網絡距離」之間是否存在自相關（autocorrelation）。研究者有興趣發現年資與互動的關係，也就是教學年資愈久者是否與人互動次數愈多。在UCINET中，按〔Tools〕〔Testing Hypotheses〕〔Mixed Dyadic/Nodal〕〔Continuous Attributes〕〔Moran/Geary Statistics〕，在「Interval Autocorrelation」視窗內，點擊Network or proximity matrix（網絡或接近性矩陣）右側的「三點按鈕」圖示，並在資料夾中選擇「專業互動.##h」此資料集；點擊Actor Attribute(s)（行動者屬性）右側的「三點按鈕」圖示，並在資料夾中選擇「年資.##h」此資料集；在「Method」的下拉清單選「Moran」，結果如圖8-36所示。按〔OK〕，產生結果後再在「Method」的下拉清單選「Geary」，所產生的文字輸出報表如圖8-37所示。

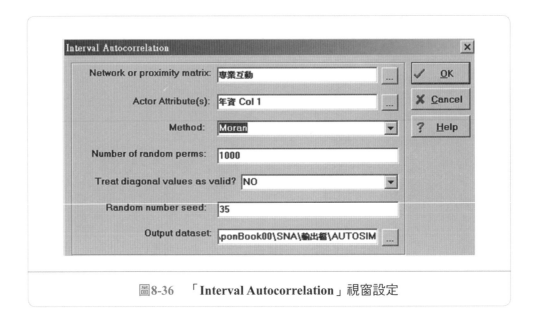

圖8-36　「Interval Autocorrelation」視窗設定

Moran's I自相關統計量的取值範圍從−1.0（完全負相關）、0（無關）到 + 1.0（完全正相關），此例的分析結果為−0.138，顯示年資與互動呈現負相關 （年資愈久，互動愈少或關係愈淡），但此結果在統計意義上不顯著（0.463 > 0.05）。UCINET還會利用置換檢驗，進而產生一個抽樣分布。在每一次置換 中，年資會被隨機賦予行動者，計算出Moran's I統計量。在這些隨機試驗中， 觀測到的Moran's I統計量均值是−0.208，標準差是0.271，觀測值（−0.138）與

(a) Moran

```
Moran_OUTPUT - 記事本
檔案(F)  編輯(E)  格式(O)  檢視(V)  說明(H)
TOOLS>AUTOCORRELATION>QUANTITATIVE
--------------------------------------------------------------------
Proximities:                      專業互動 (D:\Apon Book\AponBook00\SNA\資料檔\專業互動)
Attribute(s):                     年資 Col 1
Method:                           Moran
# of Permutations:                1000
Random seed:                      923

NOTE: Larger values indicate positive autocorrelation.
      A value of -0.200 indicates perfect independence.

      Autocorrelation:            -0.138
          Significance:            0.463

      Permutation average:        -0.208
            Standard error:        0.271
      Proportion as large:         0.463
      Proportion as small:         0.540
```

(b) Geary

```
Geary_OUTPUT - 記事本
檔案(F)  編輯(E)  格式(O)  檢視(V)  說明(H)
TOOLS>AUTOCORRELATION>QUANTITATIVE
--------------------------------------------------------------------
Proximities:                      專業互動 (D:\Apon Book\AponBook00\SNA\資料檔\專業互動)
Attribute(s):                     年資 Col 1
Method:                           Geary
# of Permutations:                1000
Random seed:                      624

NOTE: Smaller values indicate positive autocorrelation.
      A value of 1.0 indicates perfect independence.

      Autocorrelation:             1.013
          Significance:            0.452

      Permutation average:         0.994
            Standard error:        0.274
      Proportion as large:         0.452
      Proportion as small:         0.550
```

圖8-37　**Moran/Geary Statistics**

1000次隨機試驗下的期望值（−0.208）之差並不顯著（p = 0.463 > 0.05）。在所有的隨機樣本中，54.0%的樣本至少表現出如此大的相關性，遠高於5%的可接受錯誤比例。

如果兩個變量無關連，則Geary's C統計量等於1。若其值 < 1，則表示正相關；若其值>1，則表示負相關。本例計算出來的值為1.013，表示負相關，與Moran's I統計量計算出來的結果一樣。Geary's C統計量指出，此計算結果與1000次隨機試驗所得到的均值0.994之差並不顯著（p = 0.452 > 0.05）。

讀者不妨練習：以「學者參與學術活動_學者鄰接陣-AffGE4」作為Network or proximity matrix（表示接近性的矩陣），Actor Attribute(s)（行動者屬性）仍然用「年資」或者用自己所建立的一個新的連續變數，來檢視其間的關係。

8-4　關係─關係層次〔Dyadic(QAP)〕

一、QAP相關分析（QAP Correlation）

研究者欲發現「促銷活動」與「網路討論平台」之間的關係，易言之，參與相同促銷活動的受測者是否也會參與相同的網路討論平台？（「促銷活動」與「網路討論平台」的欄標籤可參考第4章4-7節「網絡密度檢定」）。

在UCINET中，按〔Tools〕〔Testing Hypotheses〕〔Dyadic (QAP)〕〔QAP Correlation〕，在「QAP Correlation」視窗內的「matrices to Complete」方格下方，按〔Browse〕選擇「Promotion-Adjacency-ROW」、「Discussion-Adjacency-ROW」這二個鄰接陣，並交代輸出的檔案名稱，如圖8-38所示。

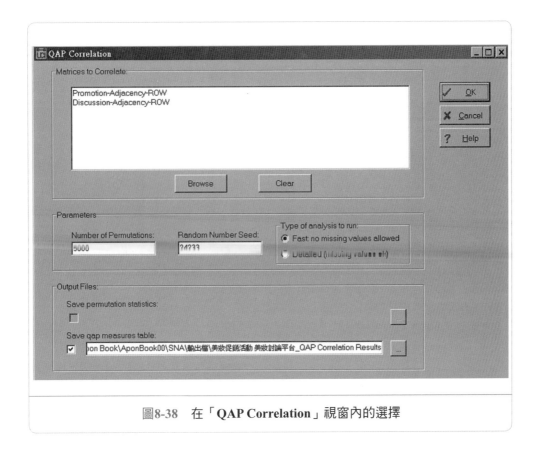

圖8-38　在「**QAP Correlation**」視窗內的選擇

　　按〔OK〕就可得到輸出檔案（美妝促銷活動 美妝討論平台_QAP Correlation Results.##h）。我們可開啟此檔案加以檢視，如圖8-39所示。輸出結果顯示，此二矩陣的相關係數為−0.0597，而$p = 0.0839 > 0.05$，故此二矩陣的相關並不顯著。就實際意義而言，受測者之間參與相同的「促銷活動」與參與相同的「網路討論平台」這二者之間呈現相反的關係，而這種關係並不顯著。

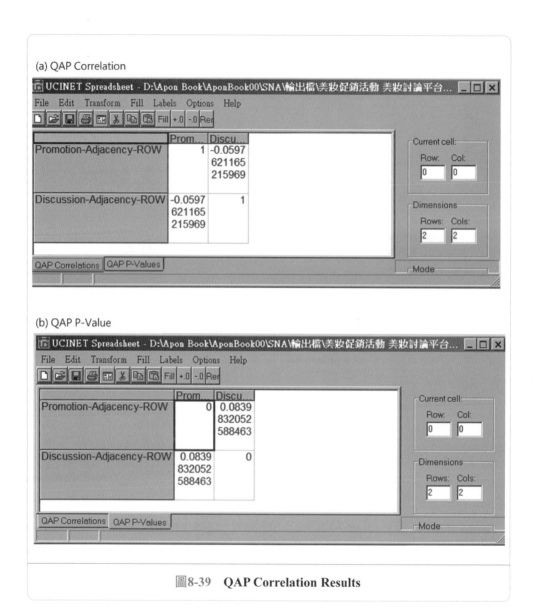

(a) QAP Correlation

(b) QAP P-Value

圖8-39　**QAP Correlation Results**

圖8-40為文字輸出結果。

QAP CORRELATION
————————————————————————————

Data Matrices:	Promotion-Adjacency-ROW
	Discussion-Adjacency-ROW
# of Permutations:	5000
Random seed:	20764

QAP results for Discussion-Adjacency-ROW * Promotion-Adjacency-ROW (5000 permutations)

	Obs Value	Significa	Average	Std Dev	Minimum	Maximum	Prop >= O	Prop <= O
Pearson Correlation	-0.060	0.080	0.001	0.043	-0.162	0.167	0.920	0.080

QAP Statistics

QAP Correlations

	Promot	Discus
	——	——
Promotion-Adjacency-ROW	1.000	-0.060
Discussion-Adjacency-ROW	-0.060	1.000

QAP P-Values

	Promo	Discu
	——	——
Promotion-Adjacency-ROW	0.000	0.080
Discussion-Adjacency-ROW	0.080	0.000

QAP statistics saved as datafile D:\AponBook00\SNA\輸出檔\美妝促銷活動 美妝討論平台_QAP Correlation Results

圖8-40　**QAP Correlation文字輸出結果**

二、QAP關係列聯表分析（QAP Relational CrossTabs）

研究者想要了解訊息交換與資金交換之間有無顯著差異。首先，按〔Data〕〔Unpack〕，在「Unpack」視窗中，選擇「KNOKBUR.##h」為輸入檔案（此檔為UCINET範例檔），將它解包成二個獨立檔案，即KNOKI.##h（訊息交換資料）、KNOKM.##h（資金交換資料）。

按〔Tools〕〔Testing Hypotheses〕〔Dyadic(QAP)〕〔QAP Relational Crosstabs〕，在「Relational Cross-Tabulation」視窗中，按〔Browse〕，選擇KNOKI.##h、KNOKM.##h，如圖8-41所示。

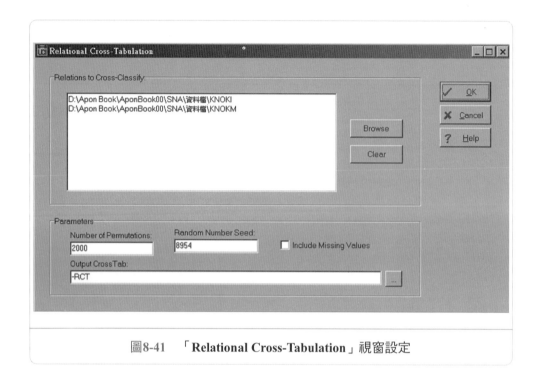

圖8-41　「**Relational Cross-Tabulation**」視窗設定

文字輸出結果如圖8-42所示。

對於任何兩個點來說，二者之間的關係如下：

(1) 在KNOKM（資金交換資料）和KNOKI（訊息交換資料）上對應元素之值都是「0」的情況有30個；

(2) 在KNOKM（資金交換資料）取值為「0」，但在KNOKI（訊息交換資料）取值為「1」的情況有38個；

(3) 在KNOKM（資金交換資料）取值為「1」，但在KNOKI（訊息交換資料）取值為「0」的情況有11個；

(4) 在KNOKM（資金交換資料）和KNOKI（訊息交換資料）上對應元素之值都是「1」的情況有11個。

根據2000次隨機置換得到的列聯表統計量顯示，無論卡方檢定（ $P = 0.859 > 0.05$ ）、相關檢定（ $P = 0.411 > 0.05$ ）都不顯著，說明資金交換資料與訊息交換資料之間無顯著差異。

```
RELATIONAL CROSSTABS
-------------------------------------------------------------------

Data Matrices:                          D:\AponBook00\SNA\資料檔\KNOKI
                                        D:\AponBook00\SNA\資料檔\KNOKM
# of Permutations:                      2000
Random seed:                            24322

-------------------------------------------------------------------



Cross-Tab of KNOKM * KNOKI

                0.000     1.000
            --------- ---------
   0.000          30        38
   1.000          11        11

Statistics for KNOKM * KNOKI (2000 permutations)

                    1        2        3        4        5        6        7        8
                Obs Value Significa  Average  Std Dev  Minimum  Maximum Prop >= 0 Prop <= 0
               --------- --------- --------- --------- --------- --------- --------- ---------
  Chi-Square       0.232     0.859     1.576     2.125     0.000    15.438     0.859     0.272
 Correlation      -0.051     0.411    -0.000     0.132    -0.414     0.365     0.720     0.411
     Jaccard       0.183     0.720     0.205     0.052     0.060     0.365     0.720     0.411

-------------------------------------------------------------------
```

圖8-42　文字輸出結果

三、QAP迴歸分析（QAP Regression）

QAP迴歸分析的目的是研究多個矩陣（自變數）與一個矩陣（依變數）之間的迴歸關係，並對判定係數（R^2）提出解釋。在進行QAP迴歸分析時，必須要求所有的矩陣（變數）必須是1-模矩陣，也就是必須是NxN的方陣。如果是2-模矩陣，必須轉換成1-模矩陣，方法是按〔Data〕〔Affiliation(2-mode to 1-mode)〕。

（一）例一：影響國際間（24國之間）外交關係的交流因素

研究者想要了解影響國際間（24國之間）外交關係的交流因素是什麼。首先，對UCINET所提供的範例檔TRADE.##h加以解包。按〔Data〕〔Unpack〕，在「Unpack」視窗中，選擇「TRADE.##h」為輸入檔案，將它解包成5個獨立檔案，即DIPLOMATIC_EXCHANGE.##h（外交關係）、CRUDE_MATERIALS.##h（原材料）、FOODS.##h（食品）、

MANUFACTURED_GOODS.##h（製造品）、MINERALS.##h（礦物質）（本例是將這些檔案放在...\資料檔\Trade\）。

按〔Tools〕〔Testing Hypotheses〕〔Dyadic(QAP)〕〔QAP Regression〕〔Double Dekker Semi-Partialling(MRQAP)〕，在「MRQAP Multiple Regression via Double-Dekker Semi-Partialling」視窗中，點擊「Dependent variable」右側的「三點按鈕」圖示，在相關資料夾中選擇「DIPLOMATIC_EXCHANGE.##h」（外交關係）；點擊「Independent variables」右側的「三點按鈕」圖示，在相關資料夾中選擇CRUDE_MATERIALS.##h（原材料）、FOODS.##h（食品）、MANUFACTURED_GOODS.##h（製造品）、MINERALS.##h（礦物質），結果如圖8-43所示。

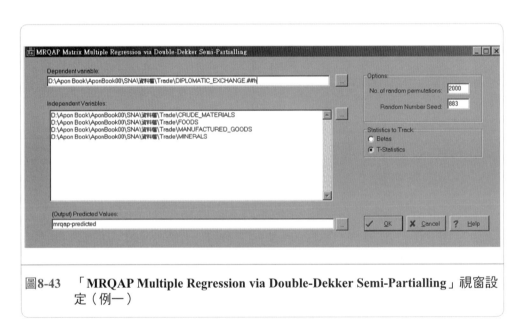

圖8-43 「**MRQAP Multiple Regression via Double-Dekker Semi-Partialling**」視窗設定（例一）

文字輸出結果如圖8-44所示。

```
MULTIPLE REGRESSION QAP VIA DOUBLE DEKKER SEMI-PARTIALLING
--------------------------------------------------------------------------

# of permutations:              2000
Diagonal valid?                 NO
Random seed:                    365
Dependent variable:             D:\AponBook00\SNA\資料檔\Trade\DIPLOMATIC_EXCHANGE
Expected values:                mrqap-predicted (D:\AponBook00\SNA\輸出檔\mrqap-predicted)
Independent variables:          D:\AponBook00\SNA\資料檔\Trade\CRUDE_MATERIALS
                                D:\AponBook00\SNA\資料檔\Trade\FOODS
                                D:\AponBook00\SNA\資料檔\Trade\MANUFACTURED_GOODS
                                D:\AponBook00\SNA\資料檔\Trade\MINERALS


Number of permutations performed: 2000

MODEL FIT

R-square Adj R-Sqr Probability   # of Obs
-------- --------- -----------  -----------
  0.317    0.314      0.000         552

REGRESSION COEFFICIENTS

                   Un-stdized    Stdized                 Proportion Proportion
          Independent Coefficient Coefficient Significance  As Large   As Small     Std Err
------------------ ----------- ----------- ------------ ---------- ---------- -----------
         Intercept   0.339307    0.000000
    CRUDE_MATERIALS  0.109233    0.115284     0.0100      0.0100     0.9905    0.170936
             FOODS   0.049976    0.052744     0.1409      0.1409     0.8596    0.150710
 MANUFACTURED_GOODS  0.367435    0.387285     0.0005      0.0005     1.0000    0.089809
          MINERALS   0.140151    0.127965     0.0090      0.0090     0.9915    0.187070
```

圖8-44　文字輸出結果（例一）

　　文字輸出結果顯示：調整判定係數（Adj R-Sqr）為0.314，這說明當知道CRUDE_MATERIALS.##h（原材料）、FOODS.##h（食品）、MANUFACTURED_GOODS.##h（製造品）和MINERALS.##h（礦物質）這四個關係變數與DIPLOMATIC_EXCHANGE.##h（外交關係）變數之間存在「線性關係」時，可用上述四個矩陣資料解釋「外交關係」變異的31.4%。判定係數右側是一個機率值，它是指隨機置換所產生的判定係數不小於實際觀察到的判定係數的機率，此值為0.000。

　　「# of Obs」是指觀察項的數目，此例為24個國家所構成的24列、24欄矩陣，因此其中有552個觀察項〔24x(24-1)〕。

　　在本例中，CRUDE_MATERIALS（原材料）、MANUFACTURED_GOODS（製造品）、MINERALS（礦物質）這三個自變數的迴歸係數在統計上是「顯著的」。其顯著水準分別是：0.010、0.000、0.009，均小於0.05。而自變數

FOODS（食品）的迴歸係數在統計上是「不顯著的」（P = 0.140 > 0.05），這說明國際間食品的交流對於發展外交關係的影響並不顯著。

（二）例二：影響組織間訊息交換的因素

研究者有興趣發現：組織間訊息交換是否會受到組織間資金交換、組織類型的影響。本章在6.4節之例二曾對組織類型做過說明，在「組織類型.##h」資料集中，10個組織類型分別是1、1、1、1、2、2、2、2、2、2。1代表政府組織，2代表非政府組織。

我們利用UCINET所提供的資料集KNOKI.##h。這個資料集並不是單獨存在，而是包含在KNOKBUR.##h資料集內，因此我們要按〔Data〕〔Unpack〕來「開包」（unpack）KNOKBUR.##h資料集（如果已經開包，則無需重複）。

如果組織1和組織2的類型相同，則在矩陣中對組織1、組織2交叉處的值賦予「1」，否則為「0」，結果如圖8-45。我們所建立的檔案稱為「組織類型矩陣.##h」。

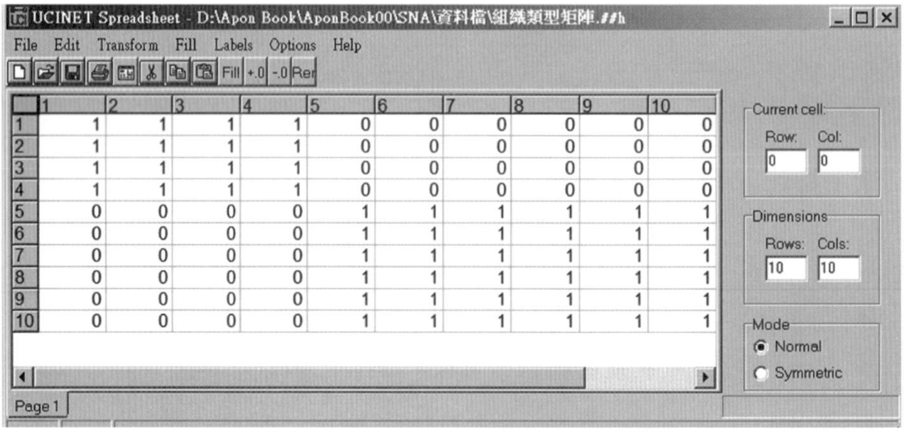

圖8-45　組織類型矩陣.##h

按〔Tools〕〔Testing Hypotheses〕〔Dyadic(QAP)〕〔QAP Regression〕〔Double Dekker Semi-Partialling(MRQAP)〕，在「MRQAP Multiple Regression via Double-Dekker Semi-Partialling」視窗中，點擊「Dependent variable」右側

的「三點按鈕」圖示，在相關資料夾中選擇「KNOKI.##h」（訊息交換）；
點擊「Independent variables」右側的「三點按鈕」圖示，在相關資料夾中選擇
KNOKM.##h（資金交換）、組織類型矩陣.##h，結果如圖8-46所示。

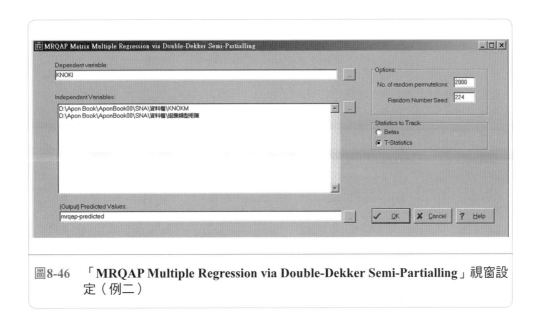

圖8-46　「**MRQAP Multiple Regression via Double-Dekker Semi-Partialling**」視窗設
定（例二）

　　文字輸出結果顯示（圖8-47）：判定係數（R-Square）為0.004，這說明當知
道資金交換、組織類型這二個關係變數與訊息交換變數之間存在「線性關係」
時，可用上述二個矩陣資料解釋「訊息交換」變異的0.4%。判定係數右側是一
個機率值，它是指隨機置換所產生的判定係數不小於實際觀察到的判定係數的機
率，此值為0.311。

　　「# of Obs」是指觀察項的數目，此例為10個組織所構成的10列、10欄矩
陣，因此其中有90個觀察項〔10x(10-1)〕。

　　在本例中，資金交換、組織類型這二個自變數的迴歸係數在統計上是「不顯
著的」。其顯著水準分別是：0.3558、0.3388，均大於0.05。這說明組織間的資
金交換、組織類型對組織間的訊息交換影響並不顯著。

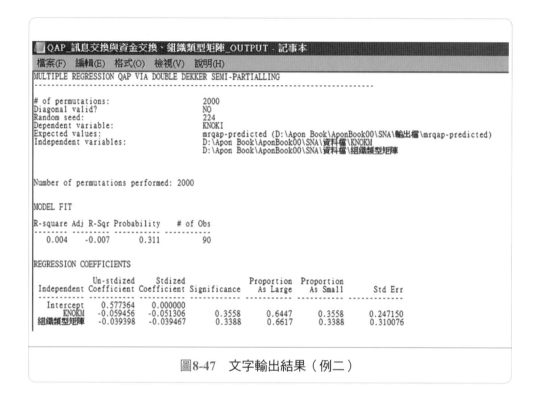

圖8-47　文字輸出結果（例二）

　　在QAP迴歸分析中，Full Partialling只讓我們選擇一個自變數，因此如果我們的迴歸模式只有一個自變數時，可按〔Tools〕〔Testing Hypotheses〕〔Dyadic(QAP)〕〔QAP Regression〕〔Full Partialling〕，讀者不妨利用此方法，將上述的資金交換（KNOKM.##h）、組織類型矩陣.##h分別在「QAP Regression via Full Partialling」視窗中做交代（圖8-48），分別檢視其結果，並與上述文字輸出結果做比較。

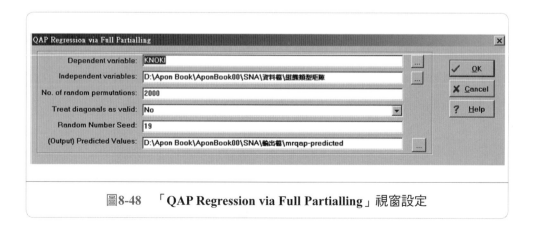

圖8-48　「QAP Regression via Full Partialling」視窗設定

五南文化廣場

**橫跨各領域的專業性、學術性書籍
在這裡必能滿足您的絕佳選擇!**

五南圖解財經商管系列

※ 最有系統的圖解財經工具書。

※ 一單元一概念，精簡扼要傳授財經必備知識。

※ 超越傳統書籍，結合實務精華理論，提升就業競爭力，與時俱進。

※ 內容完整，架構清晰，圖文並茂・容易理解・快速吸收。

圖解行銷學
／戴國良

圖解管理學
／戴國良

圖解作業研究
／趙元和、趙英宏、
趙敏希

圖解國貿實務
／李淑茹

圖解策略管理
／戴國良

圖解人力資源管理
／戴國良

圖解財務管理
／戴國良

圖解領導學
／戴國良

圖解會計學
／趙敏希
馬嘉應教授審定

圖解經濟學
／伍忠賢

圖解企業管理(MBA學)
／戴國良

圖解企業危機管理
／朱延智

國家圖書館出版品預行編目資料

UCINET在社會網絡分析(SNA)之應用／榮泰生
著.－－初版.－－臺北市：五南，2013.05
　面；　公分.
ISBN 978-957-11-7108-1（精裝）

1.統計套裝軟體 2.統計分析 3.社會網絡
512.4　　　　　　　　　102007933

1H81

UCINET在社會網絡分析(SNA)之應用

作　　者－ 榮泰生

發 行 人－ 楊榮川

總 編 輯－ 王翠華

主　　編－ 張毓芬

責任編輯－ 侯家嵐

文字校對－ 陳欣欣

封面設計－ 盧盈良

出 版 者－ 五南圖書出版股份有限公司

地　　址：106台北市大安區和平東路二段339號4樓

電　　話：(02)2705-5066　傳　真：(02)2706-6100

網　　址：http://www.wunan.com.tw

電子郵件：wunan@wunan.com.tw

劃撥帳號：01068953

戶　　名：五南圖書出版股份有限公司

台中市駐區辦公室/台中市中區中山路6號

電　　話：(04)2223-0891　傳　真：(04)2223-3549

高雄市駐區辦公室/高雄市新興區中山一路290號

電　　話：(07)2358-702　傳　真：(07)2350-236

法律顧問　林勝安律師事務所　林勝安律師

出版日期　2013年5月初版一刷

定　　價　新臺幣380元